A fé ainda move montanhas

TAMBÉM POR HARRIS FAULKNER

9 Rules of Engagement: A Military Brat's Guide to Life and Success

Breaking News: God Has a Plan

A fé ainda move montanhas

HISTÓRIAS DO PODER MILAGROSO DA ORAÇÃO

HARRIS FAULKNER
APRESENTADORA DA *FOX NEWS*

ALTA BOOKS
GRUPO EDITORIAL
Rio de Janeiro, 2024

A Fé Ainda Move Montanhas

Alta Life é um selo da editora Alta Books do Grupo Editorial Alta Books (Starlin Alta Editora e Consultoria LTDA).

ISBN: 978-85-5082-167-2

Translated from original Faith Still Moves Montain. Copyright © 2022 by Fox News Network. ISBN 9780063225930. This translation is published and sold by Fox News Books an imprint and logo of Fox News Network LLC *, the owner of all rights to publish and sell the same. PORTUGUESE language edition published by Starlin Alta Editora e Consultoria Ltda, Copyright © 2024 by* STARLIN ALTA EDITORA E CONSULTORIA LTDA.

Impresso no Brasil — 1ª Edição, 2024 — Edição revisada conforme o Acordo Ortográfico da Língua Portuguesa de 2009.

Dados Internacionais de Catalogação na Publicação (CIP) de acordo com ISBD

F263f Faulkner, Harris

A fé ainda move montanhas: histórias do poder milagroso da oração / Harris Faulkner. - Rio de Janeiro : Alta Books, 2024.
272 p. ; 15,7cm x 23cm.

Inclui índice.
ISBN: 978-85-5082-167-2

1. Autoajuda. 2. Oração. I. Título.

2024-171 CDD 158.1
CDU 159.947

Elaborado por Odilio Hilario Moreira Junior - CRB-8/9949

Índice para catálogo sistemático:

1. Autoajuda 158.1
2. Autoajuda 159.947

Produção Editorial: Grupo Editorial Alta Books
Diretor Editorial: Anderson Vieira
Editor da Obra: Ibraíma Tavares
Vendas Governamentais: Cristiane Mutüs
Gerência Comercial: Claudio Lima
Gerência Marketing: Andréa Guatiello

Produtor Editorial: Thales Silva
Tradução: Vanessa Schreiner
Copidesque: Kamila Wozniak
Revisão: Bianca Albuquerque; Denise Himpel
Diagramação: Rita Motta
Capa: Cristiane Saavedra

ALTA BOOKS
GRUPO EDITORIAL

Rua Viúva Cláudio, 291 — Bairro Industrial do Jacaré
CEP: 20.970-031 — Rio de Janeiro (RJ)
Tels.: (21) 3278-8069 / 3278-8419
www.altabooks.com.br — altabooks@altabooks.com.br
Ouvidoria: ouvidoria@altabooks.com.br

Editora
afiliada à:

ASSOCIADO

Para meu marido, Tony, e nossas duas filhas, Bella Grace e Danika Jo, obrigada por me ensinarem todos os dias que as aventuras da vida exigem meu amor incondicional pelo Senhor e coragem para trazer o propósito dEle para minha vida.

"Eu lhes asseguro que se vocês tiverem fé do tamanho de um grão de mostarda, poderão dizer a este monte:

'Vá daqui para lá', e ele irá.

Nada lhes será impossível."

— Mateus 17:20

SUMÁRIO

Perseverança

Cura

INTRODUÇÃO

Você é divinamente amado. Se você ainda não ouviu isso hoje, leia em voz alta. Você é tão amado que Deus criou, sacrificou e ressuscitou Seu único filho por você. Também é verdade que a vida é difícil. E, muitas vezes, é fácil esquecer o poder da oração, do relacionamento com Deus e a fé. Por todos os lados, há pessoas que perderam a fé. Isso é algo contagioso.

Os jornalistas costumam ver as pessoas mostrarem tanto seu melhor lado quanto seu pior. Assassinatos, resgates, roubos, reencontros: estamos aqui para cobrir todos os tipos de casos. Em meus 25 anos de trabalho como jornalista, vi algumas pessoas serem abençoadas com milagres e outras serem devastadas pelo que só pode ser descrito como obra do Diabo. Algumas pessoas oram por sonhos que se tornam realidade. Outras, no entanto, são viradas do avesso, por meio da dor e da falta de esperança, em virtude de tragédias aleatórias. Testemunhei pessoas voltando da beira do abismo repetidas vezes.

Mediante tudo isso, a única constante é a presença de Deus.

Deus está conosco durante nossos piores e melhores momentos. E Ele está lá em todas as situações rotineiras também. Às vezes, Ele se mostra da maneira mais óbvia; outras, em um sussurro. Mas Ele está sempre lá, a uma oração de distância.

Este é um livro sobre o poder da oração, sobre como Deus está ao nosso lado todos os dias. Ele pode nos tirar de qualquer circunstância difícil, seja a luta contra uma doença, a depressão ou a morte — ou apenas um dia ruim. Este livro está repleto de histórias que nos lembram de que Deus nos vê e se importa conosco quando estamos passando por dificuldades; de milagres que tornam visíveis e evidentes a grandeza e a graça de Deus; de provas de que a oração não é apenas formada de palavras — representa uma ação.

Agora, mais do que nunca, precisamos de lembretes disso.

Um dos principais motivos pelos quais somos pessoas de fé é que isso ajuda a restaurar um senso de ordem no mundo caótico em que vivemos. As diversas histórias presentes neste livro tratam de pessoas que se viram sujeitas a circunstâncias que sobrepujaram seu senso de ordem.

Em muitos casos, elas estavam lidando com a natureza aleatória da tragédia sem terem culpa disso. Como a história de uma avó no Alabama que sobreviveu a um forte tornado de intensidade F4 que devastou a cidade em que ela morava. O único cômodo da casa que restou em pé foi seu quarto de oração. Mesmo assim, ela louvou a Deus, pregando Sua bondade para sua família e toda a comunidade. Como jornalista, cobri diversas histórias ao longo dos anos, quando a aleatoriedade das forças destrutivas devastou uma família e deixou outra intocada. Em muitos casos, a explicação para uma casa ter permanecido intacta e a outra não foi o papel da fé e da oração. É um fato duro que as pessoas não consigam sobreviver a todas as circunstâncias porque Deus tem um plano. Mas o impacto positivo da fé e da oração nos resultados é frequente o suficiente para que eu acredite que seja o denominador comum dos milagres.

Cada vez mais, os norte-americanos não acreditam nisso. Em 1944, a organização de opinião pública Gallup deu início a uma pesquisa, perguntando aos norte-americanos se eles acreditavam em Deus. As respostas positivas foram quase 100%, um número incrivelmente alto. E cada vez que essa pesquisa foi realizada nas décadas de 1950 e 1960, a porcentagem de norte-americanos que disseram acreditar no Senhor permaneceu na mesma faixa.

Até que algo mudou. Nós nos tornamos menos propensos a dizer que acreditávamos em Deus e ainda menos propensos a acreditar que Deus intervém em nossa vida. Mais recentemente, em maio de

2022, a Gallup anunciou que, atualmente, apenas 81% dos norte-americanos acreditam em Deus. Indo mais fundo, apenas quatro em cada dez pessoas que participaram da pesquisa disseram à organização que acham que Deus interfere em nosso favor. Sem milagres, sem preces ouvidas.

Isso não é verdade. Mas esse tipo de pensamento desesperador pode se replicar mais rápido do que um vírus. Em um mundo em que há muito poucos lembretes de que Deus existe, é ainda mais fácil lidar com a dúvida. Não está claro em que direção estamos indo, porque uma sociedade com foco mais secular leva as gerações futuras a ignorar o poder da oração. Agora é o momento perfeito para rejeitar a noção de que Deus não intervém em nossa vida e para lembrar que a oração continua sendo muito poderosa e que a fé, de fato, ainda move montanhas.

Isso não significa que Deus sempre age da maneira que esperamos ou no nosso tempo. Como Tiago 1:19 declara: "Meus amados irmãos, tenham isto em mente: Sejam todos prontos para ouvir, tardios para falar e tardios para irar-se." Este último ponto é particularmente importante. Muitas pessoas consideram o silêncio desconfortável. Quando pensamos que Deus está calado, quando pensamos que Ele nos esqueceu, que Ele não nos ouviu, é fácil ficar com raiva. Podemos não descontar em Deus e não ficar zangados com Ele; mas podemos ficar zangados com nós mesmos, e ter a percepção de que Seu silêncio é resultado de sermos indignos. Ao longo da História, a pergunta que muitas pessoas fazem em tempos difíceis é: "Deus, onde você está?"

As histórias deste livro são um lembrete de que Ele está conosco o tempo todo. Muitas delas também servem de estímulo para aquelas pessoas que têm dificuldade em entender o silêncio de Deus. Podemos não saber a hora ou o meio pelo qual Ele responderá à nossa prece. Às vezes, a resposta será o silêncio. E, durante essa pausa, muitas vezes somos capazes de responder às nossas próprias perguntas, resolver nossos próprios problemas. Ao longo deste livro, analisaremos histórias de milagres e descobriremos que Deus também se comunica de muitas outras maneiras.

Como mãe, sei que é difícil ver meus filhos passando por qualquer dificuldade. Mas vê-los encontrar soluções para os próprios problemas é extremamente gratificante. Como nosso Pai Celestial, Deus precisa medir Seu grau de envolvimento. Somos seres possuídos pelo livre-arbítrio, e as escolhas que fazemos são de nossa responsabilidade. Nessas histórias, vemos Deus trabalhando, dando-nos a liberdade de que precisamos e intervindo nos momentos mais críticos para nos salvar de nós mesmos. Recebemos a oportunidade de aprender e continuar aprendendo. A oração não é apenas receber uma bênção de Deus, fazendo com que Ele responda a um pedido. Em vez disso, é uma troca de perguntas e respostas.

Aprendemos, também, que não importa quanto tenhamos medo, quanto nos sintamos abandonados, quanto pensemos que nosso Pai nos virou as costas, que Ele nunca nos abandonará. De um pastor norte-americano, Andrew Brunson, preso ilegalmente na Turquia à pequena Nancy Owen abandonada nas ruas de sua cidade natal a Tina Zahn, uma mãe aprisionada pela depressão, encontrei as histórias de pessoas que perceberam que Deus estava com elas mesmo quando, na época, elas não sabiam disso.

Geralmente pensamos na oração como algo que nos fortalece. Mas o surpreendente sobre a oração é como ela nos lembra de que somos vulneráveis, mortais e necessitados. E isso é um dom, porque é diante de nossa fraqueza que enxergamos a grandeza de Deus. Ao longo deste livro, veremos diversos exemplos de Deus trabalhando por nosso intermédio nos momentos em que nos encontramos mais desamparados. Afinal, o próprio filho de Deus se tornou impotente para alcançar a salvação.

Frequentemente, ao fazer discursos de formatura e discursos inspiradores para o público jovem, eu os lembro de que somos todos como os móveis da IKEA — exigimos algum esforço. Tive que amadurecer em minha fé e na forma como conduzo meu relacionamento com Deus. A Harris de 2022 não é a mesma Harris de 1992 ou de

1982. O mesmo se aplica a meu relacionamento com o Espírito Santo, com Jesus e com Deus Pai. Deus me viu em meu pior momento e, também, em meu melhor; isso faz parte do negócio de ser uma criação dEle.

Mas Deus me fez com um propósito. Acredito que Ele tenha me designado para ser testemunha. Esse é meu chamado e, ao compartilhar essas histórias e testemunhar tanto, sinto-me compelida a ajudar outras pessoas a enxergar que, mesmo em meio a tantas coisas que parecem caóticas e aleatórias, existe ordem. Podemos não percebê-la no momento, mas ela está lá. Acredito que todos precisamos nos lembrar disso, especialmente em virtude do que continuamos a suportar. A pandemia de Covid-19, o aumento de assassinatos em massa, as guerras, as crises econômicas e outros eventos nos desafiam diariamente. Diante de tudo isso, muitas vezes a esperança se esvai. Meu desejo é que, ao ler essas histórias sobre a intervenção direta de Deus na vida das pessoas, a esperança floresça novamente em seu coração.

Por fim, espero que este livro sirva como uma fonte de respostas e conforto. Também espero que isso o faça questionar; que o leve a uma compreensão e apreciação mais profundas sobre os mistérios de Deus. Recomendo que você leia este livro em momentos de reflexão. Abrace o silêncio e deixe a sabedoria por trás das obras de Deus se comunicar com você. Deus quer que sejamos curiosos. Ele quer que busquemos mais conhecimento, quer que nos sentemos confortavelmente em silêncio e saibamos que Ele é a única resposta verdadeira.

Certas coisas acontecem com a alma quando o tempo muda. É a mão de Deus. Você não consegue controlar. Lembramos, então, como somos frágeis! Histórias de preces atendidas em meio a cenários como esses nos lembram de que Deus é soberano. Ele criou este mundo e o tem na palma de Sua mão.

Resgate

É por isso que o salmista escreveu:

> Mediante a palavra do Senhor foram feitos os céus
> os corpos celestes, pelo sopro de sua boca.
>
> Ele ajunta as águas do mar num só lugar; das profundezas faz reservatórios.
>
> — Salmo 33:6–7

E TODOS DISSERAM AMÉM!

Em um passeio divertido, alunos do ensino médio encrencados, algo que só Deus é capaz de solucionar.

> Na minha aflição clamei ao Senhor; gritei por socorro ao meu Deus. Do seu templo ele ouviu a minha voz; meu grito chegou à sua presença, aos seus ouvidos.
>
> — Salmo 18:6

Nós conseguimos."

Heather Brown considerou as águas turbulentas da enseada de Matanzas. Por um momento, ela hesitou, avaliando a distância para nadar até lá, mas, então, repetiu a previsão de seu amigo Tyler Smith:

"Sim. Sim, vamos fazer isso."

Era o Skip Day de abril de 2019, e Heather e Tyler se juntaram aos colegas de classe para matar aula na praia. Localizada na costa atlântica, no lado norte da enseada de Matanzas, a Vilano Beach é considerada um dos segredos mais bem guardados de Santo Agostinho. É uma praia tão escondida que dificilmente fica lotada de estudantes em férias de primavera da faculdade; naquele dia, com o vento forte e as ondas altas, o grupo da Christ's Church Academy tinha quase todo o trecho de areia só para eles.

Tinha sido um grande dia, e Heather sentiu certa emoção quando eles correram pela areia branca escaldante de Vilano Beach e entraram na água. Ela pensou que seria muito legal se ela e Tyler fossem os primeiros a nadar até a enseada.

O que os dois jovens de 17 anos não sabiam era que o Serviço Nacional de Meteorologia havia emitido um alerta para pequenas embarcações naquele dia.

A mensagem típica do Serviço Nacional de Meteorologia sobre as condições meteorológicas do mar como essa era: "As condições do vento e das ondas estarão perigosas para pequenas embarcações. Navegadores inexperientes, especialmente aqueles em embarcações menores, devem evitar sair nessas condições."

Apesar das condições, os dois adolescentes, que eram amigos desde o 4º ano, decidiram atravessar a nado a enseada Santo Agostinho de Vilano Point até a ilha Anastasia, uma distância de 450 metros. Eles eram atletas na escola, mas nenhum deles participava de campeonatos de natação, e no que Heather descreveu como um "momento de soberba", eles decidiram que ambos estavam em boa forma para fazer a travessia, esperando impressionar seus amigos. Um terceiro estudante, vizinho de Heather, juntou-se a eles.

Não havia um posto salva-vidas naquele trecho remoto da praia.

Tyler e Heather não tinham como saber que uma série de decisões tomadas por eles os colocariam no caminho de um resgate milagroso. Mas suas preces foram respondidas de uma maneira tão improvável que mudou não apenas a vida deles, mas a de um completo estranho. Ainda assim, a provisão de Deus sempre merece um retumbante "Amém!"; nesse caso, foi um "amém" literal que Ele colocou no lugar certo, na hora certa, nas piores circunstâncias para dois adolescentes que tomaram uma decisão desastrosa.

Mas tudo isso estava no futuro. Naquele momento, Heather, Tyler e seu amigo nadaram confiantes de que conseguiriam.

A princípio, seu objetivo era modesto — alcançar uma boia vermelha que flutuava na água a menos de noventa metros de distância. Enquanto nadavam em direção a ela, parecia que a boia havia se soltado. Em vez de completar o intervalo no marcador do oceano, eles estavam sendo puxados para um ponto cada vez mais distante. O trio foi reduzido a uma dupla. Duvidando de sua capacidade de nadar naquelas águas, o terceiro estudante deu meia-volta e retornou para a praia. Presos em uma forte corrente do Oceano Atlântico, para sua surpresa, a dupla foi vítima de forças que eles não conseguiam ver, mas, sim, sentir.

Foi quando Tyler decidiu que era necessário mudar os planos. Ele reconheceu que seria impossível eles alcançarem não apenas a terra firme, como também a boia. À medida que subiam e desciam com as ondas, mal dava para enxergar a praia. Lá da costa, seus amigos tentaram localizar a dupla, mas não conseguiram.

Mais tarde, Tyler disse aos repórteres que, naquele momento, decidiu que ele e Heather deveriam mirar um ponto de referência conhecido: nesse caso, o Farol de Santo Agostinho, visível acima das cristas das ondas.

Eles estavam cansados demais para seguir adiante. Era hora de voltar para a segurança da costa. Mas a corrente trabalhou contra eles mais uma vez. Por mais que tentassem, a força da água os levou mais distante no mar.

Os pensamentos de Heather, em meio à névoa de terror que só aumentava, estavam focados no que aconteceria quando eles voltassem. "Eu estava preocupada em me meter em encrenca por ter feito isso", ela disse. O Skip Day coincidiu com o aniversário de sua irmã mais nova. Naquela noite, a família tinha planos de comemorar, e as atividades de Heather e Tyler ameaçavam tornar isso impossível.

Logo ela perceberia que seus problemas eram muito maiores do que adiar uma festa.

"Começamos a perceber que estávamos nos afastando do farol, em vez de nos aproximarmos dele", disse Tyler mais tarde a uma agência de notícias local. "Foi aí que começamos a surtar."[1]

Heather percebeu que a corrente os havia empurrado para tão longe que era impossível chegar ao farol.

Essa cena vista de cima, conhecida como a visão do olho de Deus no ramo cinematográfico, teria mostrado dois pontos minúsculos na vasta extensão de mar cinzento e branco, como em um filme. Para Deus, essa cena é calma. Quando os discípulos de Jesus estavam atravessando um lago na Galileia e foram surpreendidos por uma tempestade, eles devem ter ficado intrigados com Sua calma. O que eles não entendiam era que Ele tinha uma visão do olho de Deus. Ele não tinha medo da tempestade porque podia acalmá-la em um instante.

Tyler e Heather não tinham essa habilidade. É fácil imaginar o pânico que foi se instalando e fez seus corações acelerarem, perturbando seus pensamentos.

Tendo feito pouco ou nenhum progresso ao nadar em direção ao farol, eles começaram a se perguntar se conseguiriam voltar para a costa. Eles estavam agitando os pés embaixo d'água, a fim de manter a cabeça na superfície, e tentando nadar. O tempo estava trabalhando contra eles. Os minutos passaram, e logo completou uma hora que estavam na água. As pessoas podem permanecer dentro da água, mantendo-se na superfície, por mais tempo do que você imagina, mas conseguir fazer isso em mares agitados é muito diferente.

Quando os adolescentes olharam em volta, viram apenas mar aberto. Dado o aviso marítimo, não havia nenhum barco à vista. De qualquer maneira, normalmente apenas algumas embarcações de passeio passavam pela enseada, então, naquele dia, eles tinham poucas esperanças de serem resgatados. À medida que o tempo piorava, Heather e Tyler se viram cercados por quilômetros de um oceano cinza e raivoso.

Agora eles estavam ficando sem tempo.

Semanas antes, Eric Wagner também havia se conscientizado de que o tempo passava rápido demais. O momento de procurar outra moradia estava se aproximando. Ele morava em um iate.

Anos antes, Eric comprara um iate a motor Hatteras 1977, com dezesseis metros de comprimento e capacidade para até seis pessoas em três cabines. Como ele trabalhava com software, podia trabalhar de qualquer lugar do país. Durante anos, ele manteve a embarcação atracada em uma marina em Delray Beach, Flórida.

"Era minha casa longe de casa", ele dizia, e durante o inverno vivia a bordo, ancorado naquela marina. Ele passava o restante do tempo em Nova Jersey com a família. Ele não tinha intenção de deixar Delray Beach. Mas recebeu um aviso prévio de que os proprietários da marina estavam realizando grandes reformas que levariam até oito meses. Ele teria que encontrar uma nova marina para atracar seu barco.

Eric se viu em um dilema. Ele não estava planejando voltar para Nova Jersey naquele momento, mas seu refúgio de inverno de repente não era mais uma possibilidade. Estava difícil encontrar outro lugar para atracar. Por fim, ele decidiu que, em vez disso, levaria o barco até Nova Jersey.

Mas isso gerou mais problemas. Embora os aficionados considerassem o Hatteras um clássico, após 42 anos, ele precisava de reparos e manutenção regular. Ocupado com a administração da própria empresa, Eric não deu conta de concluir todo esse trabalho e, com o relógio cronometrando seu tempo no espaço alugado na marina, ele teve que se mexer.

Ele planejou todo o percurso. A viagem de 1600 quilômetros levaria 10 dias. Ele convidou três amigos para acompanhá-lo, e eles sairiam no início de abril. Uma viagem daquelas, ainda mais em um barco daquela geração, exigia muito tempo de preparação, algo que ele não tinha, devido à iminência da reforma. E como todos nós já passamos por isso alguma vez na vida, sabemos que pequenos atrasos se transformam em longas esperas. Uma peça que disseram a Eric que estaria em estoque não estava. O atendimento ao cliente não ajudou muito. Eric começou a ficar mais estressado, e a frustração se instalou. Sua pressa não era só por ter que sair da marina a tempo; ele precisava ir antes que a temporada de tempestades começasse.

"Há muito trabalho a ser feito para garantir que todas as peças funcionem perfeitamente", explicou Eric. "Estávamos enfrentando um mau tempo que só pioraria à medida que a primavera chegasse. Não é o momento mais propício para viajar pela costa atlântica. Então, eu estava tentando descobrir como sair de lá o mais rápido possível e encontrar a melhor maneira de chegar ao norte antes que o tempo ficasse muito ruim. E não é necessariamente só pelo clima. Os próprios mares são mais agitados na primavera porque, com a Corrente do Golfo indo em uma direção e os ventos soprando de outra, há muita turbulência, o que não acontece durante o outono ou o verão, épocas muito mais tranquilas para viajar de barco."

Apesar de todos os obstáculos que enfrentaram, eles conseguiram sair de Delray Beach no dia 16 de abril. No entanto, na pressa de fazer todos os preparativos antes da viagem, eles economizaram em um dos remendos aplicados no casco de fibra de vidro, que não resistiu. O iate começou a encher de água. Felizmente, não foi preciso retirá-lo da água para fazer os reparos e, cinco horas depois de entrar em uma marina para refazer o remendo, eles partiram na manhã seguinte.

Foi então que Eric percebeu que o motor a diesel não estava respondendo como deveria. Uma rápida olhada no tanque de combustível revelou a origem do problema: um acúmulo de algas no filtro. Outra rodada de reparos foi necessária para substituir os filtros. Quando chegaram à área de Jacksonville, no dia 17, eles estavam um dia atrasados. Pelo menos, até aquele momento, o clima estava favorável.

No dia seguinte, dia 18, a embarcação estava em bom estado, mas o tempo estava ruim. Um aviso para pequenas embarcações estava em vigor. Eric estima que as rajadas de ventos estavam a uma velocidade de 55 a 75km/h. Em uma pequena enseada, era possível ver espumas nas ondas. Ainda assim, Eric estava ansioso para aproveitar o fato de o vento estar soprando do sul, empurrando-os para o norte. O barco poderia viajar em alta velocidade no oceano e, com o vento de cauda, eles poderiam recuperar parte do tempo perdido.

Eric discutiu as opções com seus companheiros, dois amigos de Nova Jersey chamados Troy Tennis e Wayne Savage e um amigo da Flórida chamado Richie Petrusyk. Todos, exceto Eric, acreditavam que a escolha mais sábia era desistir de seguir para o mar aberto. O risco para o conforto e a segurança deles seria maior do que a recompensa de navegar a uma velocidade mais alta. Sim, eles estavam atrasados, mas quanto tempo mais perderiam se tivessem dificuldades reais em meio a águas turbulentas? Ainda assim, Eric era o capitão e proprietário da embarcação. A decisão era dele, e eles o apoiariam. Sabendo que o tempo era limitado, antes de precisar retornar a seu negócio em Nova Jersey, Eric optou por tentar a sorte. Com dezesseis metros de comprimento, o barco tinha estrutura para navegar nessas águas.

Existem duas escolhas: a mais arriscada e a mais segura. Eric logo descobriu que a decisão de seguir para o mar aberto não era a melhor opção. A água turbulenta fazia o barco balançar; ela estava tão turbulenta que os objetos deslizavam para lá e para cá na cabine. A julgar que a precaução é melhor do que o arrependimento, eles decidiram abandonar a ideia de seguir para a Corrente do Golfo em sua jornada até o norte. Em vez disso, eles iriam pela Intracoastal Waterway (ICW), a uma velocidade mais lenta, porém mais calma também, uma extensão que basicamente abraça toda a costa. Eles estavam a quilômetros da enseada seguinte que os ajudaria acessar a ICW; então, em vez de navegar a seis quilômetros da costa, eles ficaram mais perto, a apenas três quilômetros.

Satisfeitos por terem, pelo menos, dado uma chance à opção do mar aberto, eles se prepararam para ir em direção à enseada. Ambos imaginaram que poderiam muito bem tirar o melhor proveito de uma situação ruim. Então se reuniram na flybridge, uma plataforma aberta menor acima do cockpit equipada com um conjunto secundário de controles de navegação. Ao contrário de muitas flybridges, essa era cercada por um teto de lona e janelas de plástico (isinglass). Com as rajadas de vento, todos aqueles materiais chacoalhavam, aumentando o barulho. O folheto de vendas original se gabava de que a embarcação tinha o que havia de mais moderno em entretenimento informativo da década de 1970 — um sistema de toca-fitas estéreo cujo som ecoava por todo o barco. O sistema havia sido atualizado, e os quatro homens gostavam de ouvir música acima do som do vento e o barulho alto dos motores enquanto Eric acelerava para fazer a proa do barco navegar melhor no mar agitado. Apesar do mar turbulento, o humor deles era de alto-astral. Quase não havia nuvens no céu, e a luz do sol forte e a excelente visibilidade eram um bálsamo contra as dificuldades que eles haviam encontrado nos últimos dias. De sua posição bem acima da linha d'água, eles conseguiam avistar a costa a distância. Saber que a decisão havia sido tomada a fim de que eles voltassem para águas calmas e ter a costa à vista os confortou. Eles tirariam o melhor proveito de uma situação ruim.

Como se viu, a decisão deles de ir para o mar aberto, ainda que brevemente, junto com todos os outros atrasos, acabaria por colocar o iate no lugar certo na hora certa para atender às preces dos dois adolescentes.

HEATHER TINHA ESCOLHIDO UM VERSÍCULO DA BÍBLIA para a formatura que diz: "Nós nos gloriamos nas tribulações, porque sabemos que a tribulação produz perseverança; a perseverança, um caráter aprovado; e o caráter aprovado, esperança. E a esperança não nos decepciona, porque Deus derramou seu amor em nossos corações, por meio do Espírito Santo que ele nos concedeu." (Romanos 5:3–5)

Perseverança e esperança eram ideias que ressoavam fortemente nela como atleta. Se os dois estudantes estavam à deriva naquele dia, certamente não estavam nas outras áreas da vida deles. Em um mês, eles estariam formados, e Heather havia sido aceita na Embry-Riddle Aeronautical University, onde planejava se tornar oficial da Marinha ROTC. O objetivo final dela era se tornar piloto do Corpo de Fuzileiros Navais.

Tyler, por sua vez, estava indo para a Florida Atlantic University para estudar administração financeira. Ele planejava obter sua licença de piloto e ingressar na Força Aérea. Embora não haja garantias na vida, os dois pareciam ter uma base forte de fé e serviço que os manteve firmes.

A vida deles era cheia de esperança e sonhos. Mas sua perseverança estava prestes a ser testada pelo sofrimento. Logo após Romanos 5:3–5, há um versículo que nos lembra de que, embora nossa perseverança possa ser testada pelo sofrimento, foi quando estávamos impotentes que Jesus veio para nos salvar. Tyler e Heather estavam prestes a ter a prova disso.

A ideia de morrer não passou pela cabeça de Heather. Ela apenas pensou: *Não, tenho que continuar nadando. Há muitas coisas que eu deveria estar fazendo. Eu deveria me formar. Deveria ir ao jantar de aniversário da minha irmã esta noite. Deveria estar no time de vôlei. Deveria entrar para o Corpo de Fuzileiros Navais. Isso não pode acabar assim!*

De alguma forma, ela não estava fisicamente cansada. "Minha adrenalina estava nas alturas. Não senti frio até chegar perto do fim. Nunca tive a visão de um afogamento."

Não havia muito o que Tyler e Heather pudessem fazer. Eles subiam e desciam nas ondas do oceano, nunca subindo alto o suficiente para avistar a costa. Ao redor deles, havia água e, acima, o céu. Então, após passarem quase duas horas em provação no mar, Tyler começou a sentir cãibras. Ele se agarrou a Heather e, de braços dados, eles se mantiveram na superfície e impediram que se afastassem.

"Se continuássemos nadando, teríamos nos afogado", Heather disse mais tarde.

Eles começaram a orar.

Mais tarde, Tyler recordaria aos repórteres: "Quando demos os braços, [eu] sinceramente clamei a Deus: 'Se você estiver aí, por favor, envie algo para nos salvar.'"[2]

Então eles viram algo que os fez gritar.

A BORDO DO IATE, OS AMIGOS riam e conversavam. Ainda era uma viagem difícil, mas eles sabiam que não duraria muito mais tempo. Logo, em sua jornada para o norte, eles virariam para o oeste em direção à enseada que os levaria à ICW e a águas mais calmas.

O iate tinha o oceano inteiro para si. "Todos os barcos de pesca seguem para a Corrente do Golfo porque você pega carona com a corrente", Eric disse. "Se você quer ir para o norte, você segue a corrente. E então consegue navegar sem direção voltando para o sul."

A certa altura, os passageiros pensaram ter ouvido algo mais alto do que o barulho do vento, do motor e da música. "De alguma forma, pensamos ter ouvido um grito. Paramos de falar e olhamos em volta."

Ao seu redor, não viam nada além do oceano e do céu. Então atribuíram o som às aves marinhas, pois não estavam vendo nada, e continuaram conversando.

Logo depois, eles ouviram aquele som novamente.

Troy, que estava ao volante, não hesitou. Ele o girou com toda a força para a esquerda, gritando: "Tem alguém lá atrás!"

Eric olhou para trás, por cima do ombro, enquanto o barco se aproximava. "Cerca de 180 metros atrás de nós, vi dois pontinhos", ele disse mais tarde. "Um deles estava acenando."

Tyler e Heather avistaram o iate e começaram a gritar, desesperados para chamar a atenção da tripulação.

Troy continuou a virar o barco com força, indo em direção ao som que eles ouviram e, agora, conseguiam ver. Os quatro homens tinham anos de experiência em navegação. Eles sabiam o que fazer em caso de resgate. Troy continuou pilotando da flybridge e Richie ficou com ele para servir de vigia. Eric e Wayne correram até a proa do barco. Lá no convés inferior, eles pegaram coletes salva-vidas e cordas que foram guardados para uma emergência.

Do ponto de vista deles, eles conseguiam vislumbrar os jovens na água apenas ocasionalmente. Entre esses breves avistamentos, eles consultaram os outros dois homens. O vento forte tornava quase impossível ouvir alguma coisa, então eles se comunicavam por meio de sinais manuais e apontando direções. Eric e Wayne amarraram cordas aos coletes salva-vidas. Em águas turbulentas como aquelas, era bastante perigoso chegar muito perto das vítimas na água. Não apenas o barco poderia deslizar para o lado e expor as pessoas na água à hélice, como elas também poderiam ser arremessadas pelo casco.

Troy continuou a pilotar o barco, aproximando-se dos dois da maneira mais hábil possível. O barco, enfim, foi posicionado para que Eric e Wayne pudessem jogar os coletes salva-vidas na direção de Tyler e Heather, que abriram caminho em direção a eles e se seguraram. Enquanto puxava a linha, Eric gritou: "Onde está sua embarcação?"

Ele acreditava que a única maneira de a dupla ter chegado tão longe no oceano seria se estivessem em alguma pequena embarcação, um caiaque marítimo, ou algo parecido, que tivesse virado. Não havia outra explicação plausível.

Exausta, balançando para cima e para baixo, Heather mal conseguiu responder: "Eu conto mais tarde!"

Foi quando Eric percebeu toda a gravidade da condição dela. Ele podia ver nos olhos de Heather e ouvir em sua voz. Tyler não estava falando nada. Ambos os adolescentes estavam com os olhos arregalados e com uma expressão de dor e medo em seus rostos. Com o motor desligado e navegando de lado para as ondas, o barco balançava muito. Como eles os colocariam a bordo nas condições em que se encontravam? Eric esperava que a dupla conseguisse subir a escada que dava no convés de mergulho, a plataforma mais próxima da linha d'água que eles conseguiriam acessar por meio de uma escada.

Com o coração na boca, ele observou enquanto os dois tentavam alcançar a escada; então, eles se agarraram a ela. Ele não tinha ideia de quanto tempo os dois estavam na água e quão fracos estavam. Eles não conseguiam subir a escada. Ao perceber isso, Eric e

Wayne correram até eles e os ajudaram a subir a bordo. Enquanto Eric puxava e Wayne empurrava Heather a bordo, Eric disse: "Ela me olhou bem nos olhos e falou: 'Deus existe'."

Atordoado, tudo o que Eric conseguiu dizer foi "eu sei".

Os dois homens ajudaram os adolescentes encharcados a subir no convés principal.

"Podemos dizer que eles estavam muito exaustos. Seus lábios, especialmente os dele, estavam brancos, e eles tremiam incontrolavelmente", lembrou Eric. Ele estava com medo de que os dois estivessem com hipotermia. Então ele e os amigos forneceram toalhas para os dois se enrolarem.

"Vocês têm um barco?", Eric perguntou. Ele ainda estava se perguntando como eles poderiam ter chegado tão longe.

"Não", Tyler disse finalmente, batendo os dentes. "Nós estávamos nadando."

Eric balançou a cabeça em descrença. "Há quanto tempo vocês estão na água?"

"Não sei", Heather disse. "Não faço ideia de que horas são." Eric disse a eles que era quase uma hora da tarde.

Ela fez as contas. "Duas horas."

O queixo de Eric caiu. *Duas horas assim na água deve ter parecido uma eternidade*, ele pensou.

Muito preocupado com o estado dos dois adolescentes, Troy ligou os motores novamente para impedir que o barco balançasse tanto de um lado para o outro enquanto Wayne chamava a Guarda Costeira. Nenhum dos quatro membros da tripulação era médico, então eles acharam que seria melhor levá-los até um navio da Guarda Costeira. Eric os levou para uma das cabines e lhes deu cobertores para ajudar a isolá-los do vento e mantê-los aquecidos. Também deu água aquecida no micro-ondas para eles beberem, a fim de ajudar a regular a temperatura do corpo.

Em poucos minutos, Eric notou que Heather e Tyler começaram a recuperar a cor. Eric nunca tinha visto ninguém com os lábios brancos como pedra antes. Ele se perguntou quanto tempo mais os dois conseguiriam aguentar na água. Eles pararam de tremer e contaram o que haviam passado:

"Desesperados, começamos a orar...", Heather disse.

"Comecei a clamar a Deus", interrompeu Tyler.

Eric se perguntou o que o jovem queria dizer. Tyler continuou: "E foi aí que você apareceu."

"O nome do meu barco é *Amém*", ele lhes disse.

Todos ficaram em silêncio. A realidade do que aconteceu e o significado daquela breve troca de palavras pairaram sobre eles.

"Foi uma loucura, ao mesmo tempo emocionante e meio avassalador", lembrou Eric. "Sou um homem de fé. Eu sabia que eles também eram pessoas de fé. Eu disse isso a eles e tive que recuperar o fôlego. Estava com um nó na garganta. Então meio que caiu a ficha da gravidade da situação. Naquele momento, esses dois estavam muito perto da morte." Os dois adolescentes começaram a chorar.

O *Amém* logo estaria se posicionando na água para encontrar o barco de resgate da Guarda Costeira. Muito em breve, a dupla estaria com a família e os amigos novamente. Eric e os amigos continuaram a viagem. Uma vez a caminho de Nova Jersey, eles perceberam que nem sequer sabiam o sobrenome dos dois adolescentes que haviam resgatado. A mídia foi atrás da história somente depois que Eric postou no Facebook sobre a experiência.

Mais tarde, Tyler explicou o que ele quis dizer sobre seu chamado a Deus. "Eu clamei: 'Se você realmente tem um plano para nós, vamos lá. Basta enviar algum sinal'", ele disse a um repórter da WJAX, uma afiliada da CBS em Jacksonville. "(...) nós clamamos a Deus, para Ele enviar alguém, a fim de que continuássemos vivos, e ser um barco chamado 'Amém'; não tem como não ser Ele."[3]

A escola deles, a Christ's Church Academy, emitiu um comunicado no Facebook, chamando o resgate de milagroso e dizendo: "Os funcionários, estudantes e famílias da Christ's Church Academy são incrivelmente gratos pela proteção de Deus sobre Heather e Tyler." Eles também expressaram sua gratidão a Eric e seus amigos.

Ao considerar tudo o que levou ao resgate, Eric disse mais tarde aos repórteres: "Os dois jovens foram gentis e gratos a nós e a Deus. Ele esteve lá o tempo todo." Além disso, como disse mais tarde: "Não era para estarmos lá."

Como se viu, eles estavam fazendo o trabalho de Deus.

Eric refletiu sobre todas as circunstâncias que contribuíram para que ele e os amigos estivessem no lugar certo, na hora certa, como o barco primeiro passou batido pela dupla e, então, com o vento vindo de trás, a voz dos dois foi carregada pelo vento e pela água e se tornou audível acima de todo o ruído a bordo do *Amém*.

"Acho que foi um milagre. Em minha opinião, houve muitas coincidências para que isso seja apenas uma coincidência", ele disse. "Eu realmente acredito que foi uma intervenção divina. Não tinha nada a ver comigo. Fui colocado lá no lugar certo, na hora certa e fiz a mesma coisa que qualquer outra pessoa teria feito, puxei-os a bordo."

Ele acrescentou: "Não existe radar sensível o suficiente para pegar duas cabeças balançando na água. Não estávamos com o radar ligado. Só o ligamos à noite. Nós nos guiamos apenas pela visão durante o dia. Estávamos em mar aberto no meio do dia claro, em um dia de céu ensolarado. Não havia problema de visibilidade naquele dia, mas é incrível como as coisas desaparecem por aí. Você está em meio a um vasto mar azul. Não consegue visualizar coisas pequenas, como uma boia ou um marcador, a menos que esteja, de fato, procurando por elas."

Eric também refletiu sobre o significado do nome do barco. Ele não o batizou de *Amém*, o proprietário anterior havia dado esse nome e, quando chegou a hora de repintar o barco depois que Eric o comprou, ele pensou em dar outro nome. Por alguma razão, não conseguiu pensar em nenhum de que gostasse. Então ficou *Amém*. Agora ele diz que nunca mudará o nome da embarcação.

Desde então, Heather teve tempo para refletir mais sobre os eventos e o papel que eles desempenharam em sua vida. Ela disse: "Cresci em uma família cristã. Então sei que, obviamente, Deus está lá para você. Mas tive essa ideia por muito tempo ao frequentar uma escola cristã de ensino fundamental e médio. Chega a um ponto em que isso se torna apenas ruído de fundo. Mas, após ter essa experiência e ser testemunha literal em primeira mão de Deus simplesmente me resgatando dessa maneira, após ver que muitas coisas que não deveriam ter acontecido aconteceram e de ver o nome do barco, não havia dúvida de que Deus havia me escolhido a dedo naquele oceano e me resgatado. A Bíblia literalmente diz que Deus é seu salvador. Naquele fim de semana, também tinha sido a Páscoa. Nosso pastor falou sobre como Deus é nosso salvador, e eu estava perdendo. Experimentei essa verdade bem de perto. Tive uma experiência reveladora que me mostrou que Deus é mesmo um salvador. Não é apenas algo de que ouvi falar."

Quer se trate de momentos reais de dúvida ou simplesmente de assumir a grandeza de Deus e Sua compaixão por todos nós, provavelmente todos experimentamos o que Heather falou sobre pensar no Evangelho como um "ruído de fundo". A vida cotidiana e nossas preocupações se tornam distrações. Desde seu resgate, Heather também experimentou esse afastamento de Deus. Ela admitiu: "O primeiro ano da faculdade foi um pouco difícil. Eu estava fazendo tantas coisas. Estava jogando vôlei, fazia parte do Corpo de Fuzileiros Navais no ROTC... eu era caloura, não tinha muita escolha, então tinha que fazer de tudo para os grupos dos quais eu participava. Tive que me ajustar ao mundo acadêmico. Estava fazendo diversas coisas ao mesmo tempo e não fazendo boas escolhas. Esta foi minha primeira experiência de verdadeira liberdade. Foi bom estar sozinha e tomar as próprias decisões, embora eu não tenha tomado as melhores."

Ela experimentou outra mudança de perspectiva que muitos jovens fazem: "Acho que fui, entre aspas, 'resgatada' novamente após o primeiro ano. Comecei a analisar tudo quando a Covid-19 chegou. Eu estava tipo: 'Cara, o que fiz da minha vida durante todo o primeiro ano de faculdade?' Então decidi que não queria ser assim. Sei que posso ser mais do que isso. Vi como Deus estava em minha vida. Eu precisava mostrar isso. Eu meio que me lembrei de que fui resgatada por um motivo. E precisava fazer as coisas de maneira diferente."

Uma parte do milagre do resgate de Heather e Tyler é o fato de eles terem permanecido na superfície da água por tanto tempo. A força de Deus foi transfundida em Heather. "É engraçado", ela observou. "Agora, como parte de meu treinamento no ROTC, tenho que passar por diferentes qualificações. Uma delas é na piscina. Aprendi como me manter com a cabeça acima da superfície da água corretamente, como flutuar de bruços e economizar a energia do corpo. Eu não sabia nada disso antes, e é irônico aprender depois do acontecido. Mesmo me mantendo com a cabeça na superfície na piscina, penso no que aconteceu e me pergunto: 'Como eu consegui fazer isso?'"

A resposta, claro, é que, por meio de Deus, todas as coisas são possíveis. Ele reuniu três pessoas, transformou a vida delas e providenciou um exemplo para todos nós aprendermos.

Depois, Eric falou com Heather e Tyler. Os pais dos dois também entraram em contato com ele para agradecer-lhe. Até hoje, no aniversário da quase tragédia, o pai de Heather envia a Eric uma nota de agradecimento. (Heather agora brinca com a irmã dizendo que o dia não é mais só o "aniversário" dela, mas o "nosso dia".) Eric acredita que, como homem de Deus, ele e sua família foram abençoados de diversas maneiras.

Ainda assim, como ele disse: "Tenho ansiedade e estresse como qualquer pessoa. Ao meditar e conversar com Deus me sinto melhor. Já gritei com Deus no passado, quando as coisas davam errado. Peço desculpas e percebo que Ele tem uma visão muito maior que não sou capaz de entender. E Ele me perdoa imediatamente, eu sei disso. Então vivi uma vida de perdão. Já fui injustiçado por muitas pessoas. Apenas sigo em frente. Tenho que perdoar e seguir em frente. Deus está certo ao dizer que o perdão torna tudo melhor. E é algo que ensinei aos meus filhos, e eles fazem o mesmo. Meus pais também são assim. Sabe, vejo pessoas que vivem com fé e pessoas que vivem sem, e quem vive com fé tem um caminho muito melhor, uma vida muito mais feliz."

Envolver-se em um resgate milagroso, como aconteceu com ele, despertou muitos sentimentos e reflexões em Eric. Ele acredita que Deus o escolheu não apenas para resgatar aqueles adolescentes, mas para lembrá-lo da necessidade de ele permanecer fiel: "Às vezes, as pessoas perdem a fé de vista ou simplesmente não estão tão focados nela. Acredito que a intervenção divina renovou minha fé. Isso desencadeou conversas com minha família e meus amigos sobre fé. Durante muitos meses, tivemos conversas bastante saudáveis sobre fé e religião com meus irmãos, minha irmã, meus sobrinhos e sobrinhas, com tantas pessoas! Muitos de meus amigos que eu nem sabia que eram fiéis, que eu nem sabia que eram pessoas religiosas me confidenciaram que eles mesmos fizeram diversas orações após ouvir sobre essa minha experiência. Portanto, foi um grande chute em meu traseiro ser lembrado de quem está no comando. E você sabe, isso é um lembrete para eu permanecer forte na fé, independentemente das provações e tribulações."

Eric passou por dificuldades na vida pessoal e profissional e, às vezes, perdia Deus de vista. Mas não foi só nos tempos mais sombrios que isso aconteceu. Conforme ele explicou: "Às vezes, você esquece a razão de seu sucesso. É fácil aproveitar os prazeres da vida como se você tivesse conquistado tudo isso sozinho. Você se dá o crédito por todas as coisas que estão indo bem. Esse resgate milagroso me lembrou de que o motivo pelo qual as coisas estão indo tão bem é, em parte, porque tenho fé. Confio em momentos de oração. Confio na meditação. Confio em deixar as coisas para Deus e saber que elas não dependem de mim. Isso tira muito a carga de estresse de minhas costas, alivia a ansiedade e me permite focar em coisas que são muito mais importantes. E é fácil esquecer essa mensagem. É fácil se afastar disso por um tempo. E algo assim certamente o coloca de volta no caminho certo."

Embora Eric não tenha dito isso, vários pensamentos surgiram em minha mente. Um deles foi a maneira como o *Amém* chegou bem a tempo. Tantas coisas deram errado antes e durante os estágios iniciais da viagem de Eric que só Deus era capaz de ajustá-las. Mesmo o menor dos atrasos contribuiu não apenas para gerar cada vez mais frustração em Eric, como também para a intervenção milagrosa na qual ele teve um pequeno papel. É um bom lembrete de como nunca sabemos que papel estamos desempenhando na enorme maquinaria que é o design e a habilidade de Deus.

Além disso, conforme Eric apontou, não apenas todos nós perdemos Deus de vista, como o barulho e a interferência da vida diária frequentemente resultam em não sermos capazes de ouvir Deus nos chamando. Ao contrário do *Amém* e de sua tripulação, que poderiam facilmente ter deixado passar os gritos dos adolescentes, mas, por um milagre, felizmente não o fizeram, Deus sempre persistirá em Seus esforços para nos alcançar. Naquele dia no Atlântico, Deus não apenas prestou atenção, ouviu e respondeu ao pedido de Heather e Tyler, como também designou Eric e seus amigos para o resgate.

Estamos constantemente dialogando com o Senhor nosso Deus e, como às vezes fazemos na vida, podemos ir da plena consciência para nos tornarmos inconscientes do que está sendo dito para nós e da importância disso. Deus não apenas salvou Tyler e Heather naquele dia, como teve uma influência poderosa na vida de Eric, de sua família e de seus amigos. A mensagem dEle foi levada pelo vento e pela água, indo muito além de quem poderíamos ter acreditado que Sua Palavra se destinava: a todos nós.

Uma coisa que os discípulos de Jesus esqueceram, na água, foi que Deus está sempre no controle. O que eles não perceberam, é claro, é que Deus estava no barco com eles. Pode ser muito fácil focar nas tempestades da vida — nas coisas que estão bem diante de nossos olhos — e esquecer que é o Filho de Deus que está tirando um cochilo no porão da embarcação.

QUANDO SUA MENTE DIZ "PULE"

Um ato desesperado coloca uma mãe no caminho da cura.

> O próprio Senhor irá à sua frente e estará com você; ele nunca o deixará, nunca o abandonará.
>
> Não tenha medo! Não se desanime!
>
> — Deuteronômio 31:8

José não conseguia se lembrar há quanto tempo estava no subsolo. Todos os dias, a rotina da vida na prisão era a mesma. Por um tempo, ele contou os dias que passou lá, traçando barras de acordo com a luz que cruzava o teto da prisão. Após um ano, abandonou até essa atividade.

José havia crescido no campo. À noite, em sua cela, seus sonhos eram cheios de estrelas, gado, campos abertos, imagens daquela infância — antes que sua família esquecesse o filho mais novo.

Outros prisioneiros iam e vinham. Eles diziam que se lembrariam dele, mas não se lembravam.

Esquecido. Sozinho. Afinal, todos pareciam esquecer-se de José.

José orou: "Deus, onde você está?"

José foi preso no reino do Egito. Mais tarde, ele se tornaria um dos doze pais da nação de Israel. Mas, naquele buraco no chão, ele deve ter sentido que nunca seria o pai de ninguém.

Já conhecemos a parte da história de José sobre o casaco de várias cores, mas a história dela continha muitos momentos em que, de seu ponto de vista, ele estava sozinho, esquecido, sem esperança.

Mas ele não estava. Não de verdade.

A DEPRESSÃO É UM POUCO como isto: cair em um buraco escuro. Uma mãe em Wisconsin, Tina Zahn, lutou contra a depressão durante grande parte de sua vida, mas a depressão pós-parto fez com que ela entrasse em parafuso. Até mesmo manter o pensamento em sua história bíblica favorita, a história de José, não a ajudou a sair dessa. Parecia que ela não conseguia ouvir a voz de Deus.

O silêncio a levaria a fazer algo que ninguém, inclusive ela, conseguiria, de fato, entender. Algo desesperador.

Tudo porque ela se sentia sozinha.

"Por que você não consegue sair dessa?" As palavras, ditas por um parente, pareciam ter sido ditas por uma pessoa a um milhão de quilômetros de distância. Tina estava morando na casa da mãe na época, recuperando-se do nascimento do filho. Ela passava os dias olhando para o bebê a meia distância, sem muito interesse, perguntando-se por que não conseguia sentir alguma coisa — qualquer coisa.

Mas com essas palavras, de repente ela sentiu tudo de uma vez.

Anos de dor culminaram neste momento: a depressão ao longo da vida de Tina; sua infância difícil; seu primeiro e mais básico instinto de que a solução para seus problemas era se isolar, se afastar de todos ao seu redor.

Ela só tinha um pensamento: correr.

Então ela fez isso.

Ela se levantou em um salto e passou voando pela porta do quarto, pegando as chaves do carro ao sair. Nada a impediu, nem o apelo de sua mãe para que ela esperasse, nem o apelo melancólico de sua filha de 6 anos, que permaneceu em pé parada na entrada da garagem. Ela entrou no carro da família e disparou pela estrada de Shawano sentido a Green Bay, Wisconsin.

Tina se recusou a ouvir. Ela deu ouvidos a apenas uma voz. Aquela que a incentivou a ir até a ponte mais alta das proximidades e pular. Pressionando o pedal do acelerador até o chão do carro, ela voou pela estrada, ziguezagueando com aquela certeza da morte em meio ao tráfego. Percorreu alguns quilômetros em minutos. Quando chegou à ponte, ela saiu do carro e caminhou com determinação em direção à beirada.

Ela escalou a barreira de concreto, o que retardou seu plano por apenas um momento. Abaixo estava a superfície azul opaca do rio Fox, uma queda de sessenta metros.

Ela pulou.

Por um milissegundo ela pairou no ar, um momento do qual não consegue mais se lembrar.

Então, do nada, uma mão agarrou seu braço.

UMA DAS PROMESSAS MAIS CONSISTENTES das Escrituras é: não tema; Deus está com você. Mas nunca é fácil se lembrar dessa verdade eterna quando estamos em um buraco. Tina Zahn sabia como era isso. Uma vida inteira a levou a um momento em que ela decidiu virar as costas para tudo. Mas se você tivesse olhado para a vida dela apenas alguns anos antes do salto, teria parecido — do lado de fora — como a realização do Sonho Americano da família perfeita.

Tina e seu marido, Daniel, viviam bem. Ele tinha uma carreira de sucesso como engenheiro mecânico. Ela estava prosperando como a representante farmacêutica mais bem paga. Eles moravam em uma casa projetada sob medida, o tipo de lar que sempre sonharam em ter. A vida deles se tornou ainda mais rica quando deram as boas-vindas à filha, Sarah, ao mundo em 1998.

No entanto, por trás de tudo, a saúde mental de Tina era frágil. Ela era particularmente suscetível à depressão, tendo passado anos lutando contra a doença. Mesmo quando cercada por pessoas, ela se sentia isolada. "Você pode ser uma pessoa extrovertida", ela disse. "Isso não significa que você não se sinta sozinha."

Ela se sentiu sozinha muitas vezes em sua vida, voltando a uma infância em que foi abusada. Com o tempo e a ajuda de um terapeuta, ela começou a se recuperar dessa experiência. Ela parou a terapia. O que ela e o terapeuta fizeram foi colocar um pequeno curativo em uma ferida enorme, mas ambos concordaram que ela poderia seguir em frente.

Tina ficou deprimida outra vez, mas não procurou ajuda. Ela desistiu e se isolou; para ela, isso era a "cura". Ela emergia do lugar escuro, apertava os olhos contra as luzes fortes por um momento e voltava a fingir que estava tudo normal. A partir dessa experiência, teve início um padrão: sofrer em silêncio, construir uma fachada de felicidade, não contar a ninguém sobre sua história sombria ou a história de sua família.

O problema era que o "normal" de Tina, como para a maioria de nós, era um ciclo de altos e baixos. Em 2000, o ciclo ascendente em sua vida profissional declinou. A gigante farmacêutica para a qual ela trabalhava também passou por uma recessão e quinhentas pessoas em todo o país perderam seus empregos. Entre elas, Tina. Ela estava atordoada e com raiva. Sem aviso prévio, após dar tudo por aquela empresa, era isso que ela estava recebendo em troca?

Ela tinha feito tudo certo. Trabalhou quando estava deprimida. Sacrificou o tempo com a filha e o marido enquanto estava na estrada prospectando clientes. E nunca faltou ao trabalho por estar doente.

Logo após o telefonema durante o qual ela foi dispensada (ela estava muito estarrecida para registrar a descrença em virtude de o "rompimento" ter sido feito por telefone!), ela permaneceu em pé na cozinha de sua casa com a mente e o espírito fervendo, atormentada por tamanha ingratidão da empresa.

Ela olhou pela janela e observou o vento chicotear os galhos das árvores como se fosse a maré, subindo e descendo. Acima dessa cena, a extensão do céu era como um lençol limpo. Em vez dos verdes e azuis vibrantes que ela sabia que deveria estar vendo, a cena foi renderizada em tons de cinza.

"Perguntei ao Senhor: 'O que vem agora?'", ela disse.

O que se seguiu a assustou. Ela não esperava uma resposta. Mas conseguiu uma:

"Ouvi uma voz dentro de mim dizer: 'Sabe aquele prédio que parece uma seguradora nessa mesma rua? Preciso que você vá àquela igreja.'"

Tina frequenta igrejas católicas tradicionais desde criança; depois, passou a frequentar igrejas luteranas. Ela era uma frequentadora regular da igreja até a idade adulta. Depois começou a frequentar a igreja que os pais de Daniel adoravam. Deus sempre fez parte de sua vida, a oração era uma prática comum. Mas Ele tinha um papel periférico na vida dela, era uma presença fora de seu campo de visão principal, como o balanço e a casinha de bonecas do vizinho que ela sabia que existiam além da janela da casa dele, mas que ela não conseguia ver.

Se ela estava buscando algum sinal de Deus naquele dia, ela conseguiu. Se estivesse procurando uma placa da igreja anunciando sua existência, ela não a encontraria. Essa igreja não denominacional estava alojada, quase escondida, em um prédio de escritórios de usos diversos. Ela passava pelo local com frequência, mas nunca percebeu que havia uma igreja ali.

Ela pensou mais sobre o que Deus havia dito. A princípio, pensou que não precisava conhecer outra igreja. Ela já tinha uma. Mas quanto mais considerava, mais percebia que sua vida espiritual atual parecia mais um dever do que um desejo. Ela aparecia em um domingo, acenava com a cabeça e sorria superficialmente para os outros membros da congregação, sentava-se em um banco, olhava para o vitral, fazia as orações e, por reflexo, as respostas vinham a ela.

Ela também percebeu que, mesmo agora que sua depressão tinha melhorado um pouco, havia um grande vazio em sua vida. Um buraco que ela não conseguia preencher sozinha.

Naquele domingo, acompanhada da irmã, Tina caminhou até as portas do espaço que a Green Bay Community Church ocupava no prédio comercial. Ela ficou muito impressionada com o grupo de boas-vindas reunido na entrada.

A princípio, pensou que talvez tivesse sido a novidade que a atraiu — as pessoas estavam segurando xícaras de café da loja lá dentro —, mas a vibração delas e do ambiente a cativou. Ela disse: "Após o primeiro culto, pensei: 'Este é o lugar a que pertenço.'" Quando o pastor deu início à oração que convidava as pessoas a receberem o Senhor em suas vidas, Tina orou com fervor, e foi uma sensação nunca experimentada por ela.

Ela encontrou o que estava buscando, mesmo que não houvesse nenhuma placa do lado de fora do prédio anunciando a existência do local. Como Deus, no entanto, o espírito daquela comunidade estava em todos os lugares e em todos. Ela só precisava de um empurrão para retirar a venda dos olhos.

Mas enquanto o que eu chamaria de "buraco em forma de Deus" em sua vida foi preenchido, ela ainda tinha muitas batalhas pela frente. A depressão tem um jeito de nos prender.

Após o nascimento de seu segundo filho, no final da primavera de 2004, Tina foi atingida por uma depressão pós-parto. Ela se voltou para dentro. Sentia-se um inseto, aninhada dentro de uma casca dura que a protegia dos elementos que a ameaçavam: a culpa, a ansiedade, os efeitos sufocantes de sua tristeza. A "cura" era quase tão ruim quanto a doença. As drogas prescritas para ela a deixavam entorpecida mental e fisicamente.

Uma das maiores mentiras que a depressão nos conta é que estamos totalmente sozinhos. Durante a recuperação de Tina, seus amigos da igreja, sua mãe, seus sogros e seu marido se dispuseram a ajudá-la, mas ela mal estava ciente do que estava acontecendo ao seu redor. As mulheres da igreja se revezavam na casa dela para cozinhar e limpar. Seus sogros cuidavam de Sarah e do bebê Noah.

Incapaz de cuidar de si mesma, Tina foi morar com a mãe. Sua mãe garantiu que a filha saísse de casa, levando-a para visitar amigos em Shawano. No meio de tudo isso, Tina se sentia cada vez mais isolada. Ela estava em um estado de quase coma em casa e na casa de outras pessoas. Ela ficava sentada olhando para o nada, perdida em pensamentos, como se estivesse em um terminal de aeroporto lotado, enquanto as pessoas e as conversas passavam por ela, como em uma esteira rolante.

Tina sabia da existência da depressão pós-parto. O que ela não sabia era que, muitas vezes, piora a cada filho sucessivo. Ela teve com a primeira filha, mas foi ainda pior com o segundo. A depressão pós-parto atinge seu auge três meses após o nascimento do bebê. Foi quando ela explodiu completamente. Foi o dia em que ela decidiu pular.

Naquele dia, 19 de julho de 2004, Tina ouviu a grande mentira da depressão e a levou a sério. Ela estava determinada a se isolar de todos em sua vida para sempre. Ela estava determinada a ficar sozinha.

Mas ela não estava. Sua família e sua comunidade não estavam dispostas a deixá-la ir além do resgate. Eles se intensificaram de maneiras milagrosas.

A mãe de Tina entrou em ação.

Quando Tina passou apressada pela porta de entrada da casa, a mãe dela a ouviu reclamar sobre seu destino: a ponte. Incapaz de impedir a fuga da filha, a mãe correu para o telefone e imediatamente ligou para o genro, Daniel. Ele, por sua vez, ligou para o 911, descrevendo a situação e, então, correu para seu carro.

Quando Tina chegou à rodovia, o marido já seguia em direção à residência deles em Shawano. Os dois se cruzaram, então Daniel fez o retorno no canteiro central e foi atrás da esposa.

Enquanto isso, o policial estadual Les Boldt havia acabado de terminar seu turno e estava sentado no correio preenchendo seu cartão de ponto, preparando-se para enviá-lo. Ao voltar para o carro, ligou o rádio e ouviu a ligação sobre um veículo em alta velocidade na rodovia que leva à Ponte Memorial Leo Frigo. Boldt imediatamente se juntou a uma perseguição a 168km/h.

Boldt era um oficial veterano treinado para resgatar "saltadores" suicidas e devia saber que essa situação representava um risco muito alto para ele. Mas ele estava totalmente comprometido. Ele estava logo atrás de Tina quando ela parou no alto da ponte. Quando ela saiu do carro e marchou deliberadamente em direção à beirada, ele estava saindo da viatura. Ele a chamou: "Senhora! Senhora!"

Ela não deu atenção.

Boldt logo percebeu o que estava para acontecer e soube que tinha apenas alguns segundos para agir. Ele correu atrás dela e agarrou seu pulso um instante antes que ela não pudesse mais ser salva.

O vídeo da câmera montada no painel do carro patrulha capturou a cena angustiante. A captura de última hora de Boldt fez com que ele ficasse inclinado sobre a beirada. Quando Tina saltou, seus pés ficaram presos em uma borda da calçada que se projetava alguns centímetros além da barreira de concreto, apenas o suficiente para interromper seu impulso por um segundo. Nesse segundo, o policial Boldt conseguiu puxar Tina de volta. Ela lutou contra ele, empurrando-o para trás. Ele se segurou, apoiando-se contra a barreira.

"Eu queria cair", lembrou ela. "Ele não deixaria isso acontecer."

Se não fosse por aquela barreira de concreto, que Boldt usou como alavanca para puxar Tina de volta, talvez ele não tivesse conseguido segurá-la por dezesseis segundos antes que um colega policial agarrasse o outro braço dela. Um terceiro policial chegou ao local e agarrou as pernas de Tina. Eles a puxaram de volta sobre a barreira para um local mais seguro.

Muitas coisas tiveram que dar certo para que se alcançasse esse resultado bem-sucedido. Tina deve muito à corajosa recusa do policial Boldt em seguir os procedimentos que o teriam mantido seguro, mas permitiriam que ela caísse para a morte. No entanto, ela acredita firmemente que foi a intervenção de seus amigos da igreja, que oraram regularmente por ela, que permitiu que a tentativa de resgate fosse bem-sucedida. A cada volta, é possível ver a mão de Deus em ação, invocada pelas orações da família de Tina e do pessoal de sua igreja.

Após o salto, muitas coisas mudaram na vida de Tina. Embora sua recuperação tenha sido longa e árdua, ela saiu dessa experiência mais forte e, também, uma pessoa de muito mais fé. Mas, como eu disse antes, a depressão é uma doença persistente. Após ser resgatada, Tina fez terapia eletroconvulsiva (ECT) para impedir seus episódios depressivos. Como resultado, ela perdeu grande parte de sua memória. Esse é um efeito colateral comum com o qual alguns estão dispostos a conviver. (Os tratamentos de ECT são considerados de último recurso para pacientes suicidas e que costumam se automutilar. Eles funcionam mais rápido, e a taxa de sucesso é maior do que os medicamentos antidepressivos, de acordo com dados do Johns Hopkins, mas os efeitos são de curto prazo.)[4]

Embora Tina não se lembre de ter voltado à igreja, nos anos seguintes, sua comunidade de fé a recebeu de braços abertos. Na verdade, algo que você não esperava aconteceu.

Tina descobriu que as pessoas continuavam a procurá-la em busca de apoio. "Eles... compartilhavam suas histórias de depressão, seus pensamentos suicidas. Eles pensaram que estavam sozinhos. Mas depois de me conhecerem, eles diriam que encontraram alguém que se sentia como eles."

A oração é um alicerce para ela. Sua vida de oração começa com um devocional diário matinal com as Escrituras e termina à noite com um momento de oração na banheira de hidromassagem. As pessoas frequentemente vêm até ela para pedir ajuda com orações de intercessão. Agora ela é uma autora publicada, uma defensora da abertura para a vida e da educação sobre questões de saúde mental, como depressão pós-parto, e uma mãe dedicada e líder da igreja.

Uma das histórias bíblicas favoritas de Tina é a de José, o filho favorito que foi vendido como escravo por seus irmãos invejosos. Apesar do sofrimento que experimentou como escravo no Egito, ele acabou se tornando um poderoso governante na terra. Esse status, por fim, permitiu que ele salvasse sua família quando o suprimento de comida deles foi devastado pela fome. Tina gosta dessa história porque ela sente uma profunda conexão com o desejo de José de fazer a coisa certa, de perseverar em sua fé, apesar das dificuldades.

No final da história de José no Livro do Gênesis, ele não finge que seu sofrimento foi fácil ou leve. Mas destaca o bem que resultou de seu exílio. Ele diz a seus irmãos: "Vocês planejaram o mal contra mim, mas Deus o tornou em bem, para que hoje fosse preservada a vida de muitos. Por isso, não tenham medo." (Gênesis 50:20–21)

Hoje, Tina diz que sua experiência na ponte significou que seu mundo se expandiu de maneiras imprevistas. "Deus abriu meu mundo para que eu pudesse compartilhar minha vida, a fim de que outras pessoas pudessem ter alguma esperança por meio dela." Refletindo sobre as palavras de José, ela deu este conselho: "Tudo o que encontramos pode ser usado para o bem, mas nem tudo o que encontramos é Deus."

Houve muitos momentos na vida de Tina em que a depressão a convenceu de que ninguém era forte o suficiente para segurá-la. Mas a força do amor interventivo de Deus foi tão grande que Ele puxou Tina para Seus braços em segurança. Daquele dia em diante, Tina sentiu a presença da segurança do Senhor em seu caminho de cura.

A FORÇA DE UM QUARTO DE ORAÇÃO

A surpreendente oração de uma avó inspira o mundo.

> Na sua aflição, clamaram ao Senhor
> e ele os tirou da tribulação em que se encontravam.
> Reduziu a tempestade a uma brisa e serenou as ondas.
>
> — Salmo 107:28–29

A casa de Earnestine Reese foi levada embora. Tijolo por tijolo, o tornado havia demolido sua estrutura, deixando para trás nenhuma parede, nenhum teto — nada além de pedaços arrancados pelo vento. Agora, sob um céu conturbado, porém silencioso, a família observava o que restou. E em meio a armários destruídos, sofás encharcados e partes de parede de tijolos, Earnestine, de 72 anos, louvou ao Senhor.

Sentada nos escombros, a avó disse ao neto por videoconferência: "Agradeça a Deus! Veja só! Estou tão feliz. Nada além do poder de Deus."

Iluminada com a graça do Espírito Santo, Earnestine estava rindo.

Em 3 de março de 2019, uma série de fortes tempestades, gerando tornados, devastou parte do sul dos Estados Unidos, da Flórida à Geórgia e ao Alabama. Vinte e três pessoas perderam a vida, todas elas do Condado de Lee, Alabama. Os tornados arrasaram casas e empresas, arrancaram árvores e causaram prejuízos de milhões de dólares. Mas o mau tempo não deixou marcas negativas no coração, no espírito e na fé do Condado de Lee ou do restante da região afetada pelo clima violento. A história de Earnestine se tornou símbolo de coragem e crença em Deus e ajudou as pessoas a manterem sua fé de que se recuperariam da tragédia.

Moradora de Beauregard, no condado de Lee, Earnestine quebrou o quadril quando sua casa foi destruída, mas, em um vídeo viral do YouTube compartilhado logo após a tempestade, ela foi mostrada sentada no local onde ficava sua casa, agradecendo a Deus por preservar sua família.

Enrolada em uma blusa de futebol verde com o número 2 estampado, respirando por meio de um tubo de oxigênio, Earnestine proclamou: "Agradeço ao Senhor!" Mais tarde, ela instruiu: "Ouça-me. Agradeça a Deus." Ela riu e repetiu: "Agradeça a Deus." Enquanto o sobrinho de Earnestine fazia uma panorâmica com a câmera, mostrando o caminho da destruição, com árvores desnudas, um aquecedor de água virado, um sofá, partes do telhado e um amontoado de paredes de tijolos caídos. Ao fundo, Earnestine clamava em louvor ao poder salvador de Deus e não ao poder destrutivo da tempestade. Ela louvou ao Senhor, dando crédito a Deus e a Sua intervenção por salvar a vida de sua família.

O drama havia começado no dia anterior. A filha de Earnestine, LaShawn Wilson, e o marido de LaShawn, Kolaya, moravam na casa ao lado. Em um relato que ela deu mais tarde ao AL.com, LaShawn explicou como, quando ouviu pela primeira vez os avisos de mau tempo, ela, o marido e o filho deles, Qumran — que recebeu esse nome em homenagem ao local em que os Manuscritos do Mar Morto foram descobertos — correram para ajudar Earnestine.

Eles ajudaram a mulher de 72 anos a entrar no banheiro, o cômodo que consideravam o mais seguro da casa. Então esperaram. Earnestine instruiu o neto a pedir ajuda ao Salvador. LaShawn lhe pediu para orar diversas vezes.[5]

As pessoas frequentemente descrevem o rugido de um tornado como o de um trem de carga passando muito perto. É difícil imaginar como deve ser assustador estar em uma casa na qual o telhado foi arrancado e as paredes desabaram. De dentro da casa, o som estridente de pregos sendo arrancados, tijolos caindo no chão, vidros se quebrando e objetos se transformando em projéteis deve ter sido aterrorizante.

De maneira surpreendente, os habitantes da casa saíram vivos do tornado. Depois que a tempestade passou, eles olharam em volta. Quase todas as partes da estrutura da casa desabaram. Apenas um pequeno ambiente ainda estava em pé. Eles ficaram impressionados, mas provavelmente não surpresos, ao ver que o quarto de oração que Earnestine usava como santuário e lugar de suas conversas com Deus era o único ambiente que restara em pé. Todos os outros elementos estruturais da casa foram destruídos, mas aquele espaço sagrado, que Earnestine usou por décadas para se comunicar e comungar com Deus, permaneceu firme.

"Acredito que foi uma maneira de todos verem que você ora e acredita em Deus e que ele nunca o deixará nem o abandonará", Earnestine disse.[6]

Mesmo em meio à tempestade e com a casa desabando ao redor deles, LaShawn sentiu a presença de Deus. Até a própria destruição da estrutura da casa pareceu algo providencial. "Essa presença, que descrevo como a mão de Deus, estava nos segurando", ela disse ao AL.com.[7] Ela viu que ser imobilizada pelos destroços foi uma graça salvadora. Com ventos tão fortes, eles poderiam facilmente ter sido apanhados e levados embora. Seus ferimentos poderiam ter sido muito piores. Eles poderiam facilmente ter sido mortos, mas suas vidas foram salvas. Quando o que parecia uma segunda onda da série de tempestades começou, LaShawn se agarrou à penteadeira do banheiro enquanto o vento frio e a chuva a atingiam.

Nesse ínterim, vizinhos, alguns dos quais eram parentes, correram para ajudar a libertar Earnestine. Sem se importar com suas próprias necessidades, eles ofereceram ajuda. Earnestine ainda estava presa sob os escombros e eles trabalharam para resgatá-la.[8]

É difícil imaginar o que Earnestine vivenciou, mas é um belo testemunho de sua fé e do poder da oração que ela e sua família foram capazes de louvar a Deus logo após essa devastação. Dois tornados atingiram a área, um deles estimado em cerca de 800 metros de largura com ventos entre 220 e 265km/h.

Não foi a primeira vez que o Alabama foi atingido por tornados mortais. Em uma série de tempestades em 2011, mais de sessenta tornados atingiram o local, matando mais de 230 moradores do Alabama. O Condado de Lee está localizado no que muitos apelidaram de "Dixie Alley", os estados ao sul dos Estados Unidos onde as chuvas severas são frequentes e os moradores olham para o céu com cautela. De acordo com um estudo demográfico do Pew Research Center, o Alabama também abriga a maior porcentagem de cristãos evangélicos do país.[9] Mas os números raramente contam a história completa. É o testemunho de homens e mulheres como Earnestine Reese e muitos outros que viveram experiências horríveis que realmente certificam a fé dos habitantes do Alabama. Ela sobreviveu à tempestade, e seu louvor incendiou a imaginação e a fé apaixonada de outras pessoas em todo o país.

Não é apenas uma comunidade unida, é um lugar onde os laços de parentesco são fortes, duradouros e estão sempre presentes. As 23 pessoas que morreram residiam em uma área de um quilômetro quadrado. Sete dos 23 eram parentes de Earnestine e sua família.[10] A fé e a adoração também estão entretecidas no tecido da vida cotidiana da vizinhança deles. As empresas locais doaram dinheiro e carros para as pessoas que perderam tudo na tragédia. As pessoas na internet pediram doações por meio do GoFundMe. Os membros da comunidade se uniram em busca de consolo e esperança. Eles precisavam; além das 23 mortes, outras 90 ficaram feridas.

Em uma entrevista um ano depois, Earnestine disse: "Você não pode deixar de pensar [na tempestade]. Nunca mais seremos os mesmos."[11]

Logo após a tempestade, a população local correu para as igrejas, muitos trazendo suprimentos de socorro. Mais tarde, quando os vizinhos souberam da extensão dos ferimentos de Earnestine e de suas necessidades, eles trabalharam em conjunto para ajudá-la. A fundação de um centro médico forneceu um apartamento para ela enquanto ela passava por reabilitação. Uma igreja batista local a ajudou a mobiliar. Earnestine não foi a única que recebeu ajuda e cuidados. A oitenta quilômetros dos tornados, na Geórgia, uma avó chamada Heidy McConnell encontrou um fragmento de uma das fotos da família de LaShawn e o devolveu. "Se fosse eu que tivesse perdido todas as minhas fotos, eu recuperaria o que pudesse", Heidy disse.

"É uma foto... mas é minha, sou eu. É uma parte do que perdi", LaShawn disse. "Saber que ainda tenho algo. Pode parecer nada, mas é alguma coisa."[12]

Como sempre costumamos ver, diante de uma tragédia, as pessoas costumam se unir. Elas reconstroem suas casas e seus negócios. Elas lamentam as vidas perdidas e se dedicam à memória dessas pessoas. Elas não esquecem. Algumas mantêm a fé. Outras a fortalecem.

Muitas pessoas fizeram o que puderam para reparar os danos. No final de dezembro de 2019, Earnestine se mudou para uma nova casa. O reverendo Franklin Graham tinha ouvido falar da situação de Earnestine e da notável história de seu quarto de oração por meio da Samaritan's Purse, uma organização não governamental internacional de ajuda humanitária cristã evangélica não denominacional. Ele tornou o objetivo da organização construir uma nova residência para a mulher que inspirou tantos com sua mensagem de fé e gratidão.

Em uma entrevista ao vivo no Facebook com a estação de TV WRBL de Columbus, Geórgia, Earnestine disse: "Que bênção... Ah, querida, este foi o melhor presente. Não consegui pensar em nenhum outro presente que eu gostaria de receber a não ser ter vocês aqui conosco e [a casa nova] que estou vendo. E ver como Deus tem sido bom."[13]

A oração foi profundamente trabalhada na história da família de Earnestine. Em uma entrevista posterior ao AL.com, LaShawn disse: "É isso que fazemos. É assim que enfrentamos. É isso que está nos ajudando a superar tudo até agora."[14]

LaShawn provavelmente contou com orações nos três anos anteriores, quando cuidava da mãe enquanto morava ao lado. Complicações após um procedimento cirúrgico tornaram difícil para Earnestine cuidar de si mesma. Quando ela conheceu Franklin Graham, contou a ele como havia admirado e orado com seu pai, Billy, na TV. "Bem, sua fé tem sido uma bênção para nós", Graham disse. "E a fé de sua família tem sido uma bênção."

Earnestine respondeu: "Isso é tudo o que temos. Nós crescemos com isso e sabemos que Jesus existe. Temos sido testemunhas disso por muito tempo." Ciente das câmeras, ela brincou dizendo que estava feliz porque o encontro deles passaria na TV. "Vamos falar de Jesus!", ela disse, apertando a mão de Graham.[15]

Incontáveis histórias da graça de um samaritano não são contadas todos os dias. Desde permitir que alguém com menos itens passe na frente na fila do caixa até realizar a doação de uma grande quantia, não importa o tamanho do gesto, quando esses atos de fé inspiram outras pessoas a fazer algo semelhante, as feridas das pessoas de todo o mundo podem ser curadas e milhões podem receber ajuda.

A cruz de Cristo permanece como um lembrete simbólico do sacrifício que ele fez por todos nós. O quarto de oração de Earnestine se tornou um símbolo do poder da oração para muitas pessoas. Outros consideraram um milagre. Independentemente disso, a mensagem é praticamente a mesma: sobreviva e siga em frente. Deus sempre estará presente, especialmente nas horas mais sombrias, quando parece impossível que nossa voz seja ouvida acima do caos. Deus é realmente grande. Em meio à perda de vidas e à grande tragédia pessoal, milhões de pessoas foram inspiradas, e Sua mensagem de esperança, sacrifício e serviço brilhou.

LaShawn enfatizou a importância da oração, mas, conforme ela apontou, não precisa ser em um quarto. "É encontrar um lugar em que você possa aproveitar aquele momento com Deus."[16]

O quarto de oração de Earnestine é um lembrete de que podemos nos conectar com Deus a qualquer hora e em qualquer lugar. Ele está sempre acessível para nós. Não é preciso uma tempestade mortal ou um momento milagroso de sobrevivência para que Ele passe a fazer parte de nossa vida. Esse é o milagre de nosso relacionamento com nosso Senhor e Salvador Jesus Cristo. Ele está presente nos momentos dramáticos da vida e nos mais mundanos, como pendurar um vestido no cabide do armário e, por meio de nossa fé nEle, todas as coisas são possíveis.

A gratidão e a fé de Earnestine são de uma pureza surpreendente. Quantas pessoas seriam capazes de perder tudo e ainda louvar a Deus? É importante não minimizar a sensação de perda e dano irreparável que acontece quando uma casa é destruída, mas o louvor de Earnestine de fato nos lembra as palavras de sabedoria de Jesus: "Não acumulem para vocês tesouros na Terra, onde a traça e a ferrugem destroem, e onde os ladrões arrombam e furtam. Mas acumulem para vocês tesouros no céu, onde a traça e a ferrugem não destroem, e onde os ladrões não arrombam nem furtam. Pois onde estiver o seu tesouro, aí também estará o seu coração." (Mateus 6:19–21)

Earnestine faleceu em 24 de janeiro de 2022. Isto é certo: seu tesouro do Reino dos Céus certamente deve ser grande.

A ORAÇÃO SOLICITADA POR UM GENERAL

Como uma simples oração mudou o curso da Segunda Guerra Mundial.

"Acaso vocês não me temem", pergunta o Senhor. "Não tremem diante da minha presença? Porque fui eu que fiz da areia um limite para o mar, um decreto eterno que ele não pode ultrapassar. As ondas podem quebrar, mas não podem prevalecer, podem bramir, mas não podem ultrapassá-lo."

— Jeremias 5:22

Ao amanhecer no dia 8 de dezembro de 1944, o capelão James H. O'Neill estava sentado em seu escritório se preparando para iniciar o dia. Como capelão-chefe do Terceiro Exército do general George S. Patton Jr., O'Neill estava com as tropas que formavam seu quartel-general em Caserne Molifor, em Nancy, na França.[17]

O capelão O'Neill esteve com o general Patton durante todas as campanhas de guerra até agora e tinha grande respeito por seu comandante. Quando o telefone tocou, O'Neill atendeu imediatamente.

"Aqui é o general Patton", ele ouviu do outro lado da linha. "Você tem uma oração que seja boa para o clima? Temos que fazer algo a respeito dessas chuvas se quisermos vencer a guerra."

O'Neill olhou pela janela para o aguaceiro que não cessava desde setembro e atormentava os tanques e os soldados da infantaria de Patton durante as campanhas de Moselle e Saar. Estava difícil empurrar à frente ainda mais para a Alemanha sob os dilúvios constantes. Por enquanto, as tropas das forças aliadas haviam se estabelecido em trincheiras e estavam protegendo a França de outro avanço alemão em direção a Paris. Mas, além disso, a guerra parecia estar em um impasse até que o tempo melhorasse.

O capelão imediatamente imaginou por que Patton estava perguntando aquilo. "Vou verificar, senhor, e informá-lo dentro de uma hora."

O'Neill procurou rapidamente nos poucos livros de orações que tinha à mão e não encontrou nada adequado. À medida que o tempo se esvaía, ele decidiu que não havia nada a fazer a não ser escrever algo ele mesmo. Em sua máquina de escrever, ele compôs a seguinte oração em um cartão de arquivo de 7,60 × 12,70 centímetros:

> Pai todo-poderoso e misericordioso, nós Vos suplicamos humildemente, por Vossa grande bondade, que restrinja essas chuvas imoderadas com as quais tivemos de lutar. Conceda-nos um bom tempo para a Batalha. Graciosamente nos ouça como soldados que clamam a Vós para que, armados com Vosso poder, possamos avançar de vitória em vitória, esmagar a opressão e a maldade de nossos inimigos e estabelecer Sua justiça entre homens e nações. Amém.

Quando terminou de digitar, olhou para o cartão e revisou as palavras novamente. Parecia improvável que o general o quisesse para seu devocional particular; era mais provável reimprimir e passar entre as tropas. Por faltar apenas algumas semanas para o Natal, ele virou o cartão e digitou uma saudação natalina, deixando um espaço para o general assinar.

Por fim, tirou o cartão da máquina de escrever, vestiu seu pesado sobretudo e atravessou o pátio do antigo quartel francês para mostrar pessoalmente o cartão ao general.

Ao chegar, o General Patton conduziu o capelão, pegou a oração e a leu, acenou com a cabeça e a devolveu.

Então, emitiu uma ordem: “Faça 250 mil cópias impressas e certifique-se de que cada homem do Terceiro Exército receba uma.”

“Muito bem, senhor!”, respondeu o capelão, um pouco surpreso com a enormidade da tarefa que acabara de receber. “Mas aqui, se puder, senhor”, respondeu ele, mostrando ao general a saudação de Natal do outro lado do cartão.

O general pegou novamente e leu. Ele sorriu com a iniciativa. “Muito bom”, ele disse.

“Se o general assinasse o cartão, daria um toque pessoal que tenho certeza de que os homens apreciariam.”

O general foi até sua escrivaninha, assinou o cartão e o devolveu ao capelão. Sem se levantar da mesa, ele disse: “Capelão, sente-se por um momento; quero falar com você sobre esse negócio de oração.”

Enquanto o capelão se sentava, o general esfregou o rosto e permaneceu em silêncio por um momento. Em seguida, ele se levantou, com seus 1,80 metros, e foi até a janela. Seu uniforme tinha sido bem engomado e trazia cada detalhe em seu devido lugar. O homem estava em ótimas condições físicas e seu porte denunciava seus anos de vida disciplinada como soldado. Olhando para o tempo ruim, ele perguntou: “Capelão, quantas orações estão sendo feitas no Terceiro Exército?”

“O general quer dizer por capelães ou homens?”

“Por todos”, ele respondeu.

Após refletir por um momento, o capelão respondeu: “Tenho medo de admitir, mas não acredito que eles estejam orando muito.

Quando há batalha, todos rezam; mas agora, com essa chuva constante — quando as coisas estão calmas, perigosamente quietas —, os homens apenas permanecem sentados, esperando que as coisas aconteçam. É difícil orar aqui. Tanto os capelães quanto os homens são removidos de uma construção especial com um campanário. Para a maioria deles, a oração é um assunto formal e que faz parte de um ritual, envolvendo uma postura especial e um cenário litúrgico. Não acredito que muita oração esteja sendo feita."

O general voltou para sua mesa, sentou-se, pegou um lápis entre os dois dedos indicadores e se recostou na cadeira.

"Capelão, acredito fortemente na oração", disse ele. "Existem três maneiras pelas quais os homens conseguem o que desejam: planejando, trabalhando e orando. Qualquer grande operação militar requer planejamento cuidadoso ou reflexão. Então você deve ter tropas bem treinadas para realizá-la: isso está funcionando. Mas, entre o plano e a operação, há sempre uma incógnita. Esse desconhecido significa derrota ou vitória, sucesso ou fracasso. É a reação dos agentes à provação quando ela acontece de fato. Algumas pessoas chamam isso de conseguir as pausas; eu chamo isso de Deus. Deus tem Sua parte, ou margem, em tudo. É aí que entra a oração."

Ele parou por um momento e, então, continuou: "Até agora, no Terceiro Exército, Deus tem sido muito bom para nós. Nunca recuamos; não sofremos derrotas, nem fome, nem epidemias. Isso acontece porque muitas pessoas em casa estão orando por nós. Tivemos sorte na África, na Sicília e na Itália simplesmente porque as pessoas estavam rezando. Mas também temos que orar por nós mesmos. Não se faz um bom soldado meramente fazendo-o pensar e trabalhar. Há algo em cada soldado que vai muito além de pensar ou trabalhar — está em suas 'entranhas'. É algo que ele construiu dentro de si: é um mundo de verdade e poder que é superior a ele mesmo. Uma boa vida não é resultado de pensamento e trabalho. Um homem tem que ter algo em seu interior também. Não sei como você chama isso, mas eu chamo de Religião, Oração ou Deus."

Ele falou brevemente sobre a batalha de Gideon na Bíblia, na qual a oração havia sido crucial, e os homens que o general conhecia dependiam da oração como se fosse a própria tábua da salvação. Ele falou com eloquência, e o capelão prestou atenção a cada palavra. Então o general concluiu: "Devemos pedir a Deus que interrompa essas chuvas. Elas representam a linha que define a derrota ou a vitória. Se todos orarmos... será como formar uma corrente ligada diretamente ao Céu. Acredito que a oração completa esse circuito. Ela é poderosa."

Com essas palavras, o general se levantou uma segunda vez da cadeira, e o capelão também, sabendo que era o sinal de que a conversa havia terminado. O'Neill voltou para sua mesa de campo e, ainda inspirado pelas palavras do general, datilografou o que ficou conhecida como Carta de Treinamento nº 5.

Nela, ele escreveu sobre a importância da oração e tocou em muitos dos pontos que o general havia levantado na conversa entre eles. Ao ler a carta, o general aprovou que fosse distribuído sem nenhuma alteração. Então, sob a direção do capelão-chefe, os 250 mil cartões de oração e cartas de treinamento foram impressos e distribuídos às tropas e a 486 capelães do Terceiro Exército. O material foi divulgado nos dias 11 e 12 de dezembro, o que se revelou um momento providencial.

Durante todo esse tempo, o clima permaneceu horrível e esfriou, como era normal naquela época do ano nas florestas ao norte da França e na região das Ardenas, na Bélgica. Considerando isso, em 16 de dezembro, os exércitos de Hitler fizeram sua última grande investida para a vitória sob a cobertura de forte neblina, que limitava a visibilidade a alguns metros, e chuva forte, que abafava o som de seus tanques.

Com grande parte da lama agora congelada no clima mais severo do ano, o Sexto Exército Panzer alemão começou a fazer ataques surpresa relâmpagos ao longo da frente de 140 quilômetros que era escassamente mantida pelas forças aliadas. Em 19 de dezembro, as divisões de tanques do Terceiro Exército de Patton viraram para o norte, a fim de tentar enfrentar a ofensiva alemã sob o constante mau tempo e quase imediatamente estagnaram.

A famosa Batalha do Bulge havia começado.

A investida inicial dos alemães causou caos para as forças aliadas. Rapidamente, rumores sobre derrotas, com tropas e civis massacrados se espalharam. Temendo o pior, os belgas começaram a retirar suas bandeiras aliadas e colocar suásticas no lugar delas, na esperança de serem aceitos pelos alemães quando estes, inevitavelmente, retomassem a região. A temperatura despencou. Durante as seis semanas de batalha, a temperatura média foi de −6°C, com cerca de 20 centímetros de neve no chão.[18]

Enquanto os alemães causavam estragos quase sem adversários, eles rapidamente cercaram a vila estratégica de Bastogne, que era a base de cerca de 12 mil soldados aliados, incluindo a famosa 101ª Divisão Aerotransportada, os "Águias Gritantes". Superando as tropas aliadas em cinco para um, os alemães exigiram a rendição. O brigadeiro-general Anthony McAuliffe, comandante da divisão, respondeu à demanda com uma palavra: "*Porcas!*" No entanto, apesar dessa determinação, parecia não haver esperança à medida que a chuva caía mais forte.

O apoio aéreo necessário foi aterrado devido ao clima, e Patton e seus tanques não conseguiram fazer um contra-ataque coordenado. Ele precisava de pelo menos 24 horas de intervalo nas chuvas para mobilizar suas tropas. Quando ouviu a resposta de McAuliffe, ficou mais determinado do que nunca a resgatá-lo, dizendo: "Um homem tão eloquente deve ser salvo."[19]

Então, na manhã de Natal, o clima mudou. As chuvas pararam e o nevoeiro se dissipou, para grande surpresa dos meteorologistas norte-americanos, que não haviam visto nada além de mais tempo ruim pela frente. Durante a maior parte da semana seguinte, o céu ficou claro, o tempo limpou e o clima estava perfeito para voar. No dia seguinte ao Natal, as forças de Patton, apoiadas por um fluxo contínuo de milhares de aeronaves aliadas, posicionaram o Terceiro

Exército, romperam as linhas alemãs e resgataram McAuliffe e seus soldados em Bastogne.

Mais milagrosamente, o clima continuou bom, com apenas alguns intervalos. O que se seguiu foram os combates mais ferozes e as baixas mais consideráveis da Segunda Guerra Mundial. De acordo com o Departamento de Defesa dos Estados Unidos, mais de um milhão de soldados aliados, incluindo cerca de meio milhão de norte-americanos, lutaram na Batalha do Bulge. Aproximadamente 19 mil soldados foram mortos, 47.500 ficaram feridos e mais de 23 mil desapareceram em combate. Por outro lado, cerca de 100 mil alemães foram mortos, feridos ou capturados.[20]

A forte batalha continuou por mais um mês, e os Aliados a declararam encerrada em 25 de janeiro de 1945. As tropas alemãs haviam se retirado. Os Aliados, então, reagruparam-se e avançaram em direção a Berlim. Menos de cinco meses depois, quando os nazistas se renderam, em 7 de maio, a guerra na Europa chegou ao fim.

"A campanha das Ardenas de 1944–45 foi somente uma de uma série de difíceis combates na batalha pela Europa", escreveu John S.D. Eisenhower no livro *The Bitter Woods: The Battle of the Bulge* [*O Bosque Amargo: A Batalha do Bulge*, em tradução livre]. "No entanto, pode-se dizer que a campanha das Ardenas sintetizou todas elas, pois foi nesta que soldados de combate norte-americanos e alemães se encontraram na batalha decisiva que superou a máquina de guerra nazista."[21]

Uma das coisas interessantes e complicadas sobre Patton era sua relação com a religião. Por ser uma pessoa prática por natureza, ele estava disposto a usar qualquer coisa que funcionasse para atingir seu objetivo. Mas ele também tinha algumas excentricidades; acreditava firmemente em coisas como a reencarnação (estava convencido de que havia vivido muitas vidas anteriores, todas como soldado).

Por meio de minha pesquisa para este livro, conheci muitas pessoas de fé incríveis. Na verdade, conheci Benjamin Patton, neto do general, alguns anos atrás. Entrei em contato com ele para falar sobre a caminhada de fé do general que liderou tantos soldados em um momento tão importante da história da América do Norte. Benjamin me disse que seu avô "de fato buscava nas nuvens" as soluções para seus problemas, mas não fazia proselitismo sobre o que havia nelas.

"A fé do meu avô é difícil de codificar", explicou Benjamin. "Era profunda, mas diferente do que muitos pensariam. Suas crenças eram utilitárias... Sempre em uma missão para completar uma tarefa ou vencer uma batalha, meu avô estava focado em encontrar a oração certa, a palavra certa para um fim — o apoio necessário para que as coisas funcionassem bem."[22]

A profundidade e o foco intenso de Patton na missão sustentada por manter a palavra do Senhor como evangelho continua viva. Benjamin chama isso de legado de fé. Ele me disse: "Meu próprio pai, major-general George Patton, foi além, muitas vezes citando Eclesiastes: 'O que as suas mãos tiverem que fazer, que o façam com toda a sua força'." (Eclesiastes 9:10)

Ele acrescentou: "Essa foi a grande lição que ele deixou para mim. Você sabe, viva no presente. Qualquer que seja a batalha que você esteja enfrentando, enfrente-a."

No final de janeiro de 1945, poucos dias após a declaração da vitória dos Aliados, o capelão O'Neill e o general Patton se encontraram novamente em Luxemburgo. Ao ver o capelão, o general foi ao encontro dele e sorriu. "Bem, padre, nossas orações funcionaram. Eu sabia que elas funcionariam."

Então Patton pegou seu rebenque e bateu na lateral do capacete de aço de O'Neill. O capelão-chefe O'Neill sabia que era a maneira dele de dizer: "Muito bem."[23]

Deus nos ajuda a ver além do que é possível. Seu dom de imaginação e inovação remove a venda de nossos olhos, revelando novas possibilidades além de nossos sonhos mais loucos.

Propósito

"Para o homem é impossível, mas para Deus todas as coisas são possíveis."

— Mateus 19:26

QUER UM TRABALHO BEM-FEITO? PEÇA A UMA MÃE

Quando os médicos não conseguiram aliviar a dor de seu filho com espinha bífida, Sarah orou a Deus por ajuda — e Ele lhe concedeu um sonho que mudou o mundo.

> Esteja sobre nós a bondade do nosso Deus Soberano.
> Consolida, para nós, a obra de nossas mãos;
> consolida a obra de nossas mãos!
>
> — SALMO 90:17

Veja bem, Sarah," o Dr. David Vandersteen disse à mãe desnorteada sentada do outro lado da mesa dele. "Esta é nossa única opção."

Sarah Olson não vacilou. "Tem que haver outra maneira", ela insistiu. "Levi sofreu com complicações, infecções e cirurgias por meses — ele sentiu muita dor. Você sabe que ele chegou a desmaiar de dor, não sabe?"

"Eu sei. Algumas pessoas, como seu filho, sentem dores avassaladoras", disse o urologista pediátrico com compaixão. "Mas analisamos todas as opções e não há mais nada que possamos fazer por ele."

O filho de Sarah, Levi, havia nascido com espinha bífida quatro anos antes, em 2016, e passado por mais de meia dúzia de cirurgias nos primeiros anos de vida. Quando ele tinha apenas 3 anos de idade, os cirurgiões criaram uma abertura chamada estoma em seu abdômen, a fim de ter uma maneira de drenar o líquido de sua bexiga sem realizar o cateterismo invasivo através da uretra. Para manter o estoma aberto enquanto cicatrizava, eles inseriram um cateter temporário pela abertura recém-formada até a bexiga. Eles esperavam que, em um mês, o cateter temporário já não fosse mais necessário.

Embora a cirurgia de estoma tenha ocorrido perfeitamente, o cateter se tornou um pesadelo para Levi, pois estava causando infecções recorrentes e espasmos insuportáveis na bexiga; ele acabou precisando fazer novas cirurgias. Por causa de todas as complicações, o estoma não cicatrizou bem, então as dores e os incômodos ainda estavam presentes. E Levi era apenas uma criança.

Após seis meses insuportáveis, Sarah exigiu que os médicos dessem um tempo para Levi. Eles retiraram o cateter e permitiram o fechamento do estoma, porém com o seguinte alerta: "Em algum momento, teremos que tentar novamente."

"Em algum momento" chegou rápido demais.

Sarah sabia que Levi, agora com 4 anos, precisava do estoma. E o Dr. Vandersteen, que trabalhava no Hospital Infantil de Minneapolis, era um dos melhores urologistas pediátricos do país.

"Tudo bem, vamos fazer isso", ela concedeu durante a consulta com o médico. "Mas não vamos usar o cateter de Foley novamente. Não vou matar meu filho por causa de um cateter. Tem que haver outra solução."

"Não sei o que lhe dizer, Sarah", o médico disse gentilmente. "Faço isso há anos. Gostaria que houvesse outra solução, mas essa é a melhor opção que temos para a condição dele. Não existe outra. Se quiser tentar algo novo, você mesma terá que inventar."

Ao sair do consultório, Sarah teve um único pensamento: se salvar meu filho significa ter que inventar um dispositivo médico, tudo bem. Acho que esta mamãe aqui vai inventar algo novo!

A primeira coisa que ela fez foi ir para casa e orar. Criada em uma família cristã, ela acreditava em Jesus desde os 4 anos de idade, então conversar com Deus sempre foi uma parte importante de sua vida.

Ela admitiu que, quando começou a orar, sentiu raiva. "Tive um acesso de raiva contra o Senhor", lembrou ela. "Eu disse a Ele: 'Olhe, não estou contente com essa solução. Parece que esse cateter funcionou para outras pessoas, mas não está funcionando para Levi. Por que isso está acontecendo com meu garotinho? Se você o ama mais do que eu o amo, por que está permitindo que ele passe por isso?'"

Do lado de fora da porta de seu quarto, ela ouviu seus três filhos — Zakary, Levi e Tilly — brincando. Com o coração mais tranquilo agora, ela continuou orando: "Senhor, o médico acabou de me dizer que eu teria que inventar alguma coisa. Mas nem sei o que isso significa."

Por ter largado a faculdade, Sarah não tinha formação nem em engenharia, nem na área médica, nem no desenvolvimento de novos dispositivos — nada que se aproximasse dessas áreas de estudo.

Ela continuou sua oração: "O que devo fazer, Senhor? Inventar algo? Acredito que eu seja uma boa mãe, mas não tenho a menor ideia de como inventar alguma coisa que possa ajudar meu filho. Sou muito medíocre para fazer qualquer coisa desse tipo!"

Sarah descreveu o que aconteceu em seguida como: "um raio caiu sobre sua cabeça". Naquele momento, instantaneamente ela soube como resolveria o problema. Na verdade, ela viu a imagem de um dispositivo em sua mente e soube que Deus queria que ela fizesse algo como aquela imagem que Ele estava lhe mostrando.

Hoje ela fala: "Quando conto isso, as pessoas pensam que sou louca, mas era como se Deus estivesse falando em meu ouvido. E eu entendia o que ele estava querendo dizer."

O que Sarah ouviu Deus dizendo a ela foi: "Sarah, Levi não é o único em sofrimento assim. É como quando os israelitas clamavam por ajuda e eu enviei Moisés para entregar a mensagem que os libertou. Preciso que você seja meu Moisés, porque há muitas pessoas sofrendo como Levi, e usarei você como mensageira. Pedirei a você que faça muitas coisas que estão muito além de suas habilidades naturais e que não tenho como explicar. E preciso que você aceite. Preciso que você esteja disposta a fazer parte disso. Se a Medtronic, a 3M ou qualquer outra empresa de dispositivos médicos tivesse essa ideia, faria sentido, mas não usarei nenhuma dessas empresas. Usarei você, Sarah Olson, de Hugo, Minnesota, mãe solteira de três filhos. Não fará nenhum sentido, mas lhe peço que apenas faça o que eu disser para fazer. Tenha fé em mim para guiá-la."

Sarah esboçou aquela imagem no papel. Ela assistiu a vídeos no YouTube para tentar descobrir como fazer um projeto CAD que pudesse ser impresso em uma impressora 3D. Por fim, ela solicitou ajuda a um amigo para concluir o desenho e localizar uma gráfica que tivesse essa impressora. Quando estava com o protótipo em mãos, ela marcou uma consulta com o Dr. Vandersteen.

Sentada no consultório do médico mais uma vez, ela perguntou: "Lembra quando você me disse que eu tinha que inventar algo?"

"Sim, mas eu estava apenas brincando."

"Eu não estava", ela respondeu. "Prometi a você que não usaríamos aquele Foley novamente. Então inventei algo." Ela deslizou o dispositivo sobre a mesa para que ele o analisasse.

O médico olhou para o aparelho, depois para Sarah. "É sério isso? Você inventou um dispositivo novo?"

Ela assentiu e contou ao urologista o que ele já sabia: que o cateter de Foley usa um estabilizador interno — um balão cheio de líquido na ponta —, a fim de evitar que escorregue para fora da bexiga. Isso significa que há um objeto estranho dentro da bexiga.

"E a bexiga não gosta disso", explicou Sarah. "Isso leva a infecções e espasmos. É algo horrível para qualquer pessoa, principalmente para uma criança."

O Dr. Vandersteen pareceu interessado. "Prossiga."

"Ou seja, temos que estabilizar a maldita coisa do lado de fora", ela disse.

Ele estava estudando o protótipo. O adesivo externo e a abertura extensa — Levi chamou de "língua de lagarto" — seguramente prenderiam e estabilizariam um cateter fora do corpo em vez de dentro da bexiga.

O rosto do médico se iluminou. "Isso vai funcionar!"

"Então podemos usar minha invenção em Levi em vez do cateter de Foley?", ela perguntou.

A resposta dele foi não. Era preciso obter uma patente para esse cateter primeiro.

Sarah não esperava isso. "Uma patente? Como obtenho uma patente?"

"Não sei", ele respondeu. "Mas você inventou isso. Então vá atrás da patente!"

A cirurgia para reabrir o estoma de Levi aconteceria em 32 dias. Sarah começou a conversar com qualquer pessoa que estivesse disposta a ouvi-la: "O que você sabe e quem você conhece que poderia me ajudar a obter a patente para um dispositivo médico?" Por fim, ela conheceu um desenvolvedor de patentes e eles trabalharam noite e dia escrevendo um pedido para patente. O dispositivo foi aprovado para uma patente provisória dois dias antes da cirurgia de Levi.

O Dr. Vandersteen usou o novo dispositivo em Levi, e os resultados foram nada menos do que milagrosos. Após a primeira cirurgia de estoma de Levi, as complicações causadas pelo cateter de Foley resultaram em duas semanas e meia no hospital, seis cirurgias, uma quantidade significativa de medicamentos — e, após seis meses, o estoma ainda não havia cicatrizado.

Desta vez, usando o dispositivo que sua mãe havia inventado para ele, Levi passou uma noite em observação no hospital, foi para casa e se recuperou em dez dias, sem infecções, complicações ou problemas na bexiga.

De volta ao consultório do Dr. Vandersteen algumas semanas depois, Sarah disse: "Conseguimos! Isso foi incrível. E agora terminamos."

"No que diz respeito a Levi, sim", concordou o médico. "Mas você certamente não. Você possui a patente de um dispositivo que pode ajudar outras pessoas e salvar vidas em todo o mundo. Você tem uma grande responsabilidade agora. Você precisa arrumar uma maneira de comercializar esse dispositivo."

Sarah ficou perplexa outra vez. "Como assim todo o mundo?"

"Não sei. Mas se os CEOs das grandes empresas de dispositivos médicos descobrirem o que você está fazendo, eles não ficarão satisfeitos, porque não querem nada competindo com o cateter de Foley, que movimenta uma indústria de US$7 bilhões — só esse cateter — porque é o único dispositivo que já foi usado. Até agora. Então você precisa fazer isso por conta própria. Não há ninguém no mundo que tenha feito isso antes."

Sarah continuou orando — e perguntando a todos que conhecia se eles sabiam de alguém que pudesse ajudá-la a comercializar o dispositivo. Ela começou a se referir à sua invenção como LECS, o estabilizador de cateter externo de Levi. Um conhecido dela era próximo do CEO de uma empresa de dispositivos médicos. Então, com cautela, ela lhe pediu para marcar uma reunião com ele, para ver se ele tinha algum conselho para dar a ela. Sentada em frente à ampla mesa envernizada do CEO, Sarah contou sua história, terminando com um apelo passional: "O que devo fazer agora? Como consigo comercializar um dispositivo médico?"

O CEO começou a rir.

Sentindo-se desconcertada, ela perguntou: "Do que você está rindo?"

"Sarah", disse o CEO, recuperando o fôlego, "sabe o que você me lembra?"

"O quê?"

"Você me lembra um furão viciado em metanfetamina", ele disse.

Sarah piscou. "O que você disse?"

"Você está muito empolgada com algo que nunca vai acontecer", ele continuou. "Você está perdendo a razão. Apenas pare. Agora. Isso não é algo que as pessoas fazem por conta própria. Você está perdendo seu tempo. Vai desperdiçar dinheiro. Vai deixar muita gente chateada. Vai arruinar sua reputação. O setor de dispositivos médicos é brutal. Eles vão mastigá-la e cuspi-la fora."

Enquanto ele falava, Sarah orava. Seria este o momento em que ela seria derrotada? Ou ela deveria confiar que Deus usaria ela e a invenção dela para abençoar outras pessoas?

Sarah se levantou calmamente, colocou as mãos na beirada da enorme mesa, inclinando-se. "Quer saber?", ela disse de maneira desafiadora. "Você pode ser o proprietário de uma empresa de dispositivos médicos e saber muito mais do que eu. Mas você levanta da cama e se veste para trabalhar do mesmo jeito que eu faço todas as manhãs; e se você pode fazer isso, eu também posso. E vou fazer. Este dispositivo médico estará sendo usado em hospitais algum dia, prometo isso a você. Eu não estou com raiva de você. Na verdade, quero agradecer-lhe. Obrigada por acender a chama que queimará dentro de mim pelo resto da minha vida." Em seguida, ela pegou sua bolsa e suas pastas de arquivo, virou-se e saiu do escritório.

Não seria a primeira reunião em que ela causaria uma sensação de choque.

Seis meses depois, Sarah atraiu investidores suficientes para montar uma pequena equipe de consultores, contadores e advogados. Sentados em torno de uma mesa de reuniões, eles debateram de qual dos quatro tipos de elastômero — um material flexível e emborrachado — o LECS deveria ser feito.

Foi uma decisão de tudo ou nada. A escolha errada poderia custar dezenas de milhares de dólares que Sarah não tinha. Ela tinha alguns investidores, mas sempre havia dinheiro suficiente apenas para dar o passo seguinte, nunca mais do que o necessário; e nunca o suficiente para arcar com um erro caro.

Enquanto os homens e as mulheres ao redor da mesa explicavam por que um produto manufaturado era melhor, Sarah ficou impressionada com a ironia da situação. Ela pensou: *Sou uma mãe com cabelo rosa e estou sentada na cabeceira desta mesa, cercada por pessoas muito inteligentes que sabem o que estão fazendo e não tenho ideia do que elas estão falando. E eu é que terei que tomar a decisão final.*

Depois que os membros da equipe terminaram a discussão sobre como fabricar o produto, Sarah disse: "Vou sair por cinco minutos e, quando voltar, direi o que faremos."

Quando Sarah voltou, ela disse: "Tudo bem, pessoal, vamos escolher a opção C. Não sei dizer porque escolhi essa opção, exceto que orei a respeito e entendi que deveríamos optar pela C."

Ouviram-se alguns murmúrios.

"Minha fé é importante para mim", explicou Sarah, "e oro sobre cada decisão. Então faço o que Deus me diz para fazer. Vocês provavelmente estão pensando: 'Por que ela nos contratou se não vai seguir nosso conselho?' Ou talvez estejam pensando: 'Ela levantou milhares de dólares com o dinheiro de outras pessoas e é assim que administra seu negócio?' Eu entendo. Mas, desde o início, Deus me pediu para ouvi-lO e fazer o que Ele me diz para fazer. Se isso parece loucura para vocês, sintam-se à vontade para sair. Sem ressentimentos."

Duas pessoas saíram. O restante permaneceu.

Algumas semanas depois, a equipe se reuniu novamente e um dos membros disse: "Bem, não tínhamos ideia, mas a empresa que fabricava o elastômero que recomendamos não [fornecia] o grau médico de que precisávamos. O material não teria funcionado no longo prazo. Parece que a opção C foi a escolha certa."

Sarah sorriu. "Eu sei que foi."

O LECS trouxe alívio e cura para o filho de Sarah. Ela conta que ele ainda precisa usá-lo ocasionalmente e que, mais de uma vez, isso o ajudou a evitar uma cirurgia.

Sarah acredita que Deus trabalhou horas extras para garantir que Levi recebesse o que precisava — e ainda está operando milagres em sua empresa, a fim de garantir que outras crianças e adultos também recebam ajuda. Em cinco anos, a empresa de Sarah, a Levity Products, obteve um certificado de biocompatibilidade na primeira tentativa, o que significa que o material utilizado não causa complicações quando aplicado no corpo. O dispositivo passou nos testes clínicos sem problemas ou atrasos, e ela recebeu as patentes para dois outros dispositivos médicos.

"Grandes empresas levam dez anos e gastam US$10 milhões para chegar ao ponto em que estamos hoje", Sarah disse. "Deus nos trouxe aqui na metade do tempo e com metade do capital."

Recentemente, Levi foi diagnosticado com uma doença rara da coluna vertebral não relacionada à espinha bífida. Sarah diz que, apesar de viver com uma dor debilitante, o filho de 10 anos é uma das pessoas mais cheias de fé e resilientes que ela já conheceu.

Um dia, ela perguntou a ele: "Como você faz isso, querido? Como lida com esse tipo de dor e continua sorrindo?"

"Bem, mamãe", ele respondeu, "ao contar suas bênçãos, você transforma qualquer dia em um bom dia."

Ela perguntou o que ele queria dizer.

Ele assentiu. "Se você sorrir, a vida segue um caminho melhor. Então, se eu pudesse escolher, por que deixaria de sorrir? E se eu tiver a opção de reclamar ou não, sempre vou escolher não reclamar, porque se minha mente reclama, meu corpo também vai reclamar."

Quando os dias são difíceis para Levi ou para Sarah, ela se lembra de seu sábio conselho e acrescenta uma reviravolta: "Se eu tiver que escolher entre orar e confiar em Deus — ou não orar e confiar nEle — certamente vou orar e confiar. A fé é uma escolha. E minha jornada provou que a fé em Deus é sempre a escolha certa."

UM FUTURO PARA O HAITI

Com uma atribuição divina em seu coração, uma jovem desafia o impossível.

> "Porque sou eu que conheço os planos que tenho para vocês", diz o Senhor, "planos de fazê-los prosperar e não de lhes causar dano, planos de dar-lhes esperança e um futuro."
>
> — Jeremias 29:11

O Haiti fica no coração do Caribe e é um país exuberante e ensolarado. Mas também é um dos países mais corruptos do Hemisfério Ocidental. Um ar de desesperança paira sobre qualquer conversa a respeito de reforma política. Parece que não importa quanto dinheiro seja despejado no Haiti, sempre haverá doenças que se espalham de maneira generalizada, estradas sem manutenção, problemas não resolvidos. Se você andar na rua e conversar com as pessoas, não ouvirá ninguém dizer: "Mal posso esperar pelo futuro." Que futuro?

Ao saber de tudo isso, por que uma jovem norte-americana ainda guardaria o sentimento de que pode fazer a diferença? Britney Gengel estava convencida de que era capaz. Ninguém acreditou nisso, porque, aos 19 anos, Britney era uma adolescente que ainda não havia encontrado um propósito. Um ano antes de ir para o Haiti, Britney se comprometeu a fazer um curso experimental de francês, mas desistiu. Em vez disso, ela passou o semestre no campus da faculdade na Flórida apenas mantendo o bronzeado em dia.

Mas, como você verá, Deus tinha um plano e tanto para ela.

Britney desembarcou no Haiti com um novo objetivo de vida. Ela sentiu a mão de Deus despertando seu espírito de compaixão e otimismo. Ela se comoveu com a pobreza profunda que testemunhou, mas também com a fé abundante e a resiliência do povo do Haiti, especialmente das crianças.

Ela mandou uma mensagem para seus pais em 12 de janeiro de 2010: "Eles nos amam muito e todos são muito felizes. Eles amam o que têm e trabalham tanto para chegar a lugar nenhum, mesmo assim são todos muito gratos. Quero me mudar para cá e abrir um orfanato por conta própria."

Isso parecia ótimo, mas acabaria sendo uma de suas últimas mensagens de texto para casa. Naquele mesmo dia, o Haiti viveu o inferno que veio na forma de um terremoto de magnitude 7, um desastre tão arrebatador e inesperado que trouxe o caos para a ilha.

Um dos principais motivos pelos quais as consequências foram tão ruins foi que a infraestrutura do Haiti já era fraca. Perder o acesso à já limitada água corrente e à eletricidade foi devastador, independentemente da catástrofe que ocorreu nos edifícios. Após o primeiro tremor que sacudiu a capital, Port-au-Prince, uma mulher se lembrou da filha perguntando: "Nós vamos morrer?" Ela apenas respondeu: "Não sei, mas, se vamos morrer, morreremos juntas." Um psicólogo haitiano lembrou o horror de ver trabalhadores separando os mortos em grupos de crianças e adultos. Mais de uma década depois, partes da nação em colapso ainda não foram reconstruídas, pois alguns fundos de ajuda foram desviados para empresas não confiáveis por funcionários corruptos.[24]

Como pais, o que geralmente queremos, mais do que qualquer outra coisa, é proteger nossos filhos dos desastres da vida, preservá-los o máximo possível e mantê-los seguros. Mas a história de Britney — e as coisas extraordinárias que aconteceram em seguida

— nos lembra de que, às vezes, quando nossos filhos se deparam com os perigos do mundo, Deus pode usá-los de maneiras que não seríamos capazes de imaginar. A história de como o sonho de Britney triunfou sobre a tragédia e a corrupção serve como um exemplo genial para todos nós.

Ela não era perfeita, mas seus entes queridos dizem que isso é um lembrete de que o Senhor nos escolhe apesar de nossas falhas. Os amigos de Britney na Lynn University, em Boca Raton, a descreveram como uma "princesa caridosa". Ela era linda, animada e atraía muita atenção. E Britney sempre conseguia o que queria. Cherylann disse: "Brit era complicada. Ela podia ser exigente, mas também seria a primeira pessoa a lhe dar uma mão. Ela era uma pessoa genuína e tinha um coração de ouro."

Britney convidava Cherylann para acompanhá-la em passeios com os amigos, persuadindo a mãe quando ela recusava a oferta. Cherylann ficava feliz quando era convidada. "Brit nunca teve vergonha de seu pai, Len, e de mim; ela nunca hesitava em nos apresentar a seus amigos."

Len também se lembra de outros lados de Britney, admirando a força da filha. Certa vez, Brit assistiu a um jogo de basquete do colégio em Worcester, Massachusetts, em uma área da cidade que não estava em seu melhor momento. Era uma clássica rivalidade entre "crianças suburbanas ricas" e "crianças urbanas pobres". Ao final do jogo, Brit e sua amiga Tara, que era líder de torcida, tentaram sair do estacionamento e ir para casa o mais rápido possível, conforme orientadas pelos professores. A escola de Brit havia vencido, e os torcedores do time perdedor estavam ansiosos por uma briga. Quando viram o uniforme de Tara, um grupo deles cercou o carro de Brit, batendo nele com os punhos e provocando quem estava dentro. De acordo com Brit: "saí do carro e comecei a girar".

Len e Cherylann não dormiram bem naquela noite. Eles nunca defenderam a violência como solução para conflitos e ficaram gratos por não ter acontecido algo pior (Brit saiu com a bochecha machucada e inchada).

Como disse Len: “Sempre lhe dissemos para não permitir que ninguém tirasse sua dignidade. Esses garotos passaram dos limites com ela.”

Brit cruzou outra linha quando estava no segundo ano da Lynn University. Ela sentou para conversar com os pais, a fim de informá-los de que, para o semestre de janeiro, ou J-Term (um período de quatro semanas no início do semestre da primavera, quando os alunos podem assistir às aulas ou fazer trabalho voluntário para ganhar créditos), ela decidiu que queria se juntar a um grupo de colegas e professores no Haiti. A princípio, Cherylann e Len ficaram em dúvida, visto que, no ano anterior, ela havia desistido de seu compromisso com as aulas de francês.

Naquele ano, porém, ela estava determinada a se comprometer de verdade com algo.

Uma das amigas de Britney, Lindsay, tinha ido ao Haiti no ano anterior e estava voltando de lá. Ela contou que a experiência mudou sua vida.

“Quero ir”, Britney disse aos pais. “Preciso ir!”

Len e Cherylann foram averiguar do que se tratava. O programa fazia parte do Food for the Poor, em parceria com a Lynn University. Os estudantes estariam seguros e seriam supervisionados. Eles ficaram satisfeitos com as informações que receberam e consideraram o fato de Brit ter expressado fortemente seu desejo de ir a algum lugar para ajudar outras pessoas. Os Gengels eram católicos praticantes e, embora tivessem se mudado da cidade natal de Len, Worcester, ainda iam à missa em St. John’s todos os domingos. Uma das lições que eles aprenderam foi servir aos outros.

Uma das formas de retribuir era que todos os anos, no Natal, toda a família Gengel participasse de um programa de caridade natalino. Len e Cherylann eram muito bem-sucedidos — ele com sua construtora e ela com um restaurante. Eles acreditavam na importância de retribuir à comunidade, permanecendo com os pés no chão e gratos, fazendo a diferença na vida de outras pessoas.

Britney seguiu esse exemplo de fazer a diferença na vida das pessoas que precisavam de ajuda. Ela foi para o Haiti com a equipe Journey of Hope. A experiência foi transformadora. Assim como as fotos que ela tirou de lá e que Len e Cherylann viram mais tarde. Eram todas imagens de uma Brit radiante sentada entre um grupo de jovens órfãos, todos abraçados.

Em 12 de janeiro de 2010, Cherylann recebeu uma ligação de Brit. Ela descreveu seu dia: uma manhã em um orfanato e uma tarde em um centro de atendimento a idosos. A primeira visita tinha sido maravilhosa, a última nem tanto. Uma mulher na casa de repouso questionou as intenções de Brit e das outras pessoas. Ela acreditava que era fácil para eles virem ao Haiti por alguns dias, fazerem algumas boas ações e, depois, irem embora, sem culpa, mas também sem compromisso. Alguns dias depois, a mulher os acusou — eles estariam de volta a seu país e, provavelmente, esqueceriam o que tinham visto.

Cherylann ouviu a forte determinação na voz da filha quando ela disse: "Eu apenas me sentei lá, aceitei o questionamento dela e continuei ajudando as outras pessoas. Nós os conquistamos. Eles sabiam que não estávamos ali por pena deles. Nós só queríamos ajudá-los. Sem julgamentos."

Três horas antes do fatídico terremoto, Brit havia enviado uma mensagem de texto que terminava assim: "Quero me mudar para cá e abrir um orfanato."

Essas foram as últimas palavras que Britney Gengel compartilharia com Len e Cherylann. Ela e os outros cinco membros do grupo da Lynn University, morreram no terremoto. Len e Cherylann suportaram os piores dias de suas vidas. A princípio, eles receberam a informação de que Brit estava entre os sobreviventes. Quando viram que esse relatório estava errado, eles esperaram agonizantes 33 dias até que o corpo da filha fosse resgatado e devolvido a eles. Len viajou para o Haiti para ver com os próprios olhos se as operações de resgate e, em seguida, as de devolução estavam sobrecarregadas.

Como âncora de notícias, eu estava no ar, cobrindo os últimos detalhes do horror no Haiti. Surgiram imagens de agências de notícias e organizações de ajuda humanitária em caso de desastres. Parecia que um meteorito havia caído do espaço sideral sobre o Haiti. As Nações Unidas anunciaram que 102 de seus funcionários perderam a vida, entre as 220 mil pessoas mortas.

Só consigo imaginar o desespero que os pais de Britney devem ter sentido quando testemunharam o caos e a destruição com os próprios olhos. Uma noite, Len se lembra de ter visto a distância os escombros que outrora foram o hotel em que a filha e os outros membros do grupo da Lynn University ficaram. Len olhou para o céu e teve uma longa conversa com a filha. Ele reconheceu que os dois discutiram muito ao longo dos anos e disse a Brit que apreciou o último texto que ela enviou à mãe. Ele ficou consolado ao saber que ela estava amadurecendo e se tornando o tipo de jovem que ele esperava que ela se tornasse e que, como pais, eles fizeram a coisa certa na maioria das vezes.

Len, acima de tudo, queria que ela soubesse disto: "Algum dia, voltarei para honrar seu último desejo. Eu prometo!"

Obviamente, uma coisa é dizer que você gostaria de construir um orfanato para ajudar as crianças; outra coisa é, de fato, fazer isso. Dizer que Len, Cherylann e seus filhos assumiram uma tarefa extraordinária é um eufemismo. Que eles tenham conseguido, com a ajuda de centenas de voluntários e simpatizantes em um país como o Haiti, é um milagre.

De acordo com o senso comum, Len e Cherylann estavam sendo tolos. Eles deveriam ter deixado esse tipo de coisa para quem entende. Mas, conforme Paulo nos lembra: "Mas Deus escolheu as coisas loucas do mundo para envergonhar as sábias, e escolheu as coisas fracas do mundo para envergonhar as fortes. Ele escolheu as coisas insignificantes do mundo, as desprezadas e as que nada são, para reduzir a nada as que são, para que ninguém se vanglorie diante dele." (1 Coríntios 1:27–29)

Len não era um missionário profissional. Mas certamente ele sabia fazer uma coisa: construir. Ele passou sua vida adulta inteira trabalhando no ramo da construção. Ele foi conduzido, mergulhou na ação, e trabalharia incansavelmente até garantir que o desejo da filha fosse realizado.

"Os projetos de Deus são tão grandes e abrangentes que não somos capazes de enxergar todos os detalhes, as perspectivas, as elevações e as plantas de uma só vez. Ele consegue." As palavras de Len revelam tanto sua fé em Deus quanto seus muitos anos de trabalho no ramo de construção. Ambos ajudaram a família Gengel a realizar o sonho de Brit.

Ele começou a planejar a construção de um orfanato.

Len e Cherylann são pessoas de fé e ambos têm uma expressão simples para aquilo em que acreditam: "Deus é amor." O povo do Haiti continua precisando do amor de Deus e do nosso. Após o terremoto devastador em 2010, no mesmo ano, um surto mortal de cólera devastou o país. Em 2016, o furacão Matthew destruiu o Haiti, deixando mais de um milhão de haitianos necessitados de assistência. Em 2022, a pobreza, a agitação política e a violência continuam a ser um grande problema para um belo país que tem uma longa história de vítimas de desastres naturais e da ganância humana.

A ideia do orfanato surgiu quando Len compartilhou fotos da experiência de Brit com o pároco. "O padre Madden viu as fotos de Brit um dia antes do terremoto. Ela estava tão feliz e sorridente e cercada por diversas crianças. Todas pareciam tão felizes naquele dia, mas o que aconteceu com elas após o terremoto? O padre Madden disse: 'Quem cuidará dessas crianças?' Essa pergunta foi o pontapé inicial para eu começar a agir."

Em retrospecto, Cherylann enxerga a mão de Deus realizando todo esse trabalho. "Quem mais, além de Len, poderia ter nos liderado nessa missão e feito tudo isso de forma tão rápida quanto fizemos? Quero dizer, ele não tinha nenhuma experiência em criar uma fundação sem fins lucrativos, mas fizemos isso acontecer porque tínhamos muitos contatos e laços com a comunidade, além do compromisso que fizemos em tornar o sonho de Brit realidade. O restante? A escolha do local, os planos de arquitetura e engenharia, as plantas e supervisionar a execução da obra já fazia parte do trabalho de Len há anos.

"Minha fé me diz que todos nós fomos colocados neste mundo para fazer boas ações. Se escolhemos fazê-las ou não, isso depende de nós. A forma como escolhemos lidar com a morte de nossa filha não foi predeterminada. Tínhamos escolhas a fazer e escolhemos isso não só porque era o desejo de Brit, mas porque o que ela queria estava alinhado com o que sempre acreditamos: Deus é amor. E se você ama a Deus, você ama seu povo e faz o que pode para ajudá-los. Esteja disposto a servir. Você usa as habilidades e as ferramentas que desenvolveu não apenas para ajudar a própria família, mas para ajudar a família de Deus também."

A história das mortes dos estudantes da Lynn University no terremoto do Haiti ganhou as manchetes de todo o mundo. As doações para a família Gengel começaram a chegar de pessoas que eles nem sequer conheciam. Cherylann ficou grata pela demonstração de apoio a eles, mas viu isso como parte de um plano maior. Mesmo sem essas doações, eles estavam determinados a abrir sua fundação sem fins lucrativos, a Be Like Brit Foundation, mas certamente elas ajudaram.

No espaço de oito meses, os Gengels compraram um terreno em Grand Goâve, Haiti, para iniciar a construção do orfanato menos de um ano após o terremoto e, com a ajuda de doações e de voluntários, concluíram a construção de um edifício de última geração, com proteção contra terremotos, em dois anos, dando as boas-vindas à primeira criança no orfanato logo depois.

No final de 2014, eles deram as boas-vindas à sexagésima sexta criança. Desde o início, eles imaginaram uma instalação que poderia abrigar 66 crianças, um menino e uma menina para cada um dos 33 dias desde o momento do terremoto até a devolução do corpo de Brit.

Como diz Len: "Um de meus bordões ao longo de nossa jornada — a morte de Brit e nossos esforços para ver o sonho dela realizado na íntegra — foi: 'Você não pode inventar esse tipo de coisa'. E eu não contaria essas coisas se elas não fosse verdade. Não fui eu quem fez a ligação entre o tempo da provação de Brit e da nossa provação ao ver seu corpo ser encontrado e devolvido a nós — foram 33 dias, o mesmo número de dias que Jesus esteve entre nós. Não estou comparando minha filha com nosso Salvador, e talvez algumas pessoas pensem que esses números sejam apenas uma coincidência, mas eles significam algo para mim."

Houve coincidências ainda mais significativas à medida que os planos dos Gengels avançavam. Nos estágios iniciais do desenvolvimento do que se tornaria a Brit's Home, eles enfrentaram bloqueio após bloqueio do governo haitiano. Frustrados e se perguntando o que fazer, Len e Cherylann ficaram chocados quando seu filho, Bernie, lhes contou sobre a inesperada mudança de colega de quarto em seu segundo ano na faculdade. Acontece que o jovem que passou a ser colega de quarto dele era filho do presidente do Haiti. Assim, os bloqueios se transformaram em rotas, e os obstáculos em mãos amigas.

O casal vivenciou diversos lembretes de que Deus estava ali para ajudar. Pouco antes de a família se mudar da casa em que Brit foi criada — eles precisaram reduzir o padrão de vida para ajudar a financiar seu plano —, Len estava fazendo uma última vistoria em um armário no quarto que ele e Cherylann dividiam. Ele estava de joelhos, olhando para o chão, quando se levantou e bateu com a cabeça em um amontoado de cabides vazios. Então ele os empurrou para o lado e notou algo enrolado acima da barra que os segurava. Aquilo reluziu. Ao desenrolar, ele segurou nas mãos um par de asas de anjo feitas de metal banhado a ouro e arame. Ele nunca as tinha visto antes e, quando perguntou a Cherylann o que eram, ela disse que também não sabia. "Bem, acho que Brit deixou um presente para você."

Para Len, era como se Deus tivesse deixado para ele um lembrete da presença dEle e de Brit em sua vida. “Quando você perde um filho... é como se perdesse a vida também”, ele disse. “Você não supera de verdade, apenas aprende a continuar vivendo.”

Nos dois anos seguintes após ter encontrado essas asas, Len as carregou consigo em suas mais de trinta viagens ao Haiti para supervisionar diversos aspectos do planejamento e da construção do orfanato. Ele e a esposa têm inúmeras histórias de outros “anjos” que intervieram em todos os aspectos do empreendimento, desde os empreiteiros nos Estados Unidos que doaram seu tempo para trabalhar na colocação da tubulação de esgoto e água ou na parte elétrica até o proprietário de uma concessionária de automóveis que reconheceu Len em um aeroporto de Boston, compartilhou a história da perda do próprio filho e, mais tarde, enviou uma doação de US$10 mil quando não conseguiu um caminhão-baú para transportar ferramentas e suprimentos até o local no Haiti.

Len foi inspirado pelos haitianos que contratou, os quais fizeram a maior parte do trabalho de instalação e, agora, administram a operação. Inicialmente, ele temia que a corrupção pudesse impedir que o trabalho fosse feito. Mas sua experiência tem sido maravilhosa e totalmente o oposto disso. Ele descobriu que o povo do Haiti com quem teve contato e com quem trabalhou é extremamente cooperativo, honesto e inspirador.

Certa vez, quando uma transferência eletrônica de fundos não chegou a tempo de pagar os trabalhadores da construção, um gerente de confiança transferiu dinheiro da própria conta para garantir que eles fossem pagos em dia. Mais tarde, no que Len considerou um milagre, eles finalmente conseguiram fechar um acordo com um fornecedor de serviços de materiais para trazer concreto para o local e bombeá-lo até o telhado. Até aquele momento, eles haviam feito todo o trabalho de concreto à moda antiga, misturando tudo manualmente ou usando um pequeno misturador. O telhado de concreto, tão essencial para construir um edifício estável e resistente a terremotos, exigia uma enorme quantidade de material. Mesmo tendo garantido o uso dos caminhões-bomba, ainda seriam necessárias sessenta horas seguidas de mão de obra para concluir o trabalho. Len considera esse esforço o mais incrível que ele já vivenciou.

Ele dormiu muito pouco durante esse período. Mais tarde, descobriu que os últimos resquícios das asas do anjo haviam caído de seu bolso e foram parar no concreto úmido do telhado. Elas serviram a seu propósito e levaram todos a esse ponto crucial da construção. Ele estava triste por tê-las perdido, mas grato pelo que elas o ajudaram a alcançar. Ele disse: "Aquelas asas douradas agora fazem parte desta construção e, em vez de ficar triste por tê-las perdido, sinto a presença de Brit aqui com mais força. Perdi algo, mas ganhei muito mais em troca."

Assim como Britney, Len acreditava que estava indo para o Haiti para oferecer algo às pessoas de lá. Em vez disso, como ela, agora ele entende que recebeu um presente precioso. Ele foi cativado pelo espírito do povo do Haiti e pela fé inabalável que eles têm em Deus. Como Brit escreveu na mensagem de texto que enviou para casa, ele viu a generosidade e a gratidão deles.

Ele disse: "Fui para o Haiti pensando: 'Vou construir este prédio. Vou honrar o último desejo de minha filha e transformar essa tristeza em esperança...' Havia um propósito maior do que apenas fazer o que minha filha queria. Estávamos tentando superar a perda, o sofrimento, mas estávamos fazendo muito mais do que isso."

Sua fé lhe diz que Britney está desfrutando da vida eterna, e ele espera se juntar a ela algum dia. Neste instante, porém, ele diz: "Minha fé me fez passar por algo tão terrível e brutal que, se eu não tivesse fé, nunca teria conseguido superar."

Outra coisa que reforça a fé de Len é que, na própria vida, ele já vivenciou alguns milagres. Ele teve diversas experiências de quase morte.

Mais tarde, uma dessas experiências viria a significar algo bastante diferente. Aconteceu em 2006, quando Len, que sofria de problemas cardíacos há muitos anos, desmaiou e caiu no chão. Ele estava indo em direção à luz. De repente, sua falecida mãe e seu pai apareceram, seguraram-no pelos cotovelos e começaram a guiá-lo no caminho à frente.

"Eu estava resistindo. Continuei dizendo que não estava pronto. 'As crianças são muito pequenas.' Foi lindo estar lá, mas eu não estava pronto", lembra. "Eu tinha que dar o suporte para as crianças. Na época, eu estava pensando em meus três filhos, mas descobri que havia muito mais crianças para cuidar, uma comunidade inteira e muitas mais."

A vida de Len foi transformada quando ele passou a cuidar dessas crianças. Ele não administra mais sua construtora. Em vez disso, dedica todo o seu tempo à Be Like Brit Foundation e é conhecido como "Papi Len" pelas crianças que moram na Brit's Home, em Grand Goâve. Cherylann também trabalha em tempo integral na fundação como diretora-executiva. Bem como, seu filho mais velho, Bernie, servindo em diversas funções de maneira informal, inclusive como diretor de tecnologia, não apenas ajudando a ensinar informática e habilidades de programação para as crianças, mas também utilizando as mídias sociais e outras tecnologias do século XXI para enriquecer a experiência educacional das crianças e lhes oferecer a esperança de um futuro profissional melhor.

Teria sido fácil para eles se darem por satisfeitos e descansarem um pouco, mas, nos últimos doze anos, eles supervisionaram a evolução dos programas e das instalações da Brit's Home. E rapidamente perceberam que os haitianos na comunidade ao redor do orfanato também precisavam desesperadamente de ajuda — algo que eles podiam fornecer. A missão inicial não mudou tanto, ela se expandiu. Eles passaram a fornecer água potável a muitas pessoas da comunidade, para que elas não precisassem caminhar longas distâncias para apanhá-la.

Além de sustentar as 66 crianças, Len e Cherylann agora empregam mais de 100 pessoas na comunidade. Conforme destaca Len, as Nações Unidas realizaram estudos que mostram que, no Haiti, se uma pessoa consegue sustentar sua família com seu salário, ela distribui seus ganhos e, como resultado, dez famílias conseguem se alimentar de maneira saudável. Por causa da generosidade de doações e patrocinadores privados, eles também construíram 154 casas para membros anteriormente pobres da comunidade.

Igualmente importante, os Gengels iniciaram um programa que agregou mais de 2.400 indivíduos, muitos deles estudantes como Brit, que foram ao Haiti para ajudar na construção dessas estruturas e auxiliar na operação. Em muitos casos, a experiência desses "Britionários" transformou suas vidas. Len e Cherylann receberam dezenas de e-mails de ex-participantes que descreveram o forte impacto que a experiência teve sobre eles. Alguns decidiram mudar de especialidade para seguir carreiras em educação, aconselhamento e outras formas de serviço público. Outros ficaram tão inspirados pelo trabalho que está sendo realizado no Haiti que escolheram se especializar em desenvolvimento internacional, a fim de levar o que viram funcionando em Grand Goâve para outros lugares ao redor do mundo.

A perspectiva de Len também evoluiu: "Quando você perde um filho, se apega a muitas coisas, geralmente à amargura e ao desespero. Desde o terremoto, encontrei diversas pessoas, muitas [das quais] professaram sua fé em Deus, que me disseram que deve ser reconfortante saber que Deus tinha um plano para Brit. De certa forma, o que alguns deles me disseram é que Deus tirou Brit de nós. Eu não acredito nisso, nem um pouco. Deus não matou minha filha e aquelas milhares de outras pessoas. Isso não tem fundamento. O que aconteceu foi um desastre natural, e todos fazemos escolhas que têm consequências.

"Assim como não posso dizer a ninguém como eles devem lamentar a perda de um filho, também não posso dizer em que acreditar. Tudo o que sei é que escolhemos levantar todos os dias e colocar um pé na frente do outro, e escolhemos construir este memorial para homenagear nossa filha, para realizar seu último desejo e ajudar as crianças no Haiti. É por isso que carreguei essas asas comigo por tanto tempo, para servir como um lembrete de qual deveria ser meu foco. Quando Brit enviou aquela mensagem pela primeira vez, ela e nós não tínhamos como saber que ela estava enviando uma luz que nos ajudaria a atravessar a escuridão."

Essa luz é o motivo pelo qual aquelas 66 crianças têm esperança de um futuro melhor. Crianças como Ephesiens, Christ-Love, Kathiana, Magdeline e outras conseguem pensar em possibilidades porque uma jovem enxergou isso, e não apenas pobreza. A luz que ela fez brilhar na escuridão foi refletida diversas vezes.

Jesus disse: "O que vocês fizeram a algum dos meus menores irmãos, a mim o fizeram." (Mateus 25:40) É muito fácil desviar os olhos das necessidades do mundo, pensando que são um problema ou a área de especialidade de outra pessoa. Mas Jesus nos chama para usar as habilidades que temos e aprender as que não temos.

Quando cuidamos do menor dos problemas, muitas vezes descobrimos que, ao fazer isso, recebemos muito mais em troca do que oferecemos. Isso é capaz de curar o sofrimento pelo qual passamos.

O VÍCIO NÃO VENCERÁ

Deus usa a fraqueza de uma mulher, com seus 17 anos, e seu vício em heroína para revelar seu propósito!

> Mesmo que eu dissesse que as trevas me encobrirão,
> e que a luz se tornará noite ao meu redor,
>
> verei que nem as trevas são escuras para ti. A noite brilhará como o dia, pois para ti as trevas são luz.
>
> — Salmo 139:11–12

"O que você vai fazer com o bebê?", a jovem perguntou casualmente do outro lado do bar enquanto mexia sua bebida.

DeEtte, grávida de sete meses, vendia drogas atrás do balcão. Ela deu de ombros. "Você sabe. Provavelmente entregá-lo para adoção."

DeEtte deu à luz outras duas crianças, uma das quais nasceu viciada em heroína. Ela imaginou que esse bebê também nasceria viciado. Ela não ficou com os dois primeiros; sabia que não poderia ficar com este também.

"Bem, meu irmão e a esposa dele estão tentando adotar há anos", disse a jovem em um tom acima da música alta. "Aposto que eles adorariam ficar com o bebê."

"Sim, eles poderiam ficar com ele."

"Ótimo! Vou ligar para eles agora mesmo."

Mais tarde naquela noite, DeEtte se encontrou com John e Lupe em um restaurante Denny's, onde ela concordou em entregar o bebê.

Tudo o que ela pediu em troca foi ficar em um motel até o bebê nascer. Seria bom ter uma cama e um banho quente para variar.

DEETTE VIVEU EM LUGARES sombrios, locais em que poucas pessoas já estiveram. Mas sua vida não começou assim. DeEtte nasceu em 1954 na Base Logística do Corpo de Fuzileiros Navais Barstow, no deserto de Mojave, ao sul da Califórnia. Seu pai amava os cinco filhos, mas também amava outras mulheres além de sua esposa. Quando DeEtte tinha 10 anos, a mãe dela deixou seu pai, levando as crianças e voltando para sua ilha natal de Oahu, no Havaí.

Os parentes os acolheram, e a mãe de DeEtte conseguiu um emprego, trabalhando no turno da noite, a fim de economizar para comprar a própria casa. Uma noite, quando a mãe de DeEtte estava fora, seu tio entrou no quarto dela. Ela foi molestada pelo tio durante meses antes de a família se mudar para as construções de Harbor City, em Los Angeles.

Recuperando-se do abuso, DeEtte queria desesperadamente se encaixar e ser aceita — mas as construções de Harbor City ofereciam muito poucas boas opções. A pobreza, as drogas e o crime formaram uma aliança destrutiva que dominou o bairro. Dada a herança havaiana de DeEtte, todos pensavam que ela fosse latina, então ela acabou abraçando essa ideia. Ao se juntar a uma gangue mexicana, era como se ela pertencesse a uma família e, em pouco tempo, ela já estava abandonando a escola e trocando os livros por bebida e maconha.

Aos 14 anos, uma condenação por pequeno furto a levou ao centro de detenção juvenil local. Aos 16, ela engravidou de um membro de uma gangue rival, que morreu de overdose na época em que ela deu à luz seu filho, Trinidad. Durante quatro anos, a mãe de DeEtte criou o bebê, que acabou sendo adotado por seus avós paternos.

Desesperada para enterrar a dor daquele primeiro romance adolescente, DeEtte se voltou para drogas mais pesadas. Com ciúmes de outras meninas da escola que tinham dinheiro para roupas, ela começou a roubar para poder se vestir como elas.

A vida era difícil, e a heroína se tornou seu anestésico. Ela teve um segundo filho, desta vez com um traficante que trazia drogas do México para os Estados Unidos. Na época, ela estava injetando cerca de US$1 mil por dia em heroína bruta. Depois que o namorado foi preso, a filha, que nasceu viciada em heroína, foi adotada por sua cunhada, Elsa.

Por um tempo, DeEtte se vendeu como o que chamava de "prostituta de luxo", viajando para lugares em que pudesse ganhar muito dinheiro. Ela foi para Las Vegas e cobrava US$1 mil por hora dos clientes. Mas isso não durou muito. Ela acabou trabalhando em um bar, onde conheceu a mulher que arranjou a adoção de seu terceiro filho.

Em pouco tempo, DeEtte estava grávida e encarcerada — outra vez. John e Lupe a visitaram na prisão e imploraram para que ela os deixasse adotar o quarto bebê também. Eles prometeram chamá-la de Danielle, em homenagem à irmã de DeEtte. Eles já haviam dado o nome da mãe biológica ao outro filho de DeEtte.

"No começo, eu neguei", lembrou DeEtte. "Eu queria acreditar que, quando saísse da prisão desta vez, conseguiria seguir em frente; e talvez ficar com o bebê me ajudasse recomeçar a vida. Mas, no final, entreguei a eles aquele bebê também, porque, no fundo de meu coração, eu sabia que não ficaria limpa. Sabia que não poderia dar uma vida decente a esta — ou a qualquer — criança."

Cada vez que ia para a prisão, DeEtte tinha muito tempo para pensar nos filhos, sentir saudade e se arrepender de suas escolhas na vida — principalmente porque ela tinha o hábito de iniciar confusões na cadeia, o que fazia com que ela fosse enviada à solitária com frequência. Em 1971, ela teve uma experiência que significou que ela nunca mais poderia fingir que Deus não era real. Um dia, quando estava trabalhando nas ruas, ela ouviu o som da música de um grupo cristão local, Addicts for Christ, que a fez se aproximar. "Lá mesmo, naquele momento, fui atingida pelo Espírito Santo", ela disse. Ela sentiu o coração transbordar de alegria, mas, na manhã seguinte, acordou com abstinência de heroína. Enquanto ela continuava voltando para aquela instituição de caridade para o culto, "é como se eu estivesse com um pé dentro e um fora". Apesar da insistência de Deus em contar às outras pessoas sobre Ele, ela se sentiu envergonhada.

"Eu tinha uma reputação", ela disse. "Sabe como é, as pessoas olham para você e a respeitam porque você sabe como fazer as coisas. Você é durona, não delata, não demonstra fraqueza... Não queria que as pessoas soubessem que eu era fraca e tinha virado cristã."

Em vez disso, ela se afundou no pecado, fazendo coisas que nunca sonhou que faria. Ela acreditava no mundo espiritual — particularmente em demônios —, mas demorou até 1986 para ter uma "experiência verdadeira com Jesus".

Um dia, ao ter sido encaminhada para a prisão outra vez, ela se viu sentada em um banco de madeira na sala de detenção, esperando a papelada ser concluída, para que pudesse ser presa por mais dois anos. Ela já estava suando, com dor e tremendo de abstinência.

À medida que mais mulheres eram trazidas para a sala, DeEtte ficou impressionada com quantas delas pareciam estar na casa dos 70 anos ou mais. Essas velhas viciadas já eram conhecidas lá; estiveram lá muitas vezes. Assim como ela.

Isso a abalou. *Não quero continuar fazendo isso quando tiver 70 anos*, ela pensou.

A avó e a tia de DeEtte acreditavam em Deus, e DeEtte tinha lembranças de ouvi-las cantando e orando na infância. Elas acreditavam que Deus respondia às preces. DeEtte queria desesperadamente acreditar nisso também.

Um mês antes de sair da cadeia, ela começou a orar: "Deus, eu sei que você existe. Não quero voltar para a prisão. Estou tão cansada de tudo isso. Estou cansada das drogas. Cansada desse estilo de vida. Cansada da intimidação, do desespero e da dor. Se você consegue me mudar, Deus, por favor, faça alguma coisa!"

No dia em que saiu da prisão, ela teve a sensação de que não voltaria e sentiu uma estranha tristeza. Desde que era apenas uma criança, DeEtte foi condenada à cadeia ou à prisão mais de uma dúzia de vezes. A cadeia central de Orange County tinha sido uma espécie de lar por mais de uma década. Muitas de suas companheiras de prisão tiveram infâncias como a dela, e todas tentavam mascarar a dor, tentando fingir que estava tudo bem quando claramente não estava. Então elas trocaram histórias, brincaram juntas e mostraram fotos de família de épocas mais felizes. Elas formaram um grupo eclético e esquecido de presidiárias — mas eram como uma família.

Poucas horas após sua soltura, DeEtte estava chapada novamente, voltando ao antigo estilo de vida de vício e prostituição com os braços abertos. Mas ela, de fato, atingiu o fundo do poço. Os dias de luxo se foram, agora ela estava de volta às ruas de Orange County, fazendo programas de US$5 em troca de um teco.

PODE SER FÁCIL OLHAR para outras pessoas e não enxergá-las de verdade. Alguém no metrô vestido de um jeito que nunca nos vestiríamos — ele ou ela não pode ser igual a você e a mim, uma pessoa criada à imagem de Deus. As pessoas em sitcoms e filmes nunca refletem sobre Deus, nunca falam sobre as realidades espirituais paralelas ao mundo a seu redor. É fácil pensar que as pessoas na vida real também são muito superficiais. Mas, na verdade, a maioria de nós contempla essas questões.

Há momentos em que sentimos que cometemos tantos erros que não há nada que Deus possa fazer para nos alcançar, que não conseguimos alcançar nada que esteja mais elevado.

Era assim que DeEtte se sentia. Deus precisaria lhe mostrar que isso era possível; Ele precisaria mostrar que ela importava para Ele.

Seis meses após sair da prisão, DeEtte estava destrancando a porta da frente de seu duplex quando ouviu sirenes. Ela tinha acabado de se injetar quando alguém começou a bater em sua porta.

"DeEtte!", um vizinho gritou. "Alguém atropelou Marla! Alguém atropelou Marla!

A sobrinha dela, Marla, frequentava a escola primária a poucos quarteirões do apartamento de DeEtte. Ela correu toda a distância bem a tempo de ver a menina de 7 anos ser colocada na ambulância. Ao atravessar a rua depois da escola, a estudante do 2º ano se distraiu, perseguindo uma página do dever de casa que havia sido levada pelo vento, e parou na frente de um carro.

"Eu sabia que minha irmã Danielle estava a caminho do hospital", lembrou DeEtte. "Eu ainda estava em meio ao torpor do vício em drogas pesadas — então fui para casa para terminar de injetar antes de ir para o hospital no centro da cidade."

Quando DeEtte entrou na sala de espera, uma hora depois, ela estava lotada, com mais de trinta pessoas da igreja que Danielle frequentava, a Victory Outreach, em Santa Ana, Califórnia. Elas estavam chorando, abraçando-se e estendendo as mãos para Danielle em oração.

Marla acabara de ser declarada morta.

"As emoções naquela sala me dominaram", disse DeEtte. "Comecei a chorar — por Marla e também por mim. Senti tanta tristeza e perda naquele ambiente — mas, ao mesmo tempo, tanto amor e paz. Também senti outra coisa, algo pelo qual eu ansiava, algo que procurei por toda a minha vida."

Três noites depois, DeEtte compareceu ao funeral de Marla. Mais uma vez a sala estava transbordando de pessoas que eram membros da igreja de Danielle. E, novamente, o poder do amor e a presença de Deus no ambiente quase fizeram DeEtte cair de joelhos.

De repente, ela deu uma segunda olhada. "Comecei a ver pessoas que eu conhecia, pessoas com quem usei drogas ou cumpri pena", ela disse. "Eram pessoas com quem eu trabalhava nas ruas vendendo drogas e que eu não via há tanto tempo que pensei que tivessem morrido."

Uma mulher que havia compartilhado o mesmo bloco de cela com ela se aproximou. "DeEtte?"

"Evelyn?", DeEtte engasgou. "O que você faz aqui?"

"Conheço Danielle da igreja."

As duas mulheres se abraçaram e choraram, não acreditando na morte de Marla. Antes de Evelyn sair, ela disse: "DeEtte, quero que você saiba que Jesus a ama. Ele me salvou, me libertou. Minha vida é completamente diferente agora. Ele pode fazer o mesmo por você."

Um homem se aproximou de DeEtte. Eles haviam comprado e vendido drogas juntos anos antes. Seu rosto brilhava. Na verdade, ele parecia transformado em todos os sentidos.

"DeEtte", ele disse, apertando a mão dela. "Deus existe. Deus é bom, sabia?"

DeEtte viu outro rosto familiar; desta vez era uma mulher com quem ela já havia trabalhado nas ruas. A mulher correu e deu um abraço de urso em DeEtte. "DeEtte", ela disse em meio às lágrimas: "Jesus mudou minha vida. E sei que Ele também pode fazer por você o que fez por mim."

"Vi o amor de Jesus naquelas pessoas", lembrou DeEtte. "Vi como elas amavam minha sobrinha e minha irmã. Foi esse amor que me trouxe até Deus. Eu estava doente e cansada daquela vida. Eles estavam limpos, felizes e eu queria ter o que eles tinham."

No dia seguinte, DeEtte se internou no Victory Outreach, um programa de reabilitação religioso em La Puente, Califórnia, onde permaneceu durante os três anos seguintes. Após sofrer com a abstinência por algumas semanas, ela mergulhou mais fundo na oração, muitas vezes buscando refúgio em um galpão na propriedade, no qual, sozinha, clamava aos céus:

> Por que minha vida se transformou nisso?
>
> Como me tornei uma pessoa tão horrível?
>
> Por que meu pai foi embora?
>
> Por que meu tio abusou de mim?
>
> Por que todos aqueles homens tiraram de mim todo o meu pudor?

"Eu sentia tanta culpa dentro de mim e me sinto tão feia quando me olho", ela disse. Mas Deus "me mostrou... foi como um filme passando diante de meus olhos, desde quando eu era uma garotinha, um bebê, até aquele momento no galpão."

Flashbacks de experiências que DeEtte havia esquecido inundaram sua mente. Ela viu todos os rostos dos homens que a trataram de maneira desumana. Então, ouviu uma voz calma e poderosa em sua alma: "Perdoe-os. Apenas perdoe-os."

Não foi de maneira instantânea e certamente não foi fácil. Ela passou horas no galpão, lembrando-se e se livrando de todas as coisas ruins que as pessoas lhe fizeram. Longas orações e muitas lágrimas a acompanharam nesse processo —, mas ela disse que sentiu como se, junto com cada uma delas, saísse um peso enorme da alma. "Senti tanta autonomia e liberdade", ela disse.

Também houve uma visão para o futuro. Durante aquelas horas de oração no galpão, DeEtte sentiu profundamente que Deus estava lhe dizendo que ela se tornaria uma missionária, que Ele a ajudaria a retomar sua vida, tudo o que havia sido perdido e que um dia ela se casaria. As três coisas pareciam improváveis ou, até mesmo, impossíveis.

Enquanto DeEtte continuava a se curar em mente, corpo e espírito, ela precisou aprender habilidades que nunca havia aprendido, como usar um talão de cheques, manter um emprego, pagar as contas. Com o incentivo da equipe do centro de reabilitação, ela se envolveu em atividades de serviço na igreja Victory Outreach. Em seguida, começou a ajudar a equipe da recepção, do coral, do ministério infantil, dos grupos de estudo e da assistência aos sem-teto.

O Senhor também lhe deu amor pelo povo hispânico. Houve um período em que ela se perguntou se Ele queria que ela trabalhasse no México, mas, em 1989, quando DeEtte teve a oportunidade de ajudar a administrar uma casa de reabilitação para viciados na Espanha, ela se lembrou das três promessas que Deus lhe havia feito no galpão de oração, comprou uma passagem e embarcou em um avião para Barcelona.

UM DIA, O PASTOR DA igreja que dirige o centro de reabilitação em Barcelona chamou DeEtte de lado para uma conversa. "Aquela jovem não pode mais vir aqui", ele disse de maneira gentil.

DeEtte entendeu a posição dele. Uma jovem local viciada em drogas havia se internado diversas vezes no centro de reabilitação. Mas, aos domingos, quando a igreja estava cheia de fiéis, a mulher causava estragos, roubando bolsas e até arrancando colares de ouro do pescoço de paroquianos mais velhos.

O coração de DeEtte se derreteu de compaixão pela viciada em drogas de 22 anos que a lembrava tanto de si mesma. "Por favor, pastor, deixe-me trabalhar com ela. Assumo total responsabilidade e culpa por qualquer coisa que ela fizer. Eu sei que Deus pode ajudá-la. Por favor, deixe-me tentar!"

Ela o convenceu, depois encontrou a mulher no estacionamento e a trouxe de volta para dentro. Elas passaram horas conversando sobre tigelas de paella, um ensopado de arroz com frutos do mar.

DeEtte lembrou o que a mulher havia dito. "Enquanto as lágrimas escorriam por seu rosto, ela ficava me dizendo em espanhol: 'Estou cansada, estou tão cansada de usar drogas e viver esta vida.

Se Deus consegue mudar minha vida, se ele realmente consegue me mudar, é isso o que eu quero.'"

DeEtte se lembrou das próprias orações semelhantes na última vez em que esteve na prisão. "Quando ela disse que estava cansada de tudo, eu soube que ela finalmente estava pronta."

Após ser missionária por dois anos em Barcelona, DeEtte voltou para sua casa, na Califórnia. Em poucos dias, ela recebeu um telefonema de Lupe. "DeEtte!", ela gritou animada. "Ouvi dizer que você estava de volta à cidade! Encontrei sua outra filha! O nome dela é Lucy!"

"O quê? Quando? Como?"

Lupe explicou que, seis meses antes, ela e John haviam levado as meninas ao parque para um piquenique no feriado de 4 de julho. Ela estava chamando as crianças do parquinho para virem almoçar quando uma mulher se aproximou. Ela estava carregando um filho que parecia um pouco mais velho do que DeEtte quando tinha 6 anos, e Danielle com 5.

"Ouvi você chamar sua filha de DeEtte," a mulher comentou, "É um nome lindo. De onde você o tirou?'"

"Eu dei a ela o nome de sua mãe biológica", explicou Lupe. "Minhas duas filhas são adotadas."

A mulher contraiu os lábios. "A mãe biológica. Ela estava drogada? Ela era havaiana?"

Lupe assentiu, surpresa.

"Meu nome é Elsa", a mulher disse com um sorriso, "e estou com a filha dela, Lucy."

Quando Lupe terminou de contar a história a DeEtte, ela acrescentou que as duas famílias rapidamente se tornaram amigas e que as três meninas estavam crescendo como irmãs de verdade.

"Lupe", DeEtte disse agradecida, "John me disse uma vez que você e ele oraram por anos por uma filha e que Deus me enviou para entregar a você não apenas uma, mas duas. Quando eu estava na prisão, às vezes tudo em que conseguia pensar era em tentar trazer meus filhos de volta, para que pudéssemos ser uma família. Mas Deus me deu tanta paz. E quando coisas assim acontecem, vejo Sua mão juntando tudo."

POR CAUSA DO ABUSO SIGNIFICATIVO que havia sofrido, o casamento com um homem parecia impossível. "Eu não queria nada com homens. E, quando conheci Jesus, eu só queria Jesus. E é isso." Mas, quando se mudou para San Antonio e já estava frequentando a igreja Castle Hills Christian Church há um mês, DeEtte foi abordada por uma mulher que disse que queria apresentá-la a um homem. DeEtte disse a ela que não estava interessada, mas, naquela noite, ela não conseguia tirar o nome dele da cabeça. Ela não conseguia se concentrar em nada, nem mesmo na oração. Ela sentiu como se estivesse perdendo a cabeça. Por fim, ela ligou para a esposa de seu pastor e contou o que estava acontecendo. A reação da mulher a surpreendeu. Ela riu.

"De, no dia em que você entrou em nossa igreja, senti como se Deus tivesse me dito: 'Ela vai se casar com Dan Faubel'."

DeEtte estava em choque.

"Você deveria ao menos conhecê-lo!"

No primeiro encontro para um café, DeEtte e Dan conversaram por seis horas. Naquele momento, DeEtte se perguntou se esse era o cumprimento da terceira promessa que Deus lhe havia feito no barracão de oração. Deus, de fato, a fez se tornar uma missionária e a ajudou a restaurar seu relacionamento perdido com seus filhos. Seria Deus lhe enviando um convite para viver um casamento saudável e amoroso com um marido que Ele havia preparado para ela?

À primeira vista, o homem sentado à sua frente, com botas de caubói e jeans, não era nada parecido com os homens que ligavam para moda por quem ela se sentia atraída no passado. Mas, se ela aprendeu alguma coisa até agora, foi que, às vezes, as melhores respostas às preces são aquelas pelas quais você nunca esperou.

DEETTE ESTÁ SENTADA NA sala com Dan, tomando um café. Eles leram uma página de um livro devocional e oraram durante o dia que começava. A tradição do início da manhã passou a significar muito para o casal ao longo de seus 25 anos de casamento.

Atualmente, a maior parte do trabalho de DeEtte ajudando viciados é feito nos Estados Unidos. Ela mantém contato com a jovem espanhola, que está livre das drogas e cuidando de sua família com o marido, um pastor, em Barcelona.

Depois que Dan sai para o trabalho, DeEtte toma seu café. O celular ao lado dela vibra com uma mensagem de texto, e ela sorri ao ler a brilhante mensagem de "Bom dia" de um de seus filhos.

Ao colocar a xícara de café na máquina de lavar louça, DeEtte agradece a Deus pelas preces respondidas e se prepara para um novo dia.

O PODER DE UM AMENDOIM

Um homem aprendeu a confiar na visão e no tempo do Senhor e isso mudou o que alimenta o mundo até hoje.

> O temor do Senhor é o princípio da sabedoria, e o conhecimento do Santo é entendimento.
>
> — Provérbios 9:10

Ele não estava nem perto de descobrir a resposta. O professor George Washington Carver passara a tarde analisando as probabilidades. Havia uma variedade colorida de plantas espalhada em cima de sua mesa, com as partes que compõem os caules, as pétalas e as raízes cuidadosamente dissecadas.

George adorava falar sobre a natureza para qualquer um que quisesse ouvir e, a essa altura em sua vida, já tinha um público disposto a receber seu conhecimento: os alunos do Tuskegee Institute. Naquele dia, porém, ele estava conversando com o público mais importante de todos: seu Pai celestial.

O assunto da conversa era um mistério botânico. Enquanto George examinava as plantas à sua frente, seus olhos pousaram em uma noz comum considerada tão inútil que a maioria dos agricultores simplesmente a usava como fertilizante para reabastecer o solo depois de esgotado pelo cultivo do algodão. Mas a filosofia de vida de George era de que nenhuma criação de Deus é sem valor. Ele fechou os olhos e clamou ao Senhor: "Por que você criou o amendoim?

Por quê?”[25] A resposta a essa pergunta revolucionaria a agricultura norte-americana e traria cura após um grande conflito. E tudo começou com uma humilde oração.

De certa forma, era uma oração que George vinha oferecendo a vida toda. Tendo nascido no período da escravidão, ele teve uma educação muito diferente da maioria dos escravos de sua época. Primeiro, ele nunca havia estado no Sul, nasceu em Diamond Grove (agora Diamond), Missouri. Em segundo lugar, ele nunca havia realmente vivido como um escravo.

Pouco após o nascimento de George, ele, sua irmã e sua mãe foram sequestrados por saqueadores e levados para a cidade vizinha, Kansas. Em algum momento dessa terrível jornada, o bebê George foi separado de Mary. Não ficou claro se os sequestradores pretendiam revender a criança e a mãe ou se tinham outros planos para ambos. Mas eles deixaram George com um grupo de mulheres no Kansas. Quando um estranho chegou e levou o bebê embora, as mulheres ofereceram pouca resistência.

Mais tarde, George descobriu que esse estranho era um escoteiro da União. Mas os problemas do bebê não acabaram aí; ele ainda teve que enfrentar noites frias envolto no casaco do homem enquanto cruzavam de volta para o Missouri. Para piorar as coisas, George desenvolveu coqueluche, que pode ser mortal até mesmo para adultos.

Mas as notícias eram boas. O escoteiro, John Bentley, estava levando George para casa. Ele trabalhava para o mestre de George, Moses Carver e, quando eles voltaram para Diamond Grove, Moses deu a Bentley um cavalo de corrida caro em troca do retorno seguro do bebê. George estava em casa. No entanto, ele nunca mais veria sua mãe.

Os problemas pelos quais Moses passou e as despesas que teve para resgatar George eram indicativos de seu caráter. Surpreendentemente, Moses e sua esposa não acreditavam na escravidão (eles abriram uma exceção para comprar a mãe de George como serva) e, quando a Guerra Civil estourou nos Estados Unidos, eles se aliaram ao Norte.

Então, quando Moses descobriu onde o jovem George havia parado, ele se esforçou muito para resgatá-lo. Moses e sua esposa não tinham filhos, mas, quando o irmão dele e a esposa morreram, eles passaram a cuidar de seus três filhos, duas meninas e um menino. E também criaram George e seu meio-irmão mais velho, James, como o quarto e o quinto filhos da família.

O jovem George ficava doente com frequência, talvez devido à coqueluche que teve quando foi resgatado. Suas cordas vocais ficaram danificadas, deixando-o com uma voz rouca característica que, depois, mudou para um tom mais normal, mas ainda agudo.

Muitas vezes, as pessoas mais fracas estão cientes da misericórdia e da fidelidade de Deus. E talvez tenha sido essa enfermidade que fortaleceu a fé poderosa de George. Ele encontrou Jesus apesar da influência de Moses Carver. Seu pai adotivo rejeitou a religião, mas George era muito devoto, sendo que aos 8 anos de idade ele teve consciência da existência de Deus.

Ele também era fascinado pelo mundo natural e era conhecido por colecionar pedras e fungos interessantes. E flores. *O que faz as coisas crescerem?* Essa pergunta estava sempre na mente ocupada de George. Ele passava horas na floresta ao redor de Diamond Grove, enchendo os bolsos com diversas pedras e tirando gentilmente flores silvestres da terra.

"São só tolices." Era o que diziam as pessoas da vizinhança do menino magrelo que corria com as mãos cheias de flores, contando a quem quisesse ouvir sobre o mundo natural com uma riqueza de detalhes. *Tolice. Perda de tempo. Por que ele não pode se interessar por coisas importantes?*

Mais tarde, ele escreveu: "Dia após dia, eu ficava na floresta sozinho, coletando minhas belezas florais para colocá-las em meu pequeno jardim escondido no mato, não muito longe de casa, porque na vizinhança era considerado uma tolice desperdiçar tempo com flores."[26] Um dia, é claro, seu foco profundo na criação de Deus, considerado "tolice" pelos vizinhos, traria grandes benefícios.

Sempre brilhante e curioso, George adorava aprender e se destacou quando teve a chance de frequentar a escola. Mais tarde, ele seguiria uma carreira de sucesso como professor na Faculdade de Agricultura e Ciências da Vida de Iowa, ou em alguma outra instituição notável, quando foi abordado por Booker T. Washington, o fundador de uma das primeiras instituições acadêmicas para negros livres. Washington o convidou a ir para o Sul lecionar em seu recém-formado Tuskegee Institute, no Alabama, e explorar o que eles poderiam fazer para ajudar ex-escravos a construir uma vida melhor para si mesmos. George concordou, apesar do baixo salário que vinha com o convite, e embarcou em um trem para Tuskegee.

A viagem lhe deu seu primeiro vislumbre de como era a vida no Sul três décadas após o fim da Guerra Civil. A guerra havia devastado a economia, e as pessoas lutavam para se recuperar. Por causa de sua experiência em agricultura, uma das primeiras coisas que ele viu foi que a economia do Sul dependia do cultivo de um único produto — o algodão —, que estava empobrecendo não apenas o solo, mas também as pessoas. Meeiros e arrendatários cultivavam algodão até os limites de suas casas para ganhar dinheiro e tinham pouco espaço para cultivar mais.

Em virtude disso, eles tinham que comprar comida em armazéns dos mesmos proprietários das terras nas quais trabalhavam. Se quisessem produzir mais, tinham que comprar fertilizantes artificiais caros nessas mesmas lojas. Quanto mais duro trabalhavam, mais endividados ficavam. Era uma espiral descendente cruel.

George descreveu essa descoberta desta forma:

> Quando meu trem deixou os campos de trigo dourado e do milho alto e verde de Iowa para me levar para os acres de algodão, nada além de algodão, meu coração murchou um pouco. Não há muita evidência de agricultura científica em qualquer lugar. Havia algodão ralo crescendo perto das portas das casas; algumas couves solitárias, o único

> sinal de vegetais; gado com os músculos atrofiados, mulas ossudas; campos e encostas rachadas e marcadas com ravinas e sulcos profundos. Tudo ali parecia faminto: a terra, o algodão, o gado e as pessoas.[27]

Reconhecer essa dificuldade garantiu a ele que sua decisão de lecionar em Tuskegee havia sido a certa. Ele prometeu fazer tudo a seu alcance para ajudar esses agricultores. Ao chegar, uma das primeiras coisas que fez foi ajudar a montar uma estação experimental agrícola.

Embora George fosse um cientista habilidoso por formação, ele adotou uma abordagem diferente do método científico típico para sua pesquisa. O método científico requer a documentação sequencial de uma variável de cada vez e a observação do efeito que a mudança de cada variável tem. Ele tem início com a formulação de uma tese e, então, começa a prová-la ou refutá-la de maneira metódica. Cada estudo deve ser cuidadosamente documentado, para que possa ser replicado e testado novamente por outras pessoas em diversos ambientes.

George entendeu isso, mas também sentiu que era um processo lento e complexo. Então, em vez disso, ele misturou o método sequencial com intuição e inspiração — e com a fé que o sustentou ao longo de sua vida até então. Mais tarde, ele contaria ao público que Deus revelaria os segredos que havia escondido na natureza para qualquer um que estivesse disposto a olhar por muito tempo e com bastante atenção. Assim, em busca de avançar em seu trabalho, a oração tornou-se uma companhia mais confiável para George do que registrar todas as entradas e variáveis possíveis. O foco dele era entregar soluções para o problema dos agricultores do Sul, não provas definitivas para revistas científicas.

"Nunca precisei tentar diversos métodos em busca do que melhor se adequava à minha pesquisa", disse certa vez. "O método é revelado no momento em que me sinto inspirado a criar algo."[28]

Seus experimentos mais úteis a esse respeito foram com batata-doce e amendoim, ambos abundantes no Sul. A cultura do amendoim, por exemplo, era ideal para ser feita em rotação com a de algodão, pois o amendoim devolvia ao solo os nitratos de que o algodão precisava para florescer. Na época, porém, o amendoim era considerado uma cultura de lixo, com poucos usos. Se George fosse capaz de encontrar usos reais para o humilde amendoim, cultivá-los em rotação com o algodão traria lucros aos agricultores. Então ele começou a pesquisa com uma simples prece a Deus: "Por que você criou o amendoim? Por quê?"[29] Ele descreveu desta forma:

> Com o conhecimento que tinha de química e física, comecei a trabalhar para separar as partes do amendoim. Separei a água, as gorduras, os óleos, as gomas, as resinas, os açúcares, os amidos, as pectoses, as pentoses, as pentosanas, as leguminosas, a lisina, os ácidos ameno e amedo [sic]. Isso! Eu tinha todas as partes do amendoim espalhadas diante de mim. Depois, simplesmente testei diferentes combinações dessas partes sob diferentes condições de temperatura, pressão e assim por diante.[30]

Por meio de sua pesquisa ao longo dos anos, George encontrou 265 usos para o amendoim, 118 usos para a batata-doce e 85 para outra colheita abundante no Sul: nozes pecan.[31]

No entanto, eles estavam longe de ser um sucesso instantâneo. Um enorme obstáculo permaneceu entre o sucesso e as invenções de Carver. O cultivo de amendoim como cultura comercial era muito difícil porque, muitas vezes, a concorrência estrangeira mantinha os preços baixos. Quando um imposto de importação que daria uma vantagem competitiva aos produtores norte-americanos foi proposto no Congresso, o Comitê de Formas e Meios da Câmara dos Estados Unidos realizou audiências sobre o assunto.

Em 20 de janeiro de 1921, George foi um dos declarantes convidado pela United Peanut Growers Association. Os riscos eram altos. Ele sabia que tinha a chance de fazer uma grande diferença na perspectiva econômica de muitas pessoas. No entanto, ele deveria fazê-lo em uma janela de tempo muito curta, chamando a atenção de congressistas desconfiados. Um homem comum poderia ter sido dominado pelo nervosismo. Mas Carver tinha um plano.

Se os congressistas esperavam apenas mais uma demonstração entediante, eles teriam uma surpresa. George entrou caminhando normal e despretensiosamente, vestindo o mesmo terno impecável de todos os dias, e que estava se deteriorando lentamente, pois ele o usou durante a maior parte de sua vida profissional. Ao adicionar uma nova flor em uma das casas de botão todos os dias, ele renovava seu estilo. Ao contrário de outros declarantes, George segurava uma grande caixa debaixo do braço. Ele estava prestes a demonstrar que, mais do que apenas um cientista habilidoso, ele também era um vendedor muito esperto.

O presidente Joseph W. Fordney, que muito provavelmente nunca tinha ouvido falar do Dr. George Washington Carver mais do que os outros membros do comitê, começou a entrevista o advertindo a limitar seus comentários a dez minutos.

George se acomodou. "Sr. Presidente, a United Peanut Growers Association me pediu para lhe dizer algo sobre as possibilidades do cultivo do amendoim e sua possível extensão... Se eu puder ter um pouco de espaço aqui para colocar essas coisas, gostaria de exibi-las para você."[32]

Vários congressistas moveram suas cadeiras para a frente, inclinando-se para ver o que ele estava fazendo.

"Só vou trocar alguns lugares altos aqui e ali porque, em dez minutos, você vai me mandar parar", ele disse, retirando de maneira teatral um objeto de seu peito. "Este é o bolo triturado, que tem muitas possibilidades de uso — para farinhas, refeições e alimentos para o café da manhã... Também temos as cascas, que são trituradas e transformadas em pó para polir a folha de flandres." E ele continuou.

Quando seus dez minutos estavam quase no fim, um dos congressistas pediu uma prorrogação — provavelmente por curiosidade de saber quantas coisas mais havia na caixa —, que foi concedida. George continuou. Ao longo da demonstração dos produtos, os congressistas estavam rindo e fazendo perguntas. Por fim, o presidente Fordney anunciou: "Vá em frente, irmão. Seu tempo é ilimitado."

Carver continuou: "Aqui, há pouco tempo, ou alguns meses atrás, descobrimos como extrair o leite do amendoim... Agora, é absolutamente impossível diferenciar o leite de amendoim do leite de vaca no aspecto e na aparência geral. Isto é leite normal. Dele, é formado um creme da mesma maneira que o leite de vaca; na verdade, ele tem a mesma composição do leite de vaca." Ele explicou que o leite poderia ser usado como creme para fazer manteiga, sorvete, entre outras coisas. "Faz o sorvete mais delicioso que já comi."

Os congressistas começaram a interrogá-lo sobre as objeções a seu plano tarifário. Ele foi bastante hábil nas respostas, enquanto dedicava tempo para continuar demonstrando seus produtos. O representante John Carew, de Nova York, interrompeu-o para perguntar sobre uma popular bebida feita com frutas: "Como fica o creme em um ponche*?"

Como se a pergunta tivesse sido uma piada, Carver respondeu: "Bem, vou lhe dar alguns socos."

Novamente, ouviu-se o som de risos na câmara.

"Temos aqui um com laranja, um com limão e um com cereja."

À medida que os congressistas faziam mais perguntas, ele dava respostas que os faziam caírem na gargalhada. E assim ele continuou até esvaziar sua caixa. Então, concluiu: "Se você pegar o primeiro capítulo de Gênesis (1–29), conseguimos interpretar muito claramente, eu acredito, o que Deus pretendia quando disse: 'Eis que lhes dou todas as plantas que nascem em toda a terra e produzem

* O ponche de leite, uma mistura doce, gelada e elegante de laticínios e licores criada séculos atrás, tornou-se uma das bebidas mais pedidas do cardápio de bares de todos os Estados Unidos.

sementes, e todas as árvores que dão frutos com sementes. Elas servirão de alimento para vocês.' É isso o que Ele quis dizer sobre isso. Deve ser alimento. Isso tem tudo de que necessitamos para fortalecer, nutrir e manter nosso corpo vivo e saudável."[33]

O comitê recebeu essa explanação com outra calorosa salva de palmas.

Em resposta às outras perguntas, ele os informou que havia conseguido trazer apenas cerca da metade dos itens que queria expor. O representante Allen Treadway, de Massachusetts, então disse: "Bem, volte e traga o restante."

Ao todo, George teve direito a uma hora e quarenta minutos de demonstração. Algumas semanas depois, o comitê promulgou a tarifa mais alta sobre o amendoim já legislada na época: três centavos de dólar por libra em amendoins com casca e quatro centavos de dólar por libra nos sem casca.[34] Isso protegeu os agricultores do Sul de serem prejudicados pelos preços dos produtores estrangeiros de amendoim. Provavelmente, a apresentação de George teve uma forte influência nessa decisão.

Apesar da riqueza que sua pesquisa poderia ter lhe proporcionado, ele obteve apenas três patentes de suas descobertas, compartilhando generosamente seu sucesso com o mundo. Para George Washington Carver, tudo o que ele ensinou voltou para ele em fé e nas Escrituras:

> Para aqueles que ainda não aprenderam o segredo da verdadeira felicidade, que é a alegria de iniciar um relacionamento mais próximo com o Criador e Preservador de todas as coisas: comece agora a estudar as pequenas coisas em seu quintal, indo do conhecido ao desconhecido mais próximo relacionado ao primeiro, porque, de fato, cada nova verdade leva a pessoa para mais perto de Deus.[35]

Foi uma crença que ele carregou desde a juventude até a velhice. Ao longo do caminho, o poder de um amendoim começou com aquela simples oração a Deus agora bastante conhecida: "Por que você criou o amendoim? Por quê?"

Lembra-se das pessoas que costumavam provocar o jovem George por seu amor pelas "pequenas coisas"? Elas disseram que era "tolice". Ainda bem que ele as ignorou. Se Deus dispensasse todas as pequenas coisas, Ele não prestaria atenção em nós! Mas Jesus diz que o Reino dos Céus é como um grão de mostarda que cresce e se transforma em uma árvore poderosa.

George superou as tragédias e as injustiças de sua infância para se tornar um dos cientistas mais importantes do século XX (a revista *Time* mais tarde o chamou de "o Leonardo da Vinci negro"). A fé dele em Deus lhe presenteou com o espírito generoso para derramar bênçãos sobre uma terra devastada pela guerra. Essa é uma história que vemos frequentemente nas Escrituras. O profeta Zacarias falou de maneira poderosa aos exilados israelitas que voltavam para sua pátria devastada. Ele descreveu os desafios para o líder israelita, Zorobabel, como se fossem do tamanho de uma montanha. Mas, então, ele disse:

"Quem você pensa que é, ó montanha majestosa? Diante de Zorobabel você se tornará uma planície. Ele colocará a pedra principal aos gritos de 'Deus abençoe! Deus abençoe!'" [...]

> "Aqueles que desprezaram o dia das pequenas coisas... terão grande alegria."
>
> — Zacarias 4:7, 10

Aqueles que desprezaram o dia das pequenas coisas terão grande alegria. Que promessa incrível! A vida de George Washington Carver é um lembrete para nunca desprezarmos as pequenas coisas. Se você se encontrar no que parece ser um terreno infértil, lembre-se da vida de George e dê uma olhada novamente. O propósito de Deus para sua vida pode estar no barro, no grão de mostarda, até no humilde amendoim; e pode mudar o mundo!

Todos temos momentos que contam como noites escuras da alma. Como agimos quando somos dominados pelo medo e pela tristeza? O mundo, muitas vezes, define a força como sendo mais difícil e dura do que o cara ao lado. Mas um cristão sabe, como o rei Davi, que "O Senhor é a minha força e o meu escudo; nele o meu coração confia, e dele recebo ajuda." (Salmo 28:7) A fonte de nossa esperança, em nossos momentos mais sombrios, é nossa confiança em Deus e nosso conhecimento de que Ele "nunca os deixará, nunca os abandonará." (Deuteronômio 31:6) Deus promete restauração e reconciliação.

Restauração

"Vou compensá-los pelos anos de colheitas que os gafanhotos destruíram [...]"

"Vocês comerão até ficarem satisfeitos, e louvarão o nome do Senhor, o seu Deus, que fez maravilhas em favor de vocês."

— Joel 2:25–26

O SILÊNCIO DE DEUS

Mesmo a fé de um pastor pode ser testada além da medida.

> Meu Deus! Meu Deus! Por que me abandonaste? Por que estás tão longe de salvar-me, tão longe dos meus gritos de angústia?
>
> — Salmo 22:1

O pastor Andrew Brunson saiu para a rua. Atrás dele, estava a Igreja da Ressurreição de Izmir, uma estrutura bojuda de cor creme situada entre os dois prédios mais altos em Izmir, na Turquia. Foi logo após uma reunião de oração de sexta-feira, e Andrew estava conversando com um paroquiano de sua igreja quando um homem que se aproximava chamou sua atenção.

O homem estava vestindo uma jaqueta camuflada e segurava uma arma. Andrew focou sua atenção na arma e na mão do homem, tremendo muito ao segurar o cabo escuro da pistola. Apesar de estar tremendo, o rosto dele trazia uma expressão de fúria determinada.

Pop. Pop. Pop-pop-pop-pop.

A mão dele recuou no momento em que disparou seis tiros em rápida sucessão.

Mais tarde, Andrew perceberia que a arma estava carregada com balas de festim. Mas, então, ao perceber que a primeira arma estava vazia, o agressor caiu de joelhos e puxou uma espingarda de dentro da bolsa que estava carregando.

Andrew só conseguia pensar nas pessoas dentro da igreja e no dano que o homem poderia causar a elas. Podemos estar a momentos de distância de um massacre. Ele saltou para a frente. Por trás, ele agarrou o assassino em um abraço de urso. A espingarda explodiu no ar, e o barulho que ela fez ressoou na rua estreita. O homem gritou, impotente, com a voz tensa em fúria: "Nós vamos matá-lo! Você prestará contas!"

Os dois homens lutaram, o agressor fazendo força para se soltar e dando cotoveladas; os braços de Andrew estavam queimando com o esforço. Andrew estava entorpecido. Perdido em uma névoa de adrenalina, ele acreditava que sua vida e a vida de seus amigos cristãos dependiam de ele conseguir conter aquele homem, que era mais alto e mais forte do que ele.

E então... acabou. Policiais correram para a rua, agarraram o homem pelos braços e o levaram embora. Andrew se retirou do local e entrou na igreja. Logo toda a adrenalina o atingiu em cheio. Ele começou a tremer incontrolavelmente, dominado pelo choque e pelo alívio. Apesar de tudo, para sua surpresa, ele percebeu que não sentiu medo.

A questão era que Deus havia dito a Andrew tantas vezes que Ele tinha um plano para ele na Turquia. Agora, com o corpo inteiro tremendo dentro daquela igreja em que pastoreava, Andrew se sentia dominado pela fidelidade de Deus.

O ataque à igreja ocorreu em 2011, no décimo oitavo ano da vida de Andrew como missionário. Filho de missionários norte-americanos no México, ele sentiu o chamado para o trabalho missionário antes mesmo de entrar na escola primária. Uma de suas primeiras lembranças era de quando ele tinha 3 anos e sua mãe o apresentou a T. Stanley Soltau, um missionário veterano.

Muitos anos antes, quando menino, Soltau também havia sido apresentado a um missionário mais velho. Nesse caso, foi Hudson Taylor, um dos primeiros missionários cristãos na China, que viajou para o interior do continente em 1853, aos 21 anos. Muitos anos depois de Taylor ter se estabelecido como um lendário organizador do trabalho missionário, a mãe de Soltau levou seus dois filhos pequenos para pedir a Taylor que orasse por eles e pedisse a Deus que os conduzisse a uma vida de trabalho missionário.

A mãe de Andrew Brunson fizera o mesmo com Soltau. Andrew atribui a esse momento a vontade de plantar nele um desejo que ele era jovem demais para entender, de fazer com que o mundo conhecesse o Evangelho. O peso de duas gerações de chamado missionário foi colocado sobre os ombros do menino. Assim como qualquer criança, no entanto, Andrew não estava se comportando bem. Sua mãe bateu nele. Mais tarde, ele disse que bater nele "foi o que gravou a situação em minha mente e garantiu que eu nunca a esquecesse".

Muitos anos depois, após conhecer sua futura esposa, Norine, no Wheaton College, Andrew transformou o chamado em realidade. Andrew e Norine se mudaram para a Turquia em 1993. Eles acabaram criando raízes em Izmir, uma cidade com quase 3 milhões de habitantes no Mar Egeu. Deve ter sido perturbador pisar em um lugar cuja herança envolve tanta história antiga e bíblica. A história da cidade de Izmir remonta a 3 mil anos, e seu passado como assentamento humano remonta a 8.500 anos.

O nome grego original de Izmir era Smyrna, que também foi o nome que Jesus Cristo usou quando ditou uma carta para a igreja da cidade em Apocalipse 2:8–10, confortando-os em tempos de perseguição ("Ao anjo da igreja em Smyrna escreva: [...] Não tenha medo do que você está prestes a sofrer. Saibam que o diabo lançará alguns de vocês na prisão para prová-los [...] Seja fiel até a morte, e eu lhe darei a coroa da vida."). Há outros locais próximos de igual importância bíblica. Izmir tem sido um centro de comércio, e a província de Izmir incorpora muitas cidades antigas. Uma delas é Éfeso, outro destinatário de uma carta do Apocalipse, o possível local onde o Evangelho de João foi escrito e a localidade de diversos concílios cristãos do século V. Os Atos dos Apóstolos nos contam que São Paulo viveu em Éfeso, trabalhando com uma congregação e organizando atividades missionárias para difundir a Boa Nova do

Senhor. Foi de uma prisão em Roma que Paulo escreveu a Epístola aos Efésios.

Apesar de sua rica história cristã, a Turquia tem somente uma pequena presença de cristãos, com apenas 0,1% da população se identificando como cristã. Construir uma nova igreja foi uma batalha difícil, mas os Brunsons estabeleceram uma pequena congregação em Izmir, a Igreja da Ressurreição de Izmir, localizada em um distrito de prostituição travesti. A princípio, eles se perguntaram se alguém que buscasse a Deus entraria naquela área. Eles não precisavam ter se preocupado; milhares de pessoas circulavam pela área todos os dias, passando pela igreja.

Com o tempo, os membros da igreja criaram uma estratégia de deixar livros cristãos no parapeito das janelas do prédio. Em pouco tempo, eles estavam distribuindo mais de mil Novos Testamentos por mês. Muitas pessoas estavam apenas curiosas. A maioria nunca havia conhecido um cristão antes, muito menos visitado uma igreja. Alguns optaram por se converter. Muitos deles o fizeram brevemente, apenas para desistir após familiares e amigos os convencerem do "erro" com relação ao caminho em que estavam seguindo. Alguns vinham até a igreja apenas para criar problemas. Os Brunsons até descobriram membros que eram da polícia secreta e estavam lá para ficar de olho em um casal improvável, autodenominados introvertidos, que tinham que se expor a um ambiente muito social e potencialmente hostil todos os dias. Os Brunsons foram corajosos porque acreditavam que Deus os havia escolhido para essa missão na Turquia, para se prepararem para uma colheita espiritual.

Na vida de Andrew e Norine nunca existiu monotonia. Eles trabalharam com refugiados da Síria e do Iraque, países devastados pela guerra, fornecendo suprimentos extremamente necessários para eles — principalmente alimentos e roupas —, para ajudá-los enquanto tentavam reassentar suas vidas. Foi um trabalho difícil, porém gratificante.

Andrew tinha certeza de que permanecer na Turquia era uma missão divina. E assim sua família permaneceu por 23 anos. Ele adorava seu país, mas aceitou a Turquia como seu lar.

Um dia, no entanto, em 2016, Andrew sentiu novamente o chamado de Deus. Dessa vez, o Senhor estava lhe dizendo que "retornasse à casa". Ele não tinha certeza do que isso significava, mas era desconcertante. Ele e a esposa compraram um condomínio, acreditando que viveriam em Izmir o resto de suas vidas.

Cinco anos se passaram desde o dia em que Andrew lutou contra o atirador em sua igreja. Durante esses anos, ele não tinha pensado muito nisso até que lhes foi solicitado que se apresentassem à delegacia de polícia local em 7 de outubro de 2016.

Na delegacia, Andrew e Norine ficaram sabendo que o governo turco havia emitido uma ordem para deportá-los do país. Eles se perguntaram se um dos encrenqueiros da igreja havia feito alguma acusação falsa às autoridades que fosse séria o suficiente para levá-los a serem expulsos do país.

Andrew ficou chocado com o fato de terem o trabalho de suas vidas tirado deles assim. Ele se perguntou se talvez *essa* fosse a maneira de Deus chamá-lo de volta à sua casa, embora ele pensasse que parecia "ao contrário de tudo o que pensávamos que Deus havia planejado para nós".

Mas seu confinamento se arrastou. Norine foi libertada após treze dias. Andrew não. Ele não tinha ideia do que estava prestes a acontecer.

Isso aconteceu ao mesmo tempo em que a Turquia explodiu em agitação — oscilando à beira de uma guerra civil.

Entre um grande grupo de pessoas, estava o pastor Brunson, incluindo alguns norte-americanos que foram presos como parte de um expurgo após a tentativa fracassada de golpe de Estado de 2016 contra o governo e o presidente Recep Tayyip Erdoğan. Nesse incidente, de acordo com relatórios publicados, 241 pessoas foram mortas e outras 2.194 ficaram feridas na tentativa de golpe.[36]

Era de se duvidar que o governo turco suspeitasse seriamente que Andrew estivesse envolvido em uma conspiração para derrubar o governo. Os outros norte-americanos detidos pelo governo da Turquia eram cidadãos norte-americanos e turcos que o governo pode ter percebido que tinham permissão para estar no país. Talvez eles tenham achado que Andrew poderia ser usado como refém. "Havia arquivos da polícia sobre mim que remontavam anos. Não foi um erro. Eu era o único considerado norte-americano pelo governo turco, o único cristão, e aquele que eles usaram para tentar ganhar influência sobre o governo dos EUA", Andrew contou.

Enquanto alguns missionários estavam sendo deportados, Andrew foi o único norte-americano detido por muito tempo. Ele suspeita que alguém poderoso disse "vamos segurá-lo e ver o que acontece". O que começou como uma forma de intimidar os cristãos locais se transformou em uma negociação com os EUA.

As circunstâncias físicas para Andrew eram terríveis — estar preso com quase duas dúzias de homens em uma cela projetada para oito, muitas vezes tendo seus direitos de visita de sua amada esposa negados e com o futuro nas mãos de um sistema jurídico corrupto e injusto. No entanto, ele também experimentou um desafio espiritual que nunca havia previsto.

"Os testes pelos quais passei foram suficientes para estragar meu relacionamento com Deus", ele disse.

Ao longo do tempo, ele foi ficando cada vez mais isolado e deprimido, inclusive começou a questionar a existência de Deus. Mesmo quando decidiu que Deus existia, sentiu-se profundamente desapontado com Ele, questionando se realmente era um bom Pai.

Andrew havia lido muitas biografias de cristãos perseguidos por causa de sua fé, mas poucos detalharam a luta espiritual pela qual passaram. Isso significava que ele havia ido para a prisão acreditando que as pessoas que haviam ido antes dele eram extremamente fortes; que elas nunca haviam se sentido despedaçadas; que permaneceram sendo exemplos brilhantes de fé. Ele se sentia um fracasso pelo fato de a prisão tê-lo transformado em um homem cada vez mais fraco. Ele sentiu como se estivesse "despedaçado", como se fosse "a pessoa mais fraca do mundo".

"Minha crise espiritual com Deus foi muito significativa", ele disse. "Eu me achava muito forte. Mas nunca considerei o custo de estar na prisão. Na Turquia, ninguém esteve na prisão por causa de sua fé, pelo menos não que eu me lembre. Fiquei desapontado e surpreso por ter sido derrubado tão rapidamente."

Por muitos séculos, os cristãos têm lutado contra "o silêncio de Deus". Jó exigiu, em meio a seu sofrimento, que Deus lhe respondesse e, por fim, recebeu uma resposta, embora não fosse a que ele esperava. Outros não tiveram tanta sorte. O rei Davi escreveu no Salmo 22:2: "Meu Deus! Eu clamo de dia, mas não respondes; de noite, e não recebo alívio!"

Em uma canção chamada "The Silence of God", Michael Card escreveu: "Isso vai deixar um homem louco / Isso vai destruir a fé de um homem / É o suficiente para fazê-lo se perguntar / Se ele já esteve são." Mas, nessa mesma canção, ele chama a atenção para uma estátua de Jesus no Getsêmani, abandonada pelos amigos dEle, fazendo uma oração que não obteve resposta: "Meu Pai, se for possível, afasta de mim este cálice; contudo, não seja como eu quero, mas sim como tu queres." (Mateus 26:39) O Homem de Todas as Dores, Card sugere, também conhecia o silêncio de Deus. Por fim, Jesus disse as palavras do Salmo 22 na cruz, perguntando a Deus por que Ele o havia abandonado. Jesus também conhecia e experimentou o silêncio de Deus.

Foi só depois que Andrew foi solto e que falou com outras pessoas que passaram por circunstâncias semelhantes a essa que ele descobriu que muitas pessoas ficam despedaçadas quando passam pela prisão. Na verdade, essa era a resposta comum. Ele sabe que muitas pessoas hesitaram em ser sinceras sobre sua crise de fé ao relatarem a lembrança de sua perseguição. Mas era importante para Andrew ser honesto sobre como a provação realmente foi para ele.

Em retrospecto, ele vê a graça de Deus o sustentando, embora ache isso "principalmente uma graça não sentida" na época. Agora, ele vê o primeiro ano de sua prisão como uma ruptura e o segundo como uma reconstrução. "Não sinto vergonha. Olho para trás e vejo que, na verdade, tive muitas conquistas, muitas delas muito pequenas", ele explicou. "Por exemplo, um momento decisivo para mim foi tomar a decisão de voltar meus olhos para Deus, e não para longe dEle. Se eu tivesse seguido minhas emoções... bem, elas estavam remexidas e fizeram com que eu me afastasse de Deus e o rejeitasse. Tive que me obrigar a não fazer isso. A cada dia, tive que escolher me voltar para Ele. Isso é algo pequeno, mas é uma conquista. Tive que fazer essa escolha vez após outra, reconstruí meu relacionamento com Ele e sobrevivi à provação da prisão."

Ao mesmo tempo, ele não vê seu sofrimento como único. "Todos somos testados de maneiras diferentes e por diferentes meios, mas as áreas do coração que são testadas são as mesmas. Acredito que todos nós, em algum momento, passamos por uma crise em nossa vida quando sentimos o silêncio de Deus. Nós nos sentimos abandonados, embora não o estejamos. Essa sensação de abandono é uma emoção poderosa, e eu claramente me sentia assim. Eu gostaria de ter sabido de antemão quão difícil poderia ser. Eu tinha essa visão idealizada da perseguição de que seria difícil, mas eu sentiria a presença de Deus. E eu não senti isso. Saber como seria de fato teria me tornado mais capaz de lidar com o que enfrentei na prisão", ele disse.

Ele foi detido sem ser acusado por mais de um ano, mas acabou sendo acusado de ser membro de uma organização terrorista armada, guardar segredos de estado para espionagem e tentar derrubar o parlamento e o governo turcos.

O caso contra Andrew era ridículo. O estado turco permitiu que testemunhas secretas falassem, um juiz se recusou a permitir que a equipe de defesa chamasse testemunhas e a alegada rede de envolvimentos com os diversos grupos terroristas era insanamente complexa. Uma das "evidências" era que a filha de Andrew havia enviado a ele uma foto de um prato de arroz regional que um dos grupos terroristas frequentemente servia em seus esconderijos.

Outras "evidências" foram baseadas em depoimentos incompletos de testemunhas, dados de GPS mostrando que ele estava perto da fronteira com a Síria (ele esteve lá, mas ajudando refugiados) e uma fotografia que o mostrava naquele local, conversando com um homem que usava um uniforme amarelo, cachecol vermelho e verde, as cores associadas aos nacionalistas curdos. Além disso, Andrew foi acusado de tentar cristianizar a nação, de fazer parte de uma "Gangue Mórmon" que atuava no país, de sua igreja fazer parte de uma rede da CIA ligada a terroristas e de querer fazer lavagem cerebral em estudantes universitários turcos.

"Quando eu estava na prisão, as pessoas me mandavam mensagens dizendo para apenas confiar em Deus", Andrew disse. "O que eles estavam dizendo é: 'Andrew, confie em Deus que Ele vai tirá-lo da prisão', mas nenhum versículo da Bíblia diz 'Andrew sairá da prisão'. Então eu acho que, quando se trata de perseguição, não há garantias. Não há resultados garantidos. Deus pode intervir, assim como também pode não intervir."

Em Romanos 8:28, Paulo diz: "Sabemos que Deus age em todas as coisas para o bem daqueles que o amam, dos que foram chamados de acordo com o seu propósito." Mas Andrew adverte para não enxergar essa promessa como uma solução imediata para um problema. Ele disse: "As pessoas no Ocidente, especialmente os cristãos, pensam: 'Bem, devo obter um bom resultado agora...' Deus mudará [as situações] para sempre, mas posso não enxergar o benefício imediato disso. Posso não enxergar o benefício ainda nesta vida; só consigo enxergá-lo na eternidade.

"A conclusão a que cheguei é: somos humanos. Nós nos deixamos ser atingidos pela derrota, e Deus permite que isso aconteça. E Ele ainda está envolvido nisso. E o desafio é não se ofender com Deus, não se afastar dEle quando não entendemos algo. Na prisão, com todas as minhas perguntas e dúvidas, escolhi abraçá-lO, continuar correndo atrás dEle, continuar voltando meus olhos para Ele e dizer: 'Eu não entendo, mas ainda O amo.' E é isso que estou encorajando as pessoas a fazer agora, a dizer a Deus: 'Eu o amo mesmo assim. Não vou virar as costas. Ainda serei fiel a você.'"

O incidente internacional incitou uma disputa diplomática entre os Estados Unidos e a Turquia que acabou sendo resolvida em uma apresentação teatral burocrática quando Andrew foi considerado culpado, condenado à prisão, liberado em um processo de "apelação" e imediatamente autorizado a deixar o país em outubro de 2018. Isso foi, de fato, apenas o governo turco tentando salvar a si mesmo. Autoridades dos EUA, incluindo o presidente Donald Trump, vinham exercendo pressão sobre o governo turco.

Quando Andrew colocou os pés em uma base norte-americana como um homem livre, o embaixador lhe entregou uma bandeira dos Estados Unidos dobrada. Andrew a apertou contra o rosto. "Eu amo meu país."

Desde seu retorno aos Estados Unidos, Andrew teve muito tempo para refletir sobre suas experiências, e parte de seu trabalho "missionário" foi elaborar uma série de palestras sobre como lidar melhor com os obstáculos que todos enfrentamos na vida. Em uma delas, ele disse: "Acredito que haverá uma crescente hostilidade contra os fiéis seguidores de Jesus neste país. Então estou tentando tirar de minhas experiências algumas coisas que podem ser ensinadas às pessoas. Estou exortando as pessoas a prepararem seus corações para que possam resistir à pressão e permanecer fiéis a Deus. Quero enfatizar que isso não tem a ver com política. É mais sobre falar: preparem-se para que, em momentos difíceis, vocês consigam manter a fé em Deus.

"Porque eu amava a Deus, estava disposto a correr riscos por Ele, a investir meus recursos em Sua obra, a sofrer por Ele. Amo Jesus ainda mais agora porque sofri por Ele. O amor impulsiona o sacrifício. Saí da prisão com uma intimidade mais profunda com Ele do que jamais tive antes. Busquei a Deus com um desespero incomum em virtude da pressão que estava sofrendo. Nunca estive tão centrado em Deus em minha vida! A pressão nos leva a correr atrás de Deus de uma maneira que normalmente não fazemos. Eu amo este versículo no Salmo 42: 'Como a corça anseia por águas correntes, a minha alma anseia por ti, ó Deus. A minha alma tem sede de Deus, do Deus vivo.' Que paixão por Deus! Mas leia o restante do salmo. O salmista está sob tremenda pressão — cercado de inimigos, terrivelmente desanimado, sentindo-se esquecido por Deus. E, assim, ele clama a Deus. A pressão nos faz correr atrás de Deus como nunca antes. E isso é muito bom para nós."

O pastor Andrew também contextualizou o que ele suportou desta forma: "A verdade é que o sofrimento constrói a perseverança, e isso é tão importante para Deus que Paulo nos diz que, por esse motivo, devemos até nos alegrar em nosso sofrimento. E Tiago diz: 'A prova da sua fé produz perseverança. E a perseverança deve ter ação completa, a fim de que vocês sejam maduros e íntegros, sem lhes faltar coisa alguma.'" (Tiago 1:3–4)

Nossa perspectiva sobre os eventos muda com o tempo; isso acontece com todos. O fato de o pastor Andrew estar desiludido e se sentindo distante de Deus — e permanecer fiel apesar disso — teve efeitos transformadores sobre ele que iniciaram com mudanças em sua vida e se estenderam à vida de outras pessoas enquanto ele estava ministrando para Deus. Ele resumiu bem esse processo nesta fala: "Durante alguns momentos bastante sombrios na prisão, Norine me disse: 'Se passarmos por isso da maneira correta, no final não teremos arrependimentos'. Quando ela disse isso, ela não sabia se eu seria solto ou não nesta vida. Ela estava me mostrando o que realmente importa — ser fiel, obediente, passar bem pelo processo. Deus é digno e vale a pena acreditar nEle. Agora, ao olharmos para trás, posso dizer que não temos arrependimentos. É claro que sei que minha jornada ainda não acabou, então me concentro em me manter nela e no que está diante de mim agora, para passar pelo processo bem e ser considerado digno de estar diante de Jesus naquele último dia sem arrependimentos. E rezo para que o mesmo aconteça com você."

ENCONTRANDO O PERDÃO PARA O IMPERDOÁVEL

Uma filha orando por sua mãe ouve de Deus.

> Então disse Jesus: "Deixem vir a mim as crianças e não as impeçam; pois o Reino dos céus pertence aos que são semelhantes a elas."
>
> — MATEUS 19:14

Era a voz de sua mãe ao telefone. "Comecei a assistir a um estudo bíblico."

Nancy Owen* não conseguia acreditar. Eram palavras que ela nunca pensou que ouviria, palavras totalmente em desacordo com a mãe que ela conhecia, mas palavras pelas quais ela orou. Por um momento, ela voltou no tempo.

Era 1964. Expulsa de casa por sua mãe, Nancy, com 10 anos, vagava pelas ruas movimentadas ao entardecer, esperando que ninguém a molestasse. Ela não tinha certeza do que essa palavra significava, mas sabia que a mãe desejava isso a ela.

Ao longo dos anos, a jovem Nancy havia resistido a ameaças impensáveis antes. Certa vez, sua mãe, embriagada, havia dirigido fazendo curvas fechadas na estrada ao norte da Califórnia enquanto ia da casa da avó até em casa. "Acho que vou seguir reto na

* Por questões de privacidade, Nancy Owen é um pseudônimo.

metade da curva seguinte em direção ao lago e matar todos nós", ela ameaçou, repetindo o que ela muitas vezes falava sobre seu desejo de morrer.

Por que sua mãe estava tão obcecada em cair no esquecimento? Nancy simplesmente não conseguia entender.

Seus irmãos mais velhos haviam partido uma hora antes. Ser expulsa foi o castigo que ela recebeu de uma mãe que preferia se embebedar de vinho a se envolver com os filhos. Sempre que as crianças eram forçadas a sair à noite, os mais velhos caminhavam trinta minutos até a mercearia do pai, onde ficavam com ele até a hora de fechar. Não era exatamente uma rotina antes de dormir, mas pelo menos eles estavam juntos.

Até aquela noite, Nancy, a caçula dos três filhos, havia sido poupada dessa penalidade. Mais tarde, ela atribuiu essa misericórdia à bênção de Deus. Mas, na época, ela se isolou mentalmente. Uma das principais estratégias de enfrentamento era mergulhar nos livros: Nancy Drew, Trixie Belden, *A Ilha dos Golfinhos Azuis*. "Livros que estavam além de minha compreensão", ela disse e lembrou-se de um em particular, a história de uma órfã perdida e solitária. "*Jane Eyre*."

Nancy emergia de seus mundos fictícios apenas quando a mãe pedia mais vinho ou precisava de alguém para esvaziar sua vasilha de vômito. Às vezes, Nancy também se escondia fisicamente. Mas não pelo motivo que você imagina. "Não para me esconder quando ela ficava bêbada", ela disse. "Mais para ver se alguém notava que eu estava desaparecida. Eu me escondia perto de onde as pessoas estavam. Quase nunca aparecia alguém me procurando.

Mesmo quando criança, ela sabia que a situação que ela vivia em casa não era normal. Ela percebeu isso pela primeira vez quando tinha 5 ou 6 anos. Ainda antes disso, carente de afeto, ela atravessava a rua para brincar na casa de uma vizinha. A vizinha "era uma mãe incrível", ela lembrou. "Eu recebia aquele toque afetuoso dela quando ia lá."

As coisas em casa, porém, continuaram dependentes do humor depressivo de sua mãe. Até então, ela não havia levado nenhum dos filhos até o lago. Mas, naquele dia de 1964, ela parecia totalmente comprometida com a traiçoeira ideia de jogar sua filha mais nova na escuridão da rua. "Vou fazer você ir embora também, mas vou esperar até escurecer", ela rebateu. "Espero que alguém moleste você no caminho."

Ela havia aterrorizado Nancy por duas horas, ameaçando expulsá-la de casa a todo momento. À medida que o discurso bêbado da mãe aumentava, Nancy implorou por alívio: "Posso ir agora?"

Ela queria sair de casa enquanto estava claro lá fora. Ainda assim, teve que pedir permissão. Da cama onde estava deitada, a mãe de Nancy não teria notado a diferença, mas, apesar disso, Nancy queria desesperadamente agradar a mãe. Não lhe ocorreu simplesmente sair ou se sentar debaixo de uma árvore no enorme quintal.

Assim que o Sol começou a se pôr e a escuridão foi tomando conta, a mãe disse a ela para sair de casa. "Não se atreva a ir encontrar seu pai", ela acrescentou.

Mas aonde mais ela poderia ir? Traumatizada e apavorada, Nancy começou a percorrer a distância mais longa que suas perninhas já percorreram sozinhas: ao longo de uma rua movimentada e atravessando uma ponte sobre o rio Russian — a caminhada de trinta minutos até a loja do pai.

Por fim, ela chegou lá. Abrigo. Mas, obediente à mãe, ela não entrou. Ela se encolheu no chão contra a fachada da loja. Às vezes, ela se levantava para espiar lá dentro, só para poder ver o pai.

"Alguns velhos que entravam na loja para comprar vinho me encaravam", ela contou. Ela pensou na palavra *molestar* e se perguntou se o desejo da mãe se tornaria realidade.

Após muitas horas, ela viu a mãe chegar, marchando na esquina, os passos com cadência rápida e o semblante furioso. "Eu não entrei! Não entrei!", Nancy exclamou desesperadamente, com medo de perturbá-la ainda mais. Então ela invadiu a loja. Nancy observou pela janela enquanto a linguagem corporal da mãe ia de extrema fúria a soluços angustiantes e semi-histeria. Ela podia ouvir a voz da mãe; o pânico e a raiva pareciam genuínos.

"As crianças foram embora e eu não sabia onde elas estavam", ela disse ao marido. Talvez ela tenha ficado realmente preocupada após o efeito do álcool ter diminuído. Nancy se lembra de ter se sentido como se estivesse em apuros, mas sabia que o pai a protegeria.

E ele, de fato, a protegeu. Assim que percebeu o que havia acontecido, o pai de Nancy saiu correndo da loja, segurou a filha em seus braços e mandou a esposa para casa. Pai e filha fecharam a loja e voltaram para casa juntos à meia-noite. Os filhos mais velhos não tinham ido até lá, então a noite terminou com Nancy adormecendo no banco de trás da velha caminhonete Rambler de seu pai enquanto ele dirigia por horas, procurando pelos irmãos e pela irmã de Nancy.

Todos tinham escola e trabalho na manhã seguinte.

NANCY SEMPRE AMOU CRIANÇAS. Agora ela estava com 68 anos, mas passou muitos anos de sua carreira lecionando no jardim de infância. "Adoro a inocência das crianças, aquele ar delicioso de ser criança e descobrir sua imaginação." Essa inocência e a descoberta da imaginação são coisas que ela se sente incumbida de proteger, já que lutou tanto para encontrá-las sozinha.

Quando iniciou o ensino médio, ela conheceu Jesus, embora apenas pelo nome. "Eu tinha uma professora de piano que estava falando comigo sobre Jesus", ela disse. "De alguma forma, eu sempre soube que Ele estava lá. Eu não sabia que poderia conhecê-lO pessoalmente, mas Ele foi maravilhoso."

Tendo crescido em Ukiah, na Califórnia, uma comunidade madeireira tranquila perto das sequoias, Nancy e os irmãos tiveram uma infância boa. Quando não estava bebendo, a mãe de Nancy levava as crianças para nadar no rio e, às vezes, entrava para espirrar água e brincar com elas. Nos dias em que estava tranquila, Nancy caminhava até o supermercado, trocava uma lata de refrigerante por cinco centavos apenas para comprar uma barra de chocolate de mesmo valor.

Mas o álcool tornava a vida imprevisível e traiçoeira. Será que a mãe ligaria outra vez para a escola enquanto estivesse bêbada ou se voluntariaria para a APM? Será que ela nadaria no rio ou ameaçaria afogar os filhos dentro dele?

Não muito depois do incidente em que Nancy foi expulsa de casa pela mãe, o pai se mudou com a família para uma casa a dois quarteirões de sua loja. Ele tentou de tudo para ajudar a esposa, inclusive a levando a um psicólogo. Após três consultas, ela se recusou a ir. Ao perceber que não haveria jeito de as coisas melhorarem, o pai de Nancy pediu o divórcio.

Então as coisas mudaram.

Nancy não tem certeza do momento exato, mas, em algum momento, ela percebeu que não estava mais vivendo com medo. Ela mal sabia como era a vida sem aquele pavor todo. Durante os anos após o divórcio, a vida de Nancy se expandiu além dos muros confinantes do alcoolismo e do abuso.

Aos 17 anos, ela aceitou Jesus em seu coração. Foi um passo importante em sua jornada em direção à cura. Um grande obstáculo que ela precisava superar era aceitar que ela também era digna de amor. "Fomos à igreja no domingo de Páscoa, só não sabia o que isso tinha a ver comigo", ela admitiu. "Eu acreditava que Deus tinha um relacionamento com as pessoas, mas achava que era preciso ser uma pessoa especial. E eu não me sentia especial quando criança. Se Deus está olhando para o Universo e diz: 'Vou escolher esses cinco...' Eu estaria no fundo, bem no fundo da plateia."

De certo modo, tanto Nancy quanto sua mãe deviam seus sentimentos mais sombrios a traumas de infância, como Nancy acabou descobrindo. Um dia, no final do ensino médio, o pai de Nancy contou a ela porque sua mãe bebia tanto: o primeiro filho, nascido um ano depois de se casarem, morreu poucas horas após o nascimento. Sua mãe tinha apenas 14 anos na época.

"Mamãe se casou quando meu pai tinha 17 anos e ela 13. Eles foram para Reno, Nevada, e mentiram sobre a idade dela", Nancy disse. "Ele me contou que ela se casou para fugir de casa."

Não muito tempo depois que a mãe de Nancy fugiu de casa, ela ficou grávida. Nancy ficou com o coração partido quando soube da história da tragédia de sua mãe. "O médico veio e parou na porta — ele nem sequer entrou no quarto — e disse: 'Seu bebê acabou de morrer. Se as enfermeiras tivessem me avisado antes, eu poderia tê--lo salvado.' Então ele saiu e a deixou sozinha."

Enquanto a maioria das Bobby Soxers de 14 anos desmaiava ao som de Frank Sinatra, a mãe de Nancy estava deitada sozinha em um quarto de hospital, incapaz até mesmo de segurar o filho morto. Ela ainda era apenas uma criança. E nunca havia experimentado álcool antes daquele dia.

QUANDO NANCY ESTAVA NO SEGUNDO ano da faculdade, ela recebeu uma ligação informando que a mãe estava no hospital. Ela havia desviado do caminho com a finalidade de se chocar com um carro que se aproximava na pista contrária, ferindo outra mãe e suas duas filhas. Não havia nenhum cruzamento, portanto nenhum motivo para ela virar o volante como fez, além do potencial de apagar uma vida inteira de dor por meio de uma batida de carro. Ela ainda estava buscando cair no esquecimento.

As pessoas no outro carro sobreviveram, embora a menina mais nova tenha sofrido ferimentos graves. A mãe de Nancy tinha 50% de chance de sobrevivência. *Então ela finalmente conseguiu*, Nancy pensou. *Ela finalmente cumpriu sua ameaça de quebrar o recorde de tentativas de se matar na estrada.*

Com lágrimas escorrendo pelo rosto, Nancy se sentou encolhida no chão do corredor do lado de fora da porta do quarto da mãe, implorando a Deus para deixá-la viver. Como uma nova cristã, tudo o que ela queria era que a mãe experimentasse a mesma vida e alegria que ela tinha experimentado. "Deus, por favor, cure minha mãe e permita que ela viva", ela orou. "Deixe-a viver o suficiente para conhecer Jesus como seu Salvador."

Dois dias depois, Nancy ouviu os médicos conversando no posto de enfermagem. "É um milagre", disse um deles. "Nós achávamos que ela não passaria da primeira noite." Seis semanas depois, a mãe de Nancy deixou o hospital.

Deus respondeu à primeira parte da prece de Nancy: a vida da mãe dela foi salva. Mas Nancy queria que a mãe experimentasse a cura e a paz. Ela continuou orando. Ela conversava com a mãe sobre Deus sempre que elas se encontravam, mas a promessa de algo mais profundo do que a mera renovação física parecia estar além do alcance da mãe de Nancy.

Era como se ela, que uma vez ensinou aos filhos que o caminho para chegar ao céu era fazer mais coisas boas do que ruins, soubesse que, sob aquele sistema rígido, ela não teria chance. Como Nancy, ela acreditava que não era digna de amor. Nancy havia se enterrado em livros e aprendizado. A mãe se enterrou bebendo a noite toda com seu segundo marido no Moose Club local. Mas, assim como a filha, ela estava sendo atraída, lentamente, pela graça de Deus.

Cinco anos depois da vigília de cabeceira de Nancy, ela recebeu um telefonema da mãe e ficou boquiaberta quando ouviu o que a mãe tinha a dizer: ela havia entrado para um grupo de estudo da Bíblia e estava adorando a leitura semanal e o dever de casa. "Nos meses seguintes, sempre que nos falávamos ao telefone, eu percebia que a voz dela estava cheia de vida e alegria", Nancy disse.

Em pouco tempo, sua mãe começou a pedir refrigerante em vez de álcool no Moose Lodge. Ela se tornou uma avó incrível para os filhos de Nancy, que adoravam os passeios de pesca e as aventuras extravagantes que ela planejava para eles. Ao observar o relacionamento florescer entre a mãe, agora sóbria, e seus filhos, Nancy teve um vislumbre da mãe que ela sempre desejou, mas nunca teve. Em vez de aumentar sua dor, ela alimentou seus sentimentos de gratidão pelo que Deus havia feito na vida de sua mãe.

A chave para seu senso de aceitação era que Nancy passou a enxergar Deus como um protetor. Embora lute até hoje, ela diz que enfrenta esses momentos se concentrando intencionalmente "em Deus e nas maneiras como Ele respondeu às preces e cuidou de mim no passado. E lembrando quem Ele é".

Ele responde às preces todas as vezes? Não. Mas "houve vezes *suficientes* em que Ele respondeu à prece, [mesmo que] nem sempre responda da maneira que queremos".

Nancy e a mãe nunca discutiram sobre as questões sombrias de seus passados, embora tenham chegado perto uma vez. "Eu realmente não acho que ela percebia como nos tratava", Nancy disse. "Nunca lhe veio à mente, mesmo depois que ela conheceu o Senhor."

Mas houve um pedido de prece que não foi atendido. Anos após a mãe de Nancy ter jogado seu carro contra outro que se aproximava, Nancy se viu sentada ao lado de uma cama de hospital novamente, observando o rosto da mãe e pensando na história de vida difícil que elas tiveram. E, agora, uma nova tragédia... um ataque cardíaco. A mãe estava em coma e não parecia bem. "Deus, por favor, cure minha mãe e permita que ela viva", Nancy fez a mesma oração que havia feito anos antes. Mais uma vez, ela manteve vigília 24 horas por dia.

Ela se voltou para um livro que lhe serviu de conforto durante vinte anos: a Bíblia. "Enquanto eu lia, me deparei com a história em que Isaías disse a Ezequias que ele morreria, mas Ezequias orou e implorou por mais tempo de vida e Deus disse: 'Eu lhe darei quinze anos.'" Algo se agitou dentro dela, e ela sabia que essas palavras eram para ela. Ela olhou para a mãe, depois fez as contas. Fazia exatamente quinze anos desde que sua mãe havia tentado tirar a própria vida. "Sabia que era hora de deixá-la ir", Nancy disse.

A mãe dela morreu dois dias depois.

O TRAUMA DE INFÂNCIA É COMPLICADO. Ele estende a mão e o agarra, esteja você pronto para lidar com isso ou não. Certa vez, quando sua filha estava saindo em uma viagem missionária a apenas algumas horas de distância, Nancy sentiu uma ansiedade extrema por causa disso. Uma vez que Deus revelou a ela que isso vinha de seus medos não trabalhados desde a juventude, ela foi capaz de oferecer esse medo a Ele em oração.

A mãe de Nancy morreu em 1989. Atualmente, Nancy diz que Deus a curou completamente de seu trauma de infância. Mas isso levou anos. E então, de repente, ela foi abençoada, limpa da dor de seu passado. Pouco antes do quinquagésimo aniversário de Nancy, Deus removeu uma lembrança que a atormentara por toda a vida. "Quando eu tinha 6 ou 7 anos, minha mãe me disse que, quando ela estava grávida de mim, eles não tinham condições de criar outro filho, então ela se convenceu de que eu era um tumor. Ela começou a me chamar de seu pequeno tumor", Nancy disse. "Para mim, isso foi uma total rejeição. Essa história — e profundos sentimentos de rejeição — me assombraram por décadas."

No entanto, a cura de Deus veio em um instante. Enquanto participava de um pequeno retiro de oração mais de uma década após a morte da mãe, Nancy compartilhou essa história com outra mulher no retiro.

"Vou colocar minha mão aqui perto de seu peito e vou rezar para que você se liberte dessa memória e desse rótulo", a mulher disse a Nancy. Após a oração, o aguilhão da rejeição se foi.

"Fiquei com esse sentimento horrível por décadas. E depois dessa oração, voltei para meu lugar, sabendo no fundo de meu espírito que — da melhor maneira possível — minha mãe sempre me amou", Nancy disse.

Histórias de amor podem ser complicadas. Nancy diz que entende a mãe melhor do que nunca. Destruída e traumatizada, ela fez o melhor que pôde para lidar com o luto após a perda de um filho em uma época em que ela não sabia exatamente como se recuperar disso. Nancy é grata por Deus ter estendido a vida de sua mãe, dando a ela a chance de vivenciar a cura e a transformação. Acima de tudo, ela continua a se alegrar porque Deus ainda não terminou seu trabalho com nenhum de nós — e Sua paixão por redimir e curar nossos traumas está presente em todas as vidas.

"Quando aceitei o Senhor, Ele começou a lidar com o medo em minha vida. Parecia estranho. Eu me acostumei a viver com medo", ela disse.

O medo diminuiu lentamente, como uma maré vazante. "Acontecem pequenas coisas ao longo do tempo", ela explicou. "Quando eu tinha medo de alguma coisa, na próxima vez em que acontecia, eu sentia menos medo."

Ela descreveu a casa deles, situada acima de Coos Bay, no Oregon. Gradualmente, o solo sob ela havia erodido, e uma estação de chuvas torrenciais — incomumente brutal até mesmo para o Oregon — piorara as coisas. A terra no topo da rocha começou a deslizar. As pessoas na escola estavam orando pela família dela.

Mas ela disse: "Lembro-me de, um dia, estar diante da copiadora e alguém dizer: 'Nancy, como está sua casa?' Eu literalmente tive que parar e pensar um minuto. 'O que há de errado com minha casa?' Deus cuidaria de nós."

Agora ela fala sobre as tempestades de inverno com muito carinho. É algo acontecendo lá fora, enquanto estamos na parte de dentro, seguros e aconchegantes.

Atualmente, ela diz que seu trauma de infância é que formou sua força interior, embora da maneira oposta ao que o mundo acredita que seja força. Em vez disso, ensinou-a a depender de Deus em todas as circunstâncias. Sua vida também é um testemunho surpreendente da possibilidade de cura. O trauma é superável.

"Nunca desista", ela disse. "Deus transcende tudo o que pensamos que atrapalha a cura. Mesmo que as circunstâncias não pareçam agradáveis, eu *reconheço* que *entendo* que *sei* que Deus está comigo. Ele andará comigo e me ajudará a atravessar qualquer circunstância."

UMA NOITE EM AURORA

O mal versus a paz, o amor e uma mãe que conhece o Senhor.

> Não se deixem vencer pelo mal, mas vençam o mal com o bem.
>
> — Romanos 12:21

Ouviu-se um estalo alto e apareceu um rastro de fumaça. O som crepitante de algo voando pelo ar. Mais sons de estalos e flashes brilhantes na escuridão. Um cheiro químico sobrepôs o aroma de pipoca com manteiga. De repente, tosses abafadas se transformaram em gritos de terror.

As filhas de Marie Isom, Michelle e Elizabeth, de 16 e 14 anos, começaram a gritar: "O que está acontecendo, mãe? O que está acontecendo?"

Marie e suas filhas estavam em uma sessão de cinema à meia-noite de *O Cavaleiro das Trevas Ressurge*, o aguardado terceiro capítulo da trilogia de filmes do Batman.

Marie não era particularmente fã de super-heróis ou de filmes de ação e certamente não era fã de sessões de cinema à meia-noite. Mas ela era fã de passar tempo com as filhas. Ela sabia que os pais às vezes fazem sacrifícios pelos filhos que estão desesperados para ver um filme na noite de estreia — mesmo quando a noite de estreia se estende até o início da manhã.

Em questão de segundos, a sala 9 no cinema multiplex Century 16, em Aurora, Colorado, transformou-se em um redemoinho de pânico e confusão. O lugar estava lotado, e alguns dos espectadores empolgados estavam vestidos como personagens dos filmes do Batman; portanto, uma figura mascarada vestida toda de preto no escuro passaria despercebida facilmente.

Marie não percebeu quando o jovem saiu do cinema cerca de vinte minutos após o início do filme, e ela certamente não sabia que ele havia deixado parte de uma saída de emergência aberta enquanto vestia o equipamento tático e pegava as armas em seu carro estacionado logo atrás do edifício.

Quando o jovem entrou novamente na sala de cinema lotada e começou a atirar, Marie, como muitas outras pessoas na plateia, pensou que era algum tipo de espetáculo de efeitos especiais, parte da comemoração de estreia daquele filme bastante popular. Ela imaginou que alguém poderia estar soltando fogos de artifício. A princípio desorientada, ela se sentiu momentaneamente paralisada.

Os gritos de suas filhas quebraram o encanto. "Olhei em volta e vi uma figura escura", ela lembrou, "cerca de 12 ou 15 metros à nossa frente. Ele tinha uma arma." Foi quando ela finalmente recuperou a voz. "Abaixem-se!", ela gritou para suas meninas. "Abaixem-se!" E foi então que ela começou a rezar.

Por que ela estava ali, naquele cinema, a essa hora tão cruel? Marie preferia assistir a filmes em casa, onde os benefícios incluíam filmes com *closed captions* e massagens do marido, Scott, em seus pés. Ela estava rejeitando aquela atração romântica para fazer as filhas felizes e passar mais tempo com suas bebês, que estavam crescendo tão depressa.

Michelle e Elizabeth vinham conversando sobre aquele filme em particular há meses. A princípio, a irmã mais velha e casada delas planejara levá-las, mas ela havia descoberto a gravidez recentemente e estava muito enjoada e cansada para acompanhá-las. Foi quando Marie relutantemente interveio.

Então veio outra oferta, uma substituição. O filho de 18 anos de Marie também havia comprado ingressos para o mesmo cinema. Planejando ir com amigos, ele se ofereceu para levar as irmãs mais novas. Já se sentindo cansada, Marie ficou tentada a pular o filme. "Eles estariam assistindo ao mesmo filme, mas na sala ao lado, no mesmo edifício", ela lembrou. "Parecia uma boa ideia, mas algo me dizia: 'Apenas vá. Vá com suas meninas.' Foi o que fiz e serei eternamente grata por ter ouvido aquela voz mansa e delicada."

Com a sala 9 quase lotada quando elas chegaram, de alguma forma Marie avistou cinco assentos vagos seis ou sete fileiras acima. Ela se sentou entre Michelle e Elizabeth, as três no final do corredor.

Pouco antes do início do filme, um casal chegou e perguntou se o par de assentos ao lado delas estava disponível. Marie e as meninas imaginaram que poderiam simplesmente pular os assentos. Mas, antes que elas conseguissem fazer qualquer movimento, o casal passou de lado por elas e ocupou os dois assentos vagos.

Pouco após a meia-noite de 20 de julho de 2012, as luzes do cinema baixaram e o projetor exibiu imagens na tela grande. Com as mãos na cabeça, Marie bocejou.

Duas das três mulheres Isom caíram de cara no chão sujo. A mais nova estava, aparentemente, congelada no lugar; então Marie a puxou para o chão e para trás da fileira de assentos.

Elas foram cercadas pelo som de tiros, terror e sobrevivência desesperada. Os tiros foram, segundo Marie, "rápidos e ininterruptos", a trilha sonora de um massacre.

"De repente, percebi que minha filha mais nova, Elizabeth, estava no mesmo corredor do atirador", Marie disse. "Se ele avançasse e começasse a atirar, acertaria em cheio nela. Eu me joguei por cima dela e esperei que meu pequeno corpo servisse como um escudo, o suficiente para salvar a vida dela se uma bala a acertasse. Para dizer o mínimo, naquele momento eu estava surtando."

Debruçada sobre a filha, Marie continuou a rezar. Apenas um sussurro, com palavras malformadas, ela orou o melhor que pôde em um momento alucinado — por segurança, pela presença de Deus, pelo fim do tiroteio. "A oração saiu mais como um gemido do que palavras", ela lembrou. "Busquei a paz e a proteção de Deus para os que estavam no cinema, para a carnificina, para o pesadelo acabar. Rezei para que meus filhos ficassem bem se eu morresse."

Na verdade, Marie pensou que morreria. E foi aí que ela sentiu uma inesperada sensação de paz cair sobre ela. "Eu não temia a morte", ela lembrou. "Eu — uma garota que passou a vida inteira se encolhendo de medo — não tive medo de morrer. Essa paz foi um dom sobrenatural. Eu não queria morrer e não queria sentir dor, mas ficaria bem se morresse. Esse pensamento e essa paz me deram forças para continuar orando."

Quando houve uma pausa momentânea nos tiros, as pessoas dentro da sala de cinema começaram a correr desesperadamente em direção às portas de saída. "Em um ponto, perdi Michelle de vista por um momento", disse Marie. "Gritei o nome dela e me senti inundada de alívio quando a vi. Eu segurava Elizabeth pela mão e a puxava para correr junto comigo."

As três saíram correndo do cinema, noite adentro. Elas seguiram a multidão até o estacionamento, acompanhando aquele mar de pessoas que as empurrava para a frente. Marie descreveu a cena em seu blog, em um post escrito naquele mesmo dia. Ela ainda não havia dormido quando se lembrou de como ela e as filhas se levantaram e se juntaram à multidão em fuga:

> Tivemos que passar por cima de um corpo sem vida, as pessoas gritavam e se empurravam, sem saber onde o atirador estava. Corremos até nosso carro e eu larguei minha bolsa no chão, procurando freneticamente pelas chaves, olhando ao redor, preparada para cair no chão. Gritei para Michelle ligar para o irmão dela, Matthew, e descobrir se ele tinha conseguido sair da sala de cinema ao lado. Ela ligou. Ele conseguiu. Nós nos encontramos lá fora.

Marie se lembrou de ter visto pessoas ensanguentadas correndo e mancando. Em algum lugar ao longo do caminho, ela perdeu um pé de suas sandálias Croc novas e começou a correr toda torta. "Não sei por que não chutei o outro pé da sandália", ela disse. "Senti o chão frio sob o pé descalço e, depois, o cimento, mas mal processei essas coisas. Eu tinha um objetivo em mente: levar minhas filhas com segurança até o carro e garantir que Matthew e seus amigos estivessem seguros."

Descobriu-se que algumas balas da sala 9 chegaram até a sala que ficava ao lado, aquela onde Matthew estava assistindo à outra exibição do mesmo filme com seus amigos. Três pessoas na outra sala ficaram feridas. "Foi triste que as pessoas na sala ao lado tenham se ferido", Marie refletiu. "Mas nada se compara ao massacre ocorrido na sala 9."

Esse massacre colocaria Marie em uma nova trajetória, com uma nova visão de vida e da fé.

NASCIDA EM VERMONT NA DÉCADA DE 1960, Marie se lembra de ter crescido em uma família disfuncional. Seus pais bebiam muito, e cada um teve uma infância conturbada que os levaram ao casamento. Sua mãe e seu pai se divorciaram quando Marie estava no 4º ano.

"Nos lares em que passei minha infância, havia muita bebida, brigas e momentos traumáticos para uma criança", ela lembrou. "E muito caos. Muitos estranhos — para mim — passando a noite. Um homem falou de maneira muito explícita comigo... Ele me disse o que os meninos gostariam de fazer comigo. Ele costumava falar besteiras para mim. Eu estava entrando na adolescência, então não sabia o que fazer a respeito disso."

Aquele ambiente insalubre e a imprevisibilidade de sua vida em casa despertaram em Marie a necessidade de controlar seu mundo; mais especificamente, de supercontrolar tudo e todos ao seu redor. Ela adotou a crença de que se fosse, de alguma forma, boa, dedicada e intencional o suficiente, poderia controlar e proteger a si mesma e a sua família.

Marie diz que costumava ir para a cama todas as noites preocupada e com medo do que poderia acontecer com seus filhos, sua família, seu trabalho e todos os outros aspectos de sua vida. Na época do tiroteio, no entanto, ela já havia percorrido um longo caminho para superar o que chama de ideias distorcidas e crenças doentias. Sua fé em Deus cada vez maior foi uma parte significativa de sua recuperação, e aquela noite na sala de cinema 9 foi mais um passo nessa jornada.

"Eu estava na casa dos 40 anos quando aconteceu o tiroteio", ela lembrou. "Eu já tinha trabalhado muitos dos problemas de minha infância e reconheci que tentar controlar todos os aspectos da minha vida era uma ilusão. O tiroteio foi outra parte da jornada para a liberdade que encontrei ao entregar tudo nas mãos de Deus, deixando de lado a ideia de que, se eu pudesse proteger meus filhos do mal ou da dor, poderia controlar todos os ambientes que eles frequentavam."

A POLÍCIA CAPTUROU O ATIRADOR, James Holmes, de 24 anos, atrás do cinema. Ele estava parado ao lado do carro e não apresentou resistência. Mas o dano que ele infligiu foi imenso: mais tarde, ele foi considerado culpado de assassinar doze pessoas e ferir outras setenta.

O marido de Marie não entendeu imediatamente a tragédia pela qual sua família havia acabado de passar. Naquela época, Scott trabalhava no turno da manhã, então Marie e as duas filhas acabaram o acordando poucas horas antes de ele ir para o trabalho. Uma das meninas ligou para ele enquanto elas voltavam do cinema para casa. "Ela choramingava e tentava explicar, dizendo: 'Mas estamos bem, estamos bem'", Marie disse. "Ele realmente não tinha ideia do que estava acontecendo. Foi somente muito mais tarde, por meio de toda a cobertura da mídia, que ele de fato entendeu quão traumática havia sido nossa noite."

Marie e os filhos ainda estavam em estado de choque no dia seguinte ao tiroteio. Eles escaparam sem ferimentos, mas não ilesos. Marie soube, mais tarde, que um dos mortos era a mulher que se sentou ao lado de sua filha mais velha no cinema. "Se tivéssemos pulado o assento, Michelle estaria no lugar de uma mulher que foi assassinada", ela explicou.

Por ter vivenciado momentos de pânico, Marie demorou para absorver tudo o que havia acontecido. "A certa altura", ela lembrou, "pedi a meu filho, que havia servido no exército e visto muita carnificina, para verificar se havia uma bomba embaixo de nosso carro. Como ainda não sabíamos nada sobre o atirador — se ele trabalhava sozinho ou o quê —, decidi que ele poderia ter plantado explosivos debaixo dos carros que estavam no estacionamento." Experiências traumáticas muitas vezes fazem com que as pessoas se tornem hipervigilantes, e esse foi o caso de Marie.

Durante os dolorosos dias e semanas que se seguiram, Deus lhe serviu como um pilar de sustentação e uma âncora, a única coisa que estava certa em sua vida quando todo o restante estava desmoronando. À medida que o tempo passava e a recuperação começava lentamente, Marie agradecia por estar viva e, também, orava para não desperdiçar o presente que ela havia recebido.

Às vezes, no entanto, ela não tinha certeza de como rezar. "Fiquei chateada porque as pessoas estavam culpando Deus quando eu sabia que Deus não é o autor do mal", ela disse. "Foram as escolhas de um jovem que causaram tanto derramamento de sangue e tristeza. Eu me senti culpada por estar viva quando tantos jovens morreram. Orei pela recuperação de minhas filhas — para que elas não fossem dominadas pelo medo. Minha fé era muito forte, mas a delas não. Também orei para que Deus trouxesse algo de bom dessa tragédia."

NO POST PUBLICADO EM SEU BLOG dezoito horas após o tiroteio, intitulado "Então Você Ainda Acha que Deus é um Deus Misericordioso?", Marie afirmou que Deus não é a causa do mal, mas aquele que traz conforto e paz em meio à maldade. Sua conclusão foi: "Deus é sempre bom. O homem não é. Não confunda os dois."

Ela concluiu sua postagem pedindo orações pelas famílias que perderam entes queridos e por aqueles, principalmente os jovens, que testemunharam os horrores na sala de cinema 9. Embora Marie tenha dito que ainda estava em choque quando escreveu o texto, sua postagem acabou recebendo mais de um milhão de visualizações. "Isso me surpreendeu", ela disse, "porque eu estava escrevendo para um público de cerca de sete seguidores e alguns amigos do Facebook. Os pastores estavam usando meu post nos cultos de domingo. Pessoas de todo o mundo começaram a me enviar mensagens e compartilhar como Deus usou o post para aumentar a fé delas... Isso, para mim, foi uma resposta à minha oração para que eu servisse a Ele de alguma forma."

Marie entende, no entanto, que nem todos passam por uma tragédia com um pensamento positivo. Ela diz que pode ser extremamente difícil de entender por que algumas orações não são respondidas. Por que pessoas inocentes morrem? Por que os desastres naturais destroem comunidades inteiras? "Não tenho a resposta a todas essas perguntas", ela disse, "mas conheço aquele que tem — aquele que traz paz e consolo em meio à destruição".

Marie confia que um dia tudo fará sentido. Mas esse dia ainda não chegou. Então, ela se apegará à sua fé e à oração, porque isso é o que ela sabe fazer. "Continuarei orando, porque não importa como Ele responda ou não, eu provei a bondade de Deus", ela disse. "Não há mais ninguém com quem eu queira partilhar minhas lutas e celebrações, sabendo que Ele me encherá de Seu amor."

Ela sabe que percorreu um longo caminho desde a infância. Marie disse que encontrou uma paz profunda ao aceitar que ela não tem controle sobre as escolhas de ninguém. Ela pode oferecer conselhos ou opiniões para aqueles que pedem, mas ela prefere, principalmente, focar amar as pessoas incondicionalmente.

Afinal, ela entende muito bem que as coisas poderiam ter sido muito diferentes para sua família. Marie pensou que estava prestes a morrer naquela noite no cinema, mas Deus a cobriu de paz enquanto ela orava, mesmo quando os tiros passavam muito perto delas.

"Não acredito em finais felizes e em tudo em seu devido lugar", ela disse. "Mas descobri que, não importa o que aconteça, todos os dias são repletos de beleza e alegria."

Atualmente, Marie reflete sobre a tragédia que sofreu e diz: "Como eu já havia mantido minha fé em tantos outros momentos difíceis da vida — e tinha visto Deus mover montanhas —, na época em que essa tragédia aconteceu, minha fé estava estabelecida o suficiente para saber que Ele me ajudaria a superar isso."

A fé de Marie — e o poder de Deus — de fato a levaram a um lugar de cura e plenitude.

Às vezes, apenas começar pode ser a parte mais difícil de nossa caminhada de fé. A oração é mais do que apenas um desejo. É disciplina. É uma guerra. É assim que lutamos contra a escuridão. E a oração exige muito trabalho. Devemos nos dedicar a ler e a conhecer as Escrituras. E não devemos desistir.

"Todos os que competem nos jogos se submetem a um treinamento rigoroso, para obter uma coroa que logo perece; mas nós o fazemos para ganhar uma coroa que dura para sempre", escreveu Paulo em 1 Coríntios 9:25. Nosso treinamento é espiritual, mas deve ser tão rigoroso quanto o de um atleta que disputa uma coroa terrena.

Perseverança

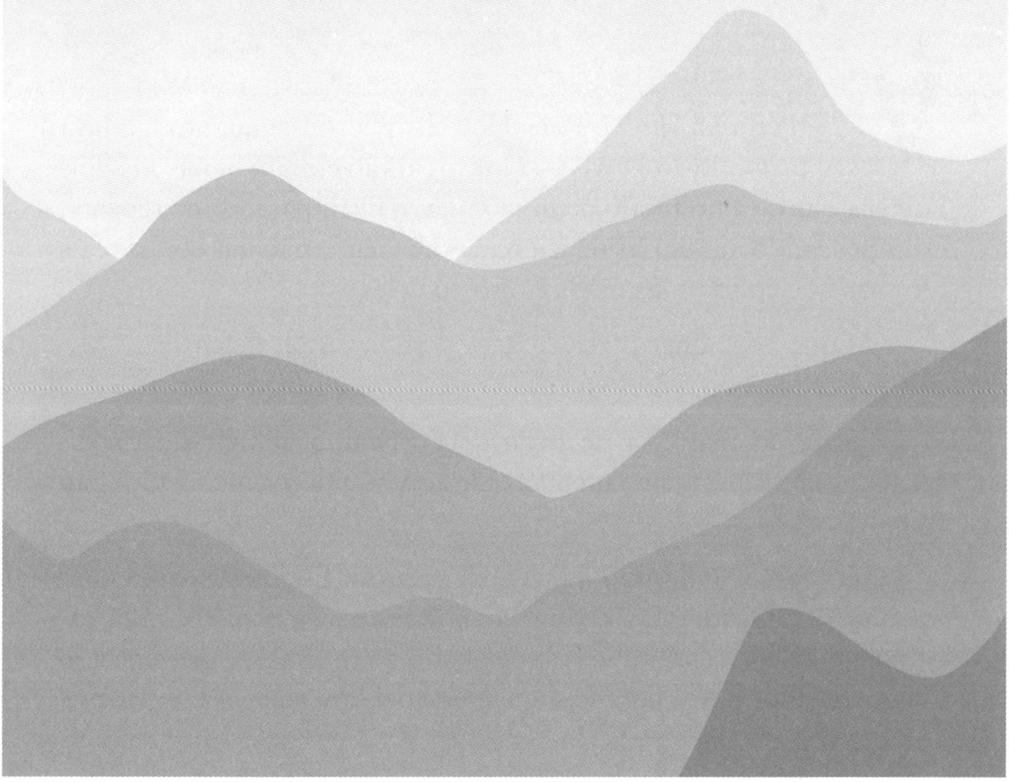

REES HOWELLS E OS GUERREIROS DE ORAÇÃO DE DUNQUERQUE

Nada afeta a história como uma oração fervorosa e persistente.

> Alegrem-se sempre. Orem continuamente. Deem graças em todas as circunstâncias, pois esta é a vontade de Deus para vocês em Cristo Jesus.
>
> — 1 Tessalonicenses 5:16–18

"Você renasceu?"

Pergunta boba, Rees Howells pensou enquanto ajudava seu primo Evan Lewis a colocar carvão em um balde. Os dois homens estavam no fundo de uma mina, e Evan parecia, de repente, estar pensando nas coisas relacionadas ao Céu, e não nas coisas reais terrenas que cobriam as mãos e o rosto deles.

"O que você quer dizer?", Rees perguntou na defensiva. "Minha vida é tão boa quanto a sua."

Apesar da tentativa de Evan de explicar o que ele queria dizer, Rees não conseguiu entender. Ele zombou do primo e voltou ao trabalho.

Que tipo de pergunta é essa?, ele pensou. *Eu nunca perco uma reunião de oração*. Mas quanto mais Rees pensava nisso, mais incomodado ele se sentia. Ele ficou enjoado ao se lembrar do versículo que o pregador havia lido no dia em que deixara sua casa no País de

Gales para trabalhar nos Estados Unidos: "Portanto, também nós, uma vez que estamos rodeados por tão grande nuvem de testemunhas, livremo-nos de tudo o que nos atrapalha e do pecado que nos envolve." (Hebreus 12:1) Em sua mente, ele imaginou as diversas gerações de sua família, nuvens em formato de santos nas Escrituras, olhando para a vida dele, para as mãos sujas e sua alma mais suja ainda, e as julgando carentes. Ainda assim, tudo o que ele disse ao primo, enquanto caminhavam pela estrada até a cidade, foi: "Sou cristão, e isso é bom o suficiente para mim."

Mas ele continuava incomodado. Na verdade, ele estava tão incomodado que fez as malas e fugiu para um lugar a 160 quilômetros da mina, do primo Evan e, o mais importante, das perguntas incômodas.

Não foi bom. Deus continuou cutucando o coração de Rees. O jovem galês ficou paralisado de medo, mas não sabia como alterar esse estado. Então ele fez um acordo com o Todo-poderoso. Na época, ele disse às pessoas: "Se você me mostrar uma pessoa que esteja, de fato, vivendo o Sermão da Montanha, eu cederei."[37]

O acordo lhe deu algum limite de espaço. Ele poderia olhar em volta e dizer: "Bem, este homem pode parecer devoto, mas será que ele desistiu de tudo por Deus de verdade?" Era seguro presumir que ele nunca encontraria alguém que realmente acreditasse em tudo o que Jesus disse nos Evangelhos sobre dedicar tudo ao Senhor. Ele continuou repetindo as palavras que havia dito ao primo: minha vida é tão boa quanto a sua. Parecia uma aposta segura que ele jamais encontraria alguém cuja vida fosse, de fato, melhor do que a de um homem que nunca faltava às reuniões de oração.

Mas não era. Não muito tempo depois, Rees conheceu Maurice Reuben, um homem rico que se converteu ao cristianismo apesar de saber que tal escolha o levaria à deserdação (o testamento do pai de Reuben proibia qualquer mudança de religião). Sua família quis interná-lo por insanidade por alguns meses, tamanho era o fervor de Reuben. Ele foi tirado do hospital psiquiátrico somente após o juiz apontar que, se fôssemos internar as pessoas por ouvirem a voz de

Deus, teríamos que internar o apóstolo Paulo. Agora Reuben viajava por todo o país, falando em nome de Jesus.[38]

Rees ficou surpreso com a devoção do homem. Muitos anos depois, seu filho diria em uma entrevista: "Quando meu pai ouviu aquele testemunho, ele ficou destroçado de verdade... E o Senhor perguntou a ele: 'Este é seu homem?' E ele disse: 'Sim'. A vida dele mudou completamente."[39]

Mal sabia Rees Howells que ele se tornaria um poderoso guerreiro da oração e lideraria uma guerra em um dos campos de batalha mais importantes do século XX: um campo de batalha invisível.

Assim como o chanceler alemão Adolf Hitler se preparou para a guerra no final da década de 1930, o mesmo aconteceu com uma pequena faculdade bíblica no País de Gales dirigida por Rees, que havia retornado à sua terra natal. Enquanto a mobilização dos nazistas consistia em sondagem interminável, apreensão e reaproveitamento de fábricas para fabricar armas, aprisionamento de inimigos políticos e devoração de pequenos países um por um, os membros do Bible College do País de Gales estavam fazendo algo muito mais poderoso: eles estavam atacando a fortaleza do Céu com suas orações.

O teólogo galês Martyn Lloyd-Jones certa vez escreveu: "A oração é, sem dúvida, a atividade mais elevada da alma humana. O homem está em seu melhor estado e no lugar mais elevado quando, de joelhos, fica frente a frente com Deus."[40]

Rees também acreditava nisso. Durante a guerra, ele escreveu: "Quero saber se o Espírito Santo é mais forte do que o Diabo no sistema nazista. Esta é a batalha de todos os tempos, e esta vitória significa a vitória para milhões de pessoas."

Muitos historiadores ficam surpresos com as decisões bizarras que Hitler tomou durante a guerra que acabaram lhe custando a vitória. Mas poucos sabem que, por trás de muitas das decisões, estava um grupo de "soldados" de oração que, durante a guerra, oraram: "Senhor, dobre Hitler."[41] Ao fazer isso diversas vezes, Hitler fez escolhas imprudentes e pouco características de sua pessoa, o que deu tempo aos oponentes para se prepararem, custou-lhe oportunidades estratégicas e, por fim, alterou o rumo da guerra.

Rees era um presidente de faculdade muito improvável. O sexto de onze filhos, ele seguiu os passos do pai e foi trabalhar nas minas de carvão quando tinha 12 anos, começando como muitos que passaram a vida inteira trabalhando naquelas condições perigosas e insalubres. Muitas das montanhas verdes e acidentadas do País de Gales estavam crivadas de minas. Para muitos galeses, a mineração de carvão era a indústria de seus pais e o trabalho que eles esperavam fazer por toda a vida. Rees Howells, no entanto, voltou ao País de Gales apenas para se envolver em um reavivamento liderado pelo evangelista galês Evan Roberts, em 1904–1905, e pelo chamado para o ministério — o que ele sentiu mudou tudo. Ele fundou uma missão local, dedicando três horas de seu dia para trabalhar lá, além dos turnos regulares nas minas.

Demorou um pouco para Rees conceber o Espírito Santo não só como uma força, mas como uma pessoa, igual a Deus. O filho de Rees, Samuel, disse que, quando seu pai finalmente aceitou isso, ele lutou contra as implicações dessa aceitação. "O Senhor lhe mostrou claramente que isso significava uma rendição total e completa. Se ele aceitasse o Espírito Santo como pessoa, então ele não estaria vivo, mas o Espírito, sim. 'Você sai e eu entro.' Esse era o desafio. Foram alguns dias de profunda negociação... [antes] ele sabia que [o Espírito] havia entrado nele como pessoa... Esse foi o ponto da reviravolta em sua vida."[42]

Aquilo a que Samuel estava se referindo era como, uma vez que aceitamos Jesus, Deus envia o Espírito Santo para ser nosso guia e professor (João 14:16–17). Provavelmente, ele também estava se referindo a Gálatas 2:20, que explica como Cristo vive em nós.

Isso é mais do que apenas uma mudança de mentalidade. Em vez disso, aceitá-lO nos leva a descartar a pessoa que éramos antes para nos tornarmos uma nova pessoa — substituindo uma existência morta por uma viva. Paulo escreveu em Efésios: "Quanto à antiga maneira de viver, vocês foram ensinados a despir-se do velho homem, que se corrompe por desejos enganosos, serem renovados no modo de pensar e a revestir-se do novo homem, criado para ser semelhante a Deus em justiça e em santidade provenientes da verdade" (Efésios 4:22–24).

Aceitar o Espírito de Deus significa ser transformado. Não estamos mais à mercê de nossas paixões e vontades, porque o Espírito muda nossa mente e nosso coração, para que possamos nos tornar (e *querer* nos tornar) cada vez mais parecidos com Jesus a cada dia. O Espírito nos eleva a um nível em que existe alegria e propósito maiores do que jamais conhecemos, à medida que nos tornamos mais semelhantes a Cristo e mais plenamente nós mesmos do que jamais éramos quando éramos governados pelo pecado.

O sucesso da missão levou Rees e a esposa a se mudarem para a África do Sul como missionários, onde fizeram parte de diversos reavivamentos. Então, em 1920, Rees sentiu o chamado para retornar ao País de Gales e fundar uma faculdade bíblica; era Deus lhe dizendo para comprar uma propriedade chamada Glynderwen e fazer seu campus quando ele tinha apenas dois xelins em seu nome.

Rees também não arrecadava fundos. Após ler uma autobiografia do evangelista e educador inglês nascido na Alemanha, George Müller, ele decidiu que não pediria dinheiro a ninguém, exceto a Deus em oração, assim como o Sr. Müller fez pelos orfanatos que ele sentiu que Deus o chamou para construir. Rees nunca se desviou dessa promessa, e as últimas 140 libras de 5.800 libras de que ele precisava chegaram de manhã pelo correio pouco antes de ele assinar o contrato para comprar Glynderwen.

Na época em que os nazistas ameaçavam o restante da Europa em 1938, o Bible College havia comprado três propriedades para montar seu campus e para seus empreendimentos ministeriais. Na época, a Grã-Bretanha estava lamentavelmente despreparada para a guerra em virtude do crescente poderio militar da Alemanha. Os nazistas já haviam anexado a Áustria e estavam fazendo o mesmo com a Sudetenland, parte da Tchecoslováquia. Embora a guerra parecesse iminente, em vez de invadir outros lugares, Hitler assinou o Acordo de Munique em 30 de setembro, adiando a guerra com o restante da Europa por quase um ano. Nas semanas anteriores à assinatura desse acordo, Rees e os membros de sua faculdade bíblica se dedicaram à oração com o mesmo compromisso e determinação de um soldado no campo de batalha. Ao perceber a ameaça que o movimento nazista representava para o restante do mundo, Rees levou seus professores e alunos a orar regularmente pela mudança desses eventos, chegando, até mesmo, a suspender as aulas para isso.

"Estamos em terreno escorregadio", ele disse aos alunos. "Apenas a intercessão funcionará. Deus está chamando por intercessores — homens e mulheres que colocarão suas vidas no altar para enfrentar o Diabo tão prontamente quanto teriam que lutar contra o inimigo na Frente Ocidental."[43]

Cento e vinte professores e alunos ouviram as palavras de Rees naquele dia e concordaram que se uniriam em forte oração até que a vitória fosse conquistada. Foi nas semanas anteriores à assinatura do Acordo de Munique que eles pediram a Deus pela primeira vez com as palavras "Senhor, dobre Hitler".

Embora muitas pessoas considerem o Acordo de Munique um fracasso por parte do primeiro-ministro britânico Neville Chamberlain e outras tenham reconhecido que a Alemanha não seria apaziguada, o pacto deu tempo aos Aliados para se prepararem antes que a Alemanha invadisse a Polônia, em setembro de 1939, e a Grã-Bretanha e a França foram forçadas a declarar guerra à Alemanha. Segundo Sir Nevile Henderson, o embaixador britânico na Alemanha na época do acordo:

> "Você é o único homem a quem já fiz uma concessão, [Hitler] disse ao Sr. Chamberlain de um jeito bastante amargo" [...]
>
> Hitler se sentiu irritado consigo mesmo. Uma parte de seus seguidores sempre o incitava a lutar contra a Inglaterra enquanto esse país ainda estava militarmente despreparado. Eles o reprovaram por ter aceitado o acordo

> de Munique e, assim, ter perdido a oportunidade mais favorável. Uma sensação desconfortável de que talvez eles estivessem certos contribuiu para o mau humor de Hitler.[44]

Nesse mesmo mês, a Itália anunciou que todos os judeus deveriam deixar o país em seis meses. Isso, além do fato de o antissemitismo estar aumentando na Alemanha nazista, levou Rees a querer apoiar ainda mais os judeus. Seu fervor ganhou intensidade quando Hitler começou a "expulsar" crianças judias ao longo da fronteira polonesa algumas semanas depois.

Rees começou a procurar uma propriedade para comprar e construir um lar para o maior número possível de crianças judias refugiadas. Ele acabou oferecendo mais do que o dobro pelo quarto imóvel visitado do que eles ofereceram por qualquer um dos anteriores, cerca de 20 mil libras, embora não houvesse dinheiro na conta bancária da faculdade para pagar o empréstimo. A certa altura, os diretores da faculdade inclusive planejaram vender as três primeiras propriedades para arrecadar 100 mil libras e doar em nome dos judeus. No entanto, quando a guerra estourou após a invasão da Polônia, todas essas decisões foram suspensas. Mesmo assim, o fardo de orar pelos judeus permaneceu com Rees e seus alunos durante a guerra e nos anos seguintes.

Quando os nazistas invadiram a França, em maio de 1940, Rees e seus "soldados de oração" haviam estabelecido uma rotina diária de oração, geralmente passando muitas horas todas as noites de joelhos. Quando o rei George VI declarou um dia de oração enquanto as tropas se reuniam em Dunquerque, no que muitos previram ser um dia desastroso para a Força Expedicionária Britânica, Rees e suas "tropas" oraram com mais fervor.

Com cerca de 338 mil soldados aliados imobilizados e encurralados em Dunquerque, temia-se que houvesse um terrível massacre. Sob circunstâncias perigosas, teve início uma evacuação em massa das praias francesas. O biógrafo de Rees, Norman Grubb, nos conta:

> Em 28 de maio, o Sr. Howells estava novamente a sós com Deus. Nas reuniões, a oração era para que Deus interviesse em Dunquerque e salvasse aqueles homens. Quando o Espírito desceu sobre eles em oração e súplica, o que um orou no final expressou a garantia dada a todos: "Tenho certeza de que aconteceu algo."
>
> O dia 29 de maio foi o dia da evacuação de Dunquerque. O Sr. Howells disse: "Sejamos claros em nossa oração para que a intercessão seja conquistada. A batalha é do Espírito Santo. Vejam Ele fora de vocês esta noite; Ele está lá no campo de batalha com Sua espada empunhada."[45]

Muitos anos depois, uma das alunas de Howells, Ruth Williams — na época uma senhora idosa elegante e com um belo penteado — relembrou como tinha sido aquele dia. Depois que Howells terminou sua oração, ele abriu a palavra para que outros orassem, e ela se lembrou de um homem, "quando ele orou, você conseguia perceber que ele havia tocado o Senhor naquele momento. Foi incrível o que aconteceu em Dunquerque. Os mares estavam tão calmos... Mas Deus tinha Seu propósito, não é? Ele havia dito que a Inglaterra cristã não seria invadida. E Ele estava provando isso para nós".[46]

Embora a luta tivesse continuado e muitas vidas tivessem sido perdidas, mais tarde, a evacuação bem-sucedida de centenas de milhares de soldados ficou conhecida como "o Milagre de Dunquerque". Aconteceu apesar dos melhores esforços do governo do Reino Unido, que ficou sem recursos para ajudar. Em vez disso, centenas de civis ingleses aproveitaram essa brecha, pegando barcos de pesca e rebocadores, qualquer coisa que pudesse levar os soldados e os refugiados de volta ao Canal da Mancha. E no País de Gales, um punhado de estudantes foi para a batalha contra as forças das trevas que se aproximavam da Europa, para tentar mudar a mente daqueles que eles perseguiriam e para exterminar os Aliados em retirada.

Rees e os que estavam reunidos na faculdade continuaram a orar por proteção contra a invasão durante a Batalha da Grã-Bretanha até o dia culminante de setembro de 1940, quando a Luftwaffe, no exato momento da vitória, deu meia-volta e voou de volta para o continente porque Hitler decidiu, de repente, invadir a Rússia em vez disso. Como o ex-primeiro-ministro britânico Winston Churchill registrou em um livro de memórias sobre a guerra:

> Então perguntei: "Que outras reservas nós temos?" "Não temos nenhuma", o Air Vice-Marshal Park disse. Em um relato escrito por ele depois, ele disse que eu "parecia sério". Bem, eu poderia...
>
> Mais cinco minutos se passaram e a maioria de nosso esquadrão havia descido para reabastecer. Em muitos casos, nossos recursos não poderiam dar proteção aérea. Então parecia que o inimigo estava se retirando. A mudança dos discos na tabela abaixo mostrou um movimento contínuo de bombardeiros e caças alemães para o leste. Não houve nenhum novo ataque. Em mais dez minutos, a ação foi encerrada.[47]

No exato momento da vantagem estratégica e da provável vitória, Hitler "dobrou" para seguir uma direção diferente. Ele tomou outra decisão inconcebível que as pessoas não familiarizadas com o poder da oração levariam décadas para entender: ele se voltou contra os aliados russos e invadiu suas terras, incentivando-os a se juntarem aos Aliados e, mais tarde, estarem entre os vencedores da guerra. Foi uma decisão incrivelmente fraca e arrogante, tomada por tantos ditadores que se tornou um ditado: "Nunca invada a Rússia no inverno." Os nazistas se viram em um atoleiro, semelhante aos soldados russos que se viram encalhados e consternados pela lama nos primeiros dias da Guerra da Ucrânia de 2022.

Os nazistas viraram para o sul e para o leste. Quando a Itália não conseguiu derrotar a Grécia, a Alemanha a invadiu e decidiu tomar a ilha de Creta, acreditando que era um local chave para lançar aviões e proteger suas tropas no norte da África. Eles pensaram que poderiam tomar a ilha em dias. Mas a batalha se arrastou, atrasando o avanço nazista para tomar Leningrado e Moscou no inverno, o que acabou se tornando um fator para suas derrotas nesse país. Nenhuma das cidades jamais caiu nas mãos dos nazistas, embora estivessem novamente a poucas horas da vitória antes que outros fatores voltassem sua atenção. Em seu livro *I Chose Freedom*, Victor Kravchenko escreveu: "Os alemães poderiam ter tomado Moscou naqueles dias praticamente sem confronto... Por que eles voltaram é um mistério que somente os próprios alemães podem revelar para a história."[48]

O pessoal na faculdade de Rees continuou a orar, batalha após batalha, dia após dia, pelos soldados aliados em todas essas situações. "É só andar lado a lado com Deus, não é?", disse Ruth Williams quando questionada sobre como alguém pode se tornar um intercessor como Howells e seus alunos fizeram. "Não consigo entender de que outra maneira é possível obter uma posição de intercessão a não ser caminhando diariamente lado a lado com Deus, orando diariamente e tendo fé em Deus."

Rees também precisou aprender a viver o Sermão da Montanha da mesma forma que Maurice Reuben. Uma vez ele se viu confrontado por um homem cuja vida havia desmoronado porque ele havia se afundado em dívidas.

Ao vê-lo caminhar pela missão, Rees disse: "Nunca antes havia visto um conflito como esse por uma alma no reino espiritual. Durante uma hora, foi o máximo que pude fazer para permitir que o Espírito Santo orasse através de mim. Vi o diabo o atacando... e disse ao Senhor que, se Ele o atendesse, eu faria qualquer coisa."

Ao encontrar o homem mais tarde naquele dia, Rees perguntou de quanto era a dívida dele. Ele disse que eram dois anos de aluguel desperdiçados por seu hábito de beber. Os credores do homem confiscariam seus móveis naquele mesmo dia.

"Era uma quantia enorme na época", disse o filho de Rees, Samuel. A resposta de seu pai foi: "Vou lhe dar a metade e tenho certeza de que um amigo meu lhe dará a outra metade."

Mas, enquanto Rees subia as escadas para buscar o dinheiro, o Senhor falou com ele e, de repente, ele se sentiu muito envergonhado. Rees disse que o Senhor falou: "Você não disse esta manhã que daria *tudo* o que tinha para salvá-lo? Por que você está dando apenas metade? O Salvador não pagou *todas* as suas dívidas e o libertou?" Rees se virou e correu até o homem, desculpando-se profusamente e explicando que pagaria todo o aluguel, para que ele não ficasse mais vulnerável ao Diabo. "No momento em que eu disse isso a alegria do céu desceu", Rees disse mais tarde. "Foi como se algo fosse cortado em minha natureza e, para mim, era uma bênção maior dar do que receber." Por fim, ele mesmo passou a viver o Sermão da Montanha.

Quando a 90ª Divisão Panzer Ligeira do Marechal de Campo Erwin Rommel se aproximava da conquista do Egito, em julho de 1942, Rees sentiu que ali deveria ser traçada uma linha na areia. Se os nazistas tomassem o Egito, eles poderiam facilmente tomar a Palestina, que Rees tinha certeza de que deveria ser preservada para servir de pátria judaica após a guerra. Com a batalha mais violenta, os estudantes se dedicaram a rezar para que os nazistas fossem detidos antes de tomar Alexandria. Na semana seguinte, eles souberam pelos jornais que os nazistas haviam sido derrotados e rendidos em El Alamein. Um fator primário na derrota: uma quase total falta de água potável, que fez com que os homens das forças alemãs ficassem secos e desidratados. Mais de mil se renderam devido à sede extrema.

Conforme comentou o editor em um artigo de revista: "Um acontecimento tão incrível como esse não pode ser tratado como mera coincidência. Certamente, a mão do Deus Todo-poderoso está em evidência mais uma vez, vindo em nosso auxílio quando questões importantes estão em jogo."[49]

Os alunos da faculdade galesa continuaram a orar durante o restante da guerra e, batalha após batalha, os nazistas recuaram, até que as tropas aliadas marcharam para Berlim na vitória final na Europa, em 8 de maio de 1945.

Depois que a guerra acabou, a faculdade colocou missionários no campo e também continuou a orar. Foi uma grande bênção na vida de Rees e de seus alunos, que estiveram com os judeus durante todos os anos da guerra, oraram e testemunharam a fundação de uma pátria judaica na Palestina em 14 de maio de 1948. (Por sinal, o homem cuja fé inspirou Rees a se tornar um cristão, Maurice Reuben, era judeu.) Rees chamou o evento de:

> Um dos maiores dias para o Espírito Santo na história destes dois mil anos...
>
> Durante todos esses séculos, não houve um único sinal de que o país seria devolvido aos judeus que estavam espalhados por toda a Terra; mas, agora, quatro mil anos após Sua aliança com Abraão, Ele reuniu todas as nações e as fez devolver grande parte da terra da Palestina a eles.[50]

Pelo resto de sua vida, Rees continuou a orar para que o Evangelho chegasse a todas as pessoas sem impedimentos. Depois que um pedido de oração final para arrecadar 100 mil libras para o futuro da faculdade bíblica "foi conquistado", Rees passou a encontrar seu Criador frente a frente. Ele faleceu em 13 de fevereiro de 1950, e suas últimas palavras foram: "Vitória... Aleluia!"

ELE PRECISAVA DE UM MILAGRE

Em um momento de crise, Gary se viu recorrendo à Bíblia, à história de um homem que havia perdido tudo.

> Assim sendo, aproximemo-nos do trono da graça com toda a confiança, a fim de recebermos misericórdia e encontrarmos graça que nos ajude no momento da necessidade.
>
> — Hebreus 4:16

A pergunta que Jó mais fazia era *por quê*. Ele foi bem-sucedido durante toda sua vida. Ele teve dez filhos, e as colinas de sua terra estavam cobertas de seu gado. Ele era o grande homem da cidade. Sempre que Jó pisava na cidade, os jovens se afastavam em respeito. Ele era respeitado — e era bom. Ele era "um pai para os pobres". Ele era "os olhos dos cegos... os pés dos mancos".

Jó fez tudo certo. Então por que ele perdeu tudo?

No início de 2020, deitado em uma cama de hospital com 1,7% de chance de viver, Gary não conseguia parar de pensar no Livro de Jó. O que havia começado como uma gripe rotineira se transformou em sepse, colocando a vida de Gary em perigo.

A crise de Gary veio tão repentinamente quanto a de Jó. Atleta saudável durante toda a vida, Gary ficou em choque quando dores no corpo, calafrios, erupções cutâneas da cabeça aos pés e falta de ar o levaram ao pronto-socorro quatro vezes em cinco dias logo após o Natal de 2019. “Eu sentia dor no peito como se estivesse tendo um ataque cardíaco”, ele disse. “Era como se tivesse vidro na garganta. Minha frequência cardíaca em repouso era de 110.”

Na véspera de Ano-novo, Gary estava em choque séptico, seus órgãos estavam parando e os amigos e familiares foram avisados para ir às pressas ao hospital em Rockledge, na Flórida, para se despedirem dele.

Foi uma reviravolta surpreendente para Gary, que, poucos dias antes, estava vivendo a vida de um pai norte-americano qualquer. Assim como Jó, ele havia “vencido” na vida. Aos 38 anos, encontrou o equilíbrio entre a vida profissional e pessoal que muitos com 30 e poucos anos guardam para “um dia”. Ele havia trocado semanas de trabalho de setenta horas como vendedor de carros por um trabalho de vendas em marketing digital em casa que lhe permitia estar presente para os quatro filhos, na época com 5, 7, 8 e 15 anos. A recompensa foi sua sanidade mental, uma robusta conta poupança e a oportunidade de Gary, bicampeão de atletismo na Flórida, treinar os times esportivos dos filhos.

Os dias de Gary seguiam um ritmo suburbano previsível: ele colocava as crianças em seu SUV todas as manhãs e as levava para a escola, trabalhava das nove às cinco, treinava os times esportivos dos filhos à noite e aos sábados e ia à igreja aos domingos.

Em 2019, Gary e a família tiveram um Natal maravilhoso. Ninguém sabia que seria o último dia normal por um bom tempo.

Uma semana depois, em 1º de janeiro de 2020, Gary foi levado de avião a um hospital em Orlando que tinha uma máquina de oxigenação por membrana extracorpórea, conhecida como ECMO, um dispositivo semelhante a uma máquina de circulação extracorpórea usada para manter os pacientes vivos durante uma cirurgia em que o coração é aberto. Ele não conseguia entender completamente o redemoinho de monitores, as sondas, os medicamentos e as decisões que eram tomadas em relação à sua sobrevivência. Ele se lembrou de um médico dizendo à sua família para não ter muitas esperanças. Então o coração dele parou.

Aliás, o sobrenome de Gary era Miracle [milagre, em português]. Inconsciente e cambaleando à beira da morte por mais de onze minutos, o homem que havia sido provocado impiedosamente quando criança sobre seu nome — "Miracle Whip, MiracleGro, eu tive todo tipo de apelidos", ele contou — agora precisava de um milagre de verdade. O primeiro aconteceu imediatamente, porque o médico de plantão era um cardiologista, a primeira de muitas peças de dominó que precisavam cair da maneira certa para que Gary sobrevivesse. O médico o ressuscitou e o levou para uma cirurgia de cinco horas, a fim de conectá-lo à máquina de ECMO.

Gary não se lembra do que veio em seguida. Ele havia entrado em coma e dependia da máquina para fazer circular sangue rico em oxigênio até seus órgãos vitais. Ele entrou em uma terrível viagem interior, na qual pesadelos vívidos e prolongados sobre um mesmo tema o atormentavam: "Estava sempre preso em algum lugar, vendo a vida passar lá fora, gritando e batendo no vidro para tentar chamar a atenção de alguém para me ajudar a sair dali", Gary contou.

Os dias se passaram. Sem poder ver nada, Gary estava em seu quarto de hospital enquanto um mundo vibrante de oração e fé o cercava. Amigos e familiares seguraram as mãos dele, acariciaram seus cabelos e nunca o deixaram sozinho nem por um segundo. Eles oraram para que sua chance de sobrevivência de 1,7% fosse suficiente para que Deus conseguisse realizar seu trabalho. Eles imploraram a Deus para deixar Gary viver.

No Natal de 2019, a família de Gary posou para a preciosa foto de Natal em família no saguão da igreja. Na época, a foto parecia apenas um retrato comum. Mais tarde, Gary percebeu que era a última foto que ele tinha na qual segurava os ombros de seus filhos com as próprias mãos.

Após dez dias de pesadelos em coma, Gary acordou e viu as paredes do quarto de hospital cobertas de escrituras e fotos de família. "Minha família queria ter certeza de que os médicos e as enfermeiras soubessem quem era a pessoa que eles estavam salvando: um pai, marido, irmão, filho e amigo", ele disse.

Então ele olhou para baixo. Suas mãos e pernas estavam pretas. O custo de salvar seu coração, os rins, os pulmões e o cérebro foi pago por seus membros localizados nas extremidades do corpo. As mãos e as pernas dele estavam sem cor e frias, ficaram sem sangue e oxigênio em virtude de um processo de adoecimento irreversível. Chamado de necrose, o termo foi explicado a Gary por meio de palavras como *decomposição*, *morte* e um processo aterrorizante que parecia estar tomando conta de seu corpo: a *mumificação*.

Duas semanas depois, o pai de Gary decidiu que era hora de ter uma conversa de pai para filho, do tipo que nenhum pai gostaria de ter com o filho. Ele pediu a todos que saíssem do quarto do hospital e explicou que as pernas dele, que já haviam vencido corridas, precisariam ser amputadas. Aquelas mãos, que tinham dado um aperto firme no fechamento de mil negócios? Gary também as perderia.

"Acho que foi quase difícil demais de acreditar", Gary disse. Agora, além de tentar processar as coisas com a mente grogue após tomar um coquetel de 27 medicamentos diários, ele tinha que se adaptar a uma vida como um amputado quádruplo. Foi um momento chave. Como ele responderia a isso?

Gary disse que saber que ele viveria sem seus membros deu um vislumbre de sua fé indomável. Ele disse ao pai: "O Senhor dá e o Senhor tira. Agora é hora de ele tirar meus braços e minhas pernas, mas eu direi: 'Bendito seja o nome do Senhor.'"

Gary insiste que ele não é um cara supercristão, tipo de resposta de um cara da escola dominical. Mas desde os 10 anos de idade, quando ele decidiu seguir o Senhor, a base de sua crença sempre foi de que *Deus é bom*. Antes de começar a trabalhar na área de vendas, ele serviu como pastor de jovens, um chamado que explorou após administrar as vendas de mercadorias para uma banda promissora, a MercyMe.

"Passei a vida inteira dizendo às pessoas e pregando que Deus era bom", ele explicou. "Agora que algo traumático aconteceu em minha vida, viverei como se Deus *não fosse* bom?"

A fé de sua família o ajudou a se animar. A família e os amigos de Gary iam ao hospital com frequência para orar. Ele se lembrou de diversas ocasiões em que olhou para máquinas que registravam seus sinais vitais assombrosos apenas para ter amigos reunidos ao seu redor, cobrindo-o de óleo e orando por sua cura. "Eu olhava para cima e os números eram instantaneamente diferentes", ele contou.

Uma vez que a amputação se tornou inevitável, a família de Gary orou para que ele perdesse os membros abaixo do cotovelo e das articulações do joelho, em vez de acima deles. Não era um dado adquirido, pois os tecidos de Gary estavam gravemente danificados. No entanto, manter essas articulações lhe permitiriam maior habilidade usando próteses.

Em 17 de março, Gary perdeu as mãos. Oito dias depois, os médicos amputaram sua perna esquerda. Em 22 de abril, ele perdeu a perna direita. Mas ele manteve os dois cotovelos e os dois joelhos.

À medida que o tempo de Gary no hospital se arrastava, ele seguiu exatamente o arco de Jó, isolando-se de um mundo em que ele já havia sido essencial. Confinado em um quarto de hospital por meses, com acesso apenas a um serviço de *streaming* de filmes, ele não fazia ideia de que a Covid-19 estava varrendo o mundo. Quando sua equipe de saúde começou a cuidar dele usando equipamentos de proteção individual da cabeça aos pés, ele pensou que, de alguma forma, ele *os* estava colocando em risco. "Pensei que fosse eu", lembrou. Ele não entendeu que os protetores faciais, os aventais e as luvas foram pensados para protegê-*lo* do vírus, que poderia ter desferido um golpe fatal em seu frágil sistema imunológico.

Finalmente, era hora de Gary ir para casa. Naquele dia de Ano-novo, ele havia sido levado de avião para o hospital pesando 108kg, e ele partiu no Dia da Mentira pesando 70kg, um indicador cruel tanto de sua massa corporal reduzida quanto dos membros que ele havia perdido.

A transição do hospital para casa significou que a recuperação de Gary também mudou de nível — passou de angustiante para cansativa, sendo que um não era mais fácil que o outro. Os corredores, antes largos o suficiente para permitir que um pai ativo corresse por eles brincando de pega-pega, agora eram estreitos e restritivos para um homem sem membros que precisava de espaço para manobrar uma cadeira de rodas motorizada.

Para Gary, o simples fato de segurar uma caneca térmica de viagem significava posicioná-la no ângulo certo contra o peito e dentro das articulações dos cotovelos, tudo para obter a conquista de, talvez, conseguir dar um gole. Na maioria das vezes, ele deixava a caneca cair, assim como o telefone, o frasco de xampu e muitos outros objetos que antes ele segurava com facilidade.

Foi uma dura lição de humildade. O antigo Gary dominava a arte de fechar negócios, parecia ser cristão na igreja, estava sempre a serviço dos outros e sempre "tinha tudo sob controle". Agora não havia mais fingimento. Coisas que antes ele fazia em segundos, como colocar roupa suja na máquina de lavar ou usar os talheres, pareciam tarefas precisas demais para um homem com membros reduzidos.

"Quando cheguei em casa, percebi que havia duas opções para mim", ele contou. "Eu poderia me sentar no sofá, me vitimizar, me viciar em analgésicos e viver assim. Ou poderia escolher uma tarefa por dia para dominar." Ele optou pela segunda, dedicando-se, primeiro, a aprender a conectar o celular ao carregador, apostando na chance de a bateria do telefone não acabar antes das forças dele. "Na primeira tentativa, levei três horas para fazer isso", ele lembrou.

Com muito suor, lágrimas e ocasionalmente enterrando o rosto no travesseiro para abafar seus gritos guturais, ele reaprendeu a colocar as roupas sujas na máquina de lavar. Depois, dominou a arte de se vestir sozinho e retomou sua dignidade ao aprender a usar o banheiro sozinho.

Por mais tarefas que ele reaprendesse, havia outras habilidades que ele precisou aprender pela primeira vez — algo difícil para um homem atlético e autossuficiente admitir —, como ser vulnerável e pedir ajuda. Um dia, ele estava sentado em um sofá muito baixo para conseguir içar o peso de seu corpo até a cadeira de rodas e escorregou, caindo com tudo no chão, onde permaneceu até que a ajuda chegasse. Outro dia, ele puxou com muita força o rolo de papel higiênico, arrancando o dispenser da parede. O acessório desmontado caiu no chão, uma metáfora não intencional para a própria amputação e perda de função. Em vez de ficar deprimido, ele apenas pediu a um amigo que reinstalasse o dispenser.

No entanto, de uma perda tão considerável, algo novo estava crescendo. A igreja, a família e os amigos literalmente se tornaram as mãos e os pés de Gary. Eles ajudaram em tudo que os Miracles precisavam: refeições, limpeza da casa, jardinagem e, principalmente, as orações. Em breve, Gary seria capaz de, junto a eles, unir as próprias "mãos" em oração.

No verão de 2020, após muita espera, ele recebeu próteses de braços e mãos personalizados. Aquelas pinças protéticas não apenas provocaram *frisson* em seus filhos, como também devolveram certas habilidades a Gary. Então, em 2021, ele recebeu três conjuntos de pernas protéticas personalizadas, incluindo um par de lâminas de corrida que ele usou para participar de uma divertida corrida local de três quilômetros — apenas um mês depois — e um par de lâminas de água que lhe permitiram nadar no mar.

Para manter o bíceps forte, Gary posicionava um haltere em cada cotovelo e os erguia com força até o peito. Para manter o senso de humor, ele postava mensagens nas redes sociais, como uma foto dele sentado no chão com suas próteses ao lado. A legenda dizia: "Estou fora de mim."

Ele sempre lia as Escrituras, insistindo no relato bíblico de Jó. "Há um versículo, Jó 42:5, que basicamente diz: 'Meus ouvidos já tinham ouvido a teu respeito, mas agora os meus olhos te viram'", ele disse.

O versículo fazia sentido para Gary, que agora via um caminho claro para o ministério. Mesmo como um ministro da juventude, seu chamado para o ministério não o mobilizou para contar às pessoas sobre sua fé em Jesus como fez a recuperação do trauma por que ele passou. Por meio de seu ministério, Gary Miracle Speaks, ele começou a viajar por todos os Estados Unidos, incentivando o público a expor suas batalhas e seus fracassos. "A única diferença entre mim e as outras pessoas é que minhas batalhas são visíveis", ele explicou. "Às vezes, as batalhas invisíveis são ainda mais assustadoras. Peço às pessoas que se arrisquem, para encontrar uma pessoa com quem possam compartilhar suas batalhas internas."

Apresentado com destaque no vídeo da música de sucesso "Say I Won't", escrita em homenagem a ele por seus amigos da banda MercyMe, Gary viu seu ministério explodir com eventos de palestras, agendamentos de podcast e uma enorme presença na mídia social. Ele começou a escrever uma autobiografia, lançou um site e, inclusive, desenvolveu uma linha de mercadorias, incorporando a leitura do eletrocardiograma dele no logotipo. A leitura mostra sua primeira pulsação após onze minutos de "apagão" em 2020.

A nova vida que Deus deu a Gary é muita coisa para assimilar. Ele perdeu partes do corpo, membro por membro, mas Deus lhe deu um alcance ainda maior. E o homem que uma vez venceu corridas aprendeu a correr a corrida que Deus colocou diante dele. Mesmo que isso significasse correr sem as próprias pernas.

É fácil olhar para a história de Gary e citar apenas sua recuperação. Mas igualmente notável foi o momento em que ele escolheu confiar em Deus. "O Senhor dá e o Senhor tira" é uma frase que é, ao mesmo tempo, comovente e reconfortante. É um reconhecimento do poder de Deus sobre tudo em nossa vida. A decisão de Gary de *ainda* dizer "Bendito seja o nome do Senhor" é um lembrete de que é possível, nas profundezas da escuridão, louvar a Deus. Na verdade, lembrar a bondade de Deus é crucial para enfrentar os momentos mais sombrios da vida.

Essa linha é uma citação de Jó. Sentado no pó, tendo perdido seus filhos, suas riquezas e, por fim, sua saúde no espaço de dias, Jó se sentiu abandonado. Mas Jó também disse: "O Senhor deu, e o Senhor tirou. Bendito seja o nome do Senhor."

O que torna isso possível? Temos que nos lembrar de que Deus promete estar ao nosso lado quando passamos por problemas. Jó lamenta que Deus "não é homem como eu, para que eu lhe responda, e nos enfrentemos em juízo. Se tão somente houvesse alguém para servir de árbitro entre nós, para impor as mãos sobre nós dois". (Jó 9:32–33)

Gary Miracle tem uma grande vantagem sobre Jó. Por ter vivido muitos séculos antes de Cristo, só em sonho Jó teria um "mediador", alguém que pudesse estar em sua vida e sofrer ao seu lado. Gary conhece a verdade de que Deus, de fato, entrou neste mundo, assumiu a carne e sofreu ao nosso lado. Dor, humilhação, vulnerabilidade, impotência — Jesus assumiu as fraquezas humanas voluntariamente e ainda continua sendo nosso mediador junto com Seu pai.

"Posso fazer qualquer coisa / Através de Cristo que me dá força", diz a letra da música "Say I Won't", do MercyMe, citando as Escrituras. Mas a linha seguinte faz a transição para o mantra de Gary: "Então continue dizendo que não vou / E continuarei provando que você está errado."

Não há problema em sofrer quando estamos diante de tragédias. O que as histórias de Jó e de Gary Miracle destacam é que esse é o momento em que mais devemos nos aproximar de Deus. Em nossa fraqueza está Sua força.

O SONHO DE UM BOMBEIRO

Uma mulher nos mostra como manter sua fé até que você experimente a paz sobrenatural após uma tragédia.

> E a paz de Deus, que excede todo o entendimento, guardará os seus corações e as suas mentes em Cristo Jesus.
>
> — Filipenses 4:7

Ann Clark, de 16 anos, olhou para cada canto do teatro. Ela o imaginou lotado de fãs entusiasmados. Os aplausos e os rostos sorridentes deles a empolgaram até a altura do teto dourado creme e laranja. Ela mal podia acreditar que estava em um palco da Broadway de verdade — solo sagrado para uma menina de Nova Jersey que gosta de teatro.

Então a música começou e trouxe Ann de volta à Terra. Era sua primeira audição e havia apenas quatro pessoas na plateia. Ela estava cercada por outros dançarinos, todos tão determinados quanto ela a passar no teste. Presa em seu sonho, ela perdeu a noção do que estava fazendo. Em um instante, porém, ajustou sua postura e começou a se mover junto com as meninas à sua direita e à sua esquerda, tomando o cuidado de manter o equilíbrio no palco inclinado.

Ela sorri com essa lembrança agora. "O problema do balé é que você nunca atinge a perfeição", ela disse.

Ao contrário dos esportes coletivos, o balé é uma atividade individual. E sempre tem alguém que se sai melhor. Sempre existe algo em seu desempenho que não é perfeito, alguma falha que deve ser corrigida. Nenhuma realidade é tão perfeita quanto um sonho.

Finalizado o teste, Ann caminhou até o ponto de ônibus e se viu tão cativada pela experiência de estar no palco que mal se importou com o papel em si. Ela ainda estava com aquele brilho no olhar na viagem de ônibus até em casa e assim ela entrou pela porta com um enorme sorriso no rosto. Quando a mãe de Ann viu a expressão da filha, ela agarrou o braço do marido. "Ah, meu Deus! Ela conseguiu o papel!"

Ann, no entanto, balançou a cabeça, radiante. "Não. Mas eu estava em um palco da Broadway de verdade!" Ela tinha se deparado com um sonho diferente. Mesmo não tendo conseguido o papel, a emoção mágica que sentiu no palco acendeu as chamas de sua verdadeira paixão: compartilhar esse sentimento com o mundo.

Ann nasceu em Oxford, na Inglaterra, filha de mãe britânica e pai norte-americano. A família se mudou para os Estados Unidos quando Ann tinha 2 anos, estabelecendo-se em Nova Jersey, do outro lado do rio Hudson, na cidade de Nova York.

Aos 16 anos, Ann se apaixonou pela dança e passava as tardes ensinando balé em um estúdio e fazendo testes para musicais da Broadway. As aulas lhe permitiram compartilhar sua alegria com outras pessoas de uma maneira especial. Ela sentia que essa era sua vocação de verdade. Quando ela perdeu o emprego como instrutora de dança, aos 21 anos, ficou arrasada. Ela voltou para casa em profunda tristeza e desabou em uma cadeira ao lado de seu pai. Em seguida, veio uma enxurrada de queixas emocionais.

Quando o fluxo de reclamações foi diminuindo, o pai de Ann redirecionou o foco da conversa. "Tudo bem", ele disse de um jeito calmo. "O que você vai fazer agora? O que você quer fazer?"

Tentando se recompor, Ann pensou por um momento, e então a resposta lhe veio em mente: "Quero ensinar balé para meninas."

"E o que você precisa para fazer isso?", seu pai perguntou.

"Bem, preciso de espaço", Ann respondeu. "Talvez barras de balé. E acho que um toca-discos."

"É um bom começo", ele disse. "Você também precisará de um nome para seu negócio e de uma conta bancária."

Eles se sentaram à mesa da sala de jantar e fizeram uma lista.

Ann não sabia, mas sua vida estava sendo vivida em paralelo com outro jovem, com a mente saudosa presa em um sonho. Um veterano esguio, Bruce Van Hine passou sua juventude na marinha. Mais tarde, ele se tornou arborista, mas sempre teve um sonho secreto e improvável: queria ser bombeiro.

Em 1973, ele leu *Report from Engine Co. 82*, um livro que narra a vida de uma equipe de combate a incêndios no South Bronx. "Aquelas pessoas no livro pareciam viver outra realidade", ele escreveu mais tarde.

Criado em uma família cristã, Bruce encontrou na fé um pilar fundamental de sua vida. Ele passava muito tempo fazendo trilhas. Quando fez uma viagem pela Trilha dos Apalaches, no nordeste dos EUA, ele deixou Bíblias em todos os acampamentos em que esteve.

Para Ann, a fé não veio tão facilmente. "Aprendi muito sobre a Bíblia e toda a parte sobre amadurecimento, e entendi tudo isso. Mas a ideia de um relacionamento... é possível ter um relacionamento com Jesus?"

Ela estava participando de um estudo bíblico e ficou intrigada com o que eles disseram sobre Cristo. Ao sentir que precisava saber mais, ela foi a uma livraria cristã. "Eu estava, tipo, olhando os livros. E acho que eles perguntaram: 'Podemos ajudá-la?'", ela contou. Depois que ela explicou o que estava acontecendo em sua vida, "o cara simplesmente me perguntou se eu queria aceitar Jesus como meu salvador".

Ela disse que sim. Isso mudou tudo. Ela sempre pensou em Deus como algo distante, apenas alguém "no comando", de longe. Mas, agora, Ele estava presente em sua vida todos os dias.

Uma de suas histórias bíblicas favoritas descreve Deus falando com Moisés por meio de uma sarça em chamas (Êxodo 3:4–12). Na história, Deus explicou que Ele não apenas ajudaria Moisés, mas estaria perto dele.

Moisés enfrentou o mesmo problema que Ann: um sonho que não se manifestou. Nascido escravo hebreu, Moisés se tornou um príncipe adotivo no reino do Egito milhares de anos antes de Cristo. Moisés pensou que sabia para onde sua vida estava seguindo. Ele foi colocado no palácio egípcio por algum motivo, com certeza. Então ele tinha um plano: usaria seu privilégio como príncipe para derrubar governantes cruéis e defender os escravos. Esse sonho, por mais nobre que fosse, foi destruído rapidamente; ele foi exilado após matar um feitor de escravos abusivo.

A maneira como aconteceu doeu: o homem que ele havia defendido, em vez de manter o segredo de Moisés, espalhou a notícia como uma fofoca maldosa. Fugindo da condenação pelo assassinato, Moisés fugiu do Egito e encontrou abrigo em uma tribo nômade na terra de Midiã. Ele passou os quarenta anos seguintes de sua vida cuidando de ovelhas no deserto. (Êxodo 2:11–45)

Foi durante um desses anos intermináveis que Moisés viu uma sarça crepitando com fogo — mas, por alguma razão, embora a sarça estivesse em chamas, ela não se desfez no fogo. Fora dele, Deus falou com Moisés. Ele pediu a Moisés para fazer algo muito difícil. "Na verdade, vi a miséria de meu povo no Egito", Deus disse a Moisés. "Eu os ouvi clamando por causa de seus feitores de escravos, e estou preocupado com o sofrimento deles… Então agora vá. Estou enviando você ao faraó para tirar meu povo, os israelitas, do Egito."

"Quem sou eu", perguntou Moisés, "para ir até o faraó e conseguir tirar os israelitas do Egito?"

Deus disse: "Eu estarei ao seu lado."

Ao longo da jornada de abrir a própria escola de balé (o que era uma grande coisa para uma mulher de 21 anos, especialmente em 1975), às vezes Ann pensava consigo mesma: *Mal me tornei adulta, e isso vai dar muito trabalho! Quem sou eu para abrir um negócio?* Mas seu pai estava lá ao lado dela a cada passo do caminho. Deus também estava.

E, cada vez mais, Bruce Van Hine também. Ann conheceu Bruce no mesmo dia em que perdeu o emprego. Ele literalmente apareceu na porta dela, o amigo de um amigo que apareceu para uma visita. Não foi bem amor à primeira vista. Após o primeiro encontro, Ann disse ao amigo que o achou um idiota.

Ann e Bruce se casaram em 1980 e, passado o constrangimento, ela costumava brincar de maneira afetuosa que ele era "meu idiota". Embora não estivesse por dentro do mundo do teatro e da dança, ele era um líder de torcida incansável pelos esforços de Ann. Ele sempre tirava o dia de folga na data em que acontecia o recital anual de Ann, para poder ajudar a preparar tudo e torcer por ela.

Bruce era dono de uma empresa de serviços de corte de árvores, mas era um trabalho sazonal, então ele passava o período de entressafra procurando bicos. Isso não facilitou o orçamento para a jovem família. Certa manhã, enquanto ele procurava trabalho no jornal, Ann se sentou com ele à mesa da cozinha. Ela estudou o marido por alguns minutos enquanto ele circulava os anúncios de emprego. Ela pensou em tudo o que aprendeu ao longo desses anos, na maneira como seus sonhos mudaram, mas como ela nunca deixou de persegui-los. "O que você sempre quis ser quando crescesse?", ela lhe perguntou.

Ele não hesitou nem por um momento. "Bombeiro." Ele fez uma pausa e enfatizou: "Um bombeiro *de verdade*."

"De verdade?"

"Um bombeiro da cidade de Nova York", ele disse.

"Então faça isso."

Bruce se inscreveu para o treinamento em 1981. Ele finalmente foi aceito no Corpo de Bombeiros da cidade de Nova York em 1990, pois seu pedido de inscrição ficou parado na burocracia. Nesse ínterim, ele trabalhou como bombeiro em West Point. Por muitos anos, ele não pensou que seu sonho — tornar-se um bombeiro "de verdade" — se tornaria realidade. Seu pedido permaneceu firme parado por causa da burocracia.

Mas, enfim, ele realizou seu sonho e se tornou um membro do Corpo de Bombeiros de Nova York.

Foi um momento que lhe trouxe um enorme orgulho. Ele escreveu à esposa: "Nunca pensei que tivesse o que era preciso para ser um bombeiro na Big Apple. Isso não teria sido possível sem seu incentivo e amor. Agradeço ao Senhor por você e por este dia. Eu a amarei para sempre."[51]

"TODOS OS BOMBEIROS, APRESENTEM-SE AO SERVIÇO."

Passaram-se onze anos. Ann Van Hine tirou os olhos da estrada tempo suficiente para estender a mão e aumentar o volume do rádio do carro. Ela sabia que os bombeiros de Nova York não eram chamados a se apresentarem ao serviço pela rádio. Algo muito incomum devia estar acontecendo.

"Isso é um ato de terrorismo?", o apresentador perguntou. "O país está em guerra?"

Era a manhã de 11 de setembro de 2001 e ninguém sabia ao certo. A única certeza era de que dois aviões haviam se chocado contra as torres gêmeas do World Trade Center.

Senhor, por favor, proteja Bruce, Ann rezou. Traga-o para casa.

Ann pegou as duas filhas adolescentes mais cedo na escola. Como as redes telefônicas estavam sobrecarregadas, ela seguiu direto para a casa de seus pais. "Querida, tenho certeza de que Bruce está bem", o pai dela disse, tentando acalmá-la. "Desde o momento em que eles chamaram todos para se apresentarem ao serviço, Bruce não teria tido tempo de ir de sua unidade no Bronx até Lower Manhattan antes que as torres caíssem."

Ann não estava convencida disso. Quando Bruce finalmente foi contratado pelo Corpo de Bombeiros de Nova York, aconteceu algo impressionante: ele imediatamente saiu com um caminhão (um feito único, explicou um ex-colega dele em entrevista ao site do Exército dos EUA em 2020). Foi assim que ele se tornou parte do Esquadrão 41, uma unidade do Comando de Operações Especiais. Ann sabia que os bombeiros em esquadrões faziam coisas diariamente que outras unidades não podiam ou não fariam — coisas perigosas sobre as quais eles não contavam aos cônjuges. Por fazerem parte desse esquadrão, Bruce e os colegas teriam sido despachados para as torres mais cedo ou mais tarde.

Pouco antes da meia-noite, Ann ouviu um carro do lado de fora da casa. Ela lutou contra a tentação de olhar pela janela. Por favor, não venha aqui, ela rezou. Ela atendeu à batida na porta, eram dois bombeiros. Ela os conduziu para dentro, onde os três ficaram em um silêncio constrangedor.

"Apenas diga", Ann finalmente disse.

"Ele está desaparecido."

Nos dias que seguiram, Ann mal conseguia pensar, muito menos se concentrar em algo. Processar qualquer coisa nova parecia sufocante, então ela voltava e relia a passagens familiares das Escrituras que havia lido inúmeras vezes antes.

Ela sempre lia Filipenses 4:8: "Finalmente, irmãos, tudo o que for verdadeiro, tudo o que for nobre, tudo o que for correto, tudo o que for puro, tudo o que for amável, tudo o que for de boa fama, se houver algo de excelente ou digno de louvor, pensem nessas coisas."

Um dia, seus olhos percorreram a página até a passagem anterior, para palavras que pareciam ter sido escritas para aquele exato momento que ela estava vivendo:

> Alegrem-se sempre no Senhor. Novamente direi: alegrem-se! Seja a amabilidade de vocês conhecida por todos. Perto está o Senhor. Não andem ansiosos por coisa alguma, mas em tudo, pela oração e súplicas, e com ação de graças, apresentem seus pedidos a Deus. E a paz de Deus, que excede todo o entendimento, guardará os seus corações e as suas mentes em Cristo Jesus.
>
> — Filipenses 4:4–7

Ann experimentava essa paz com frequência enquanto orava. Mas, naquele dia, algo mais sobre o versículo chamou a atenção dela: "Perto está o Senhor."

Ela se lembrou de sua história favorita na Bíblia: a da sarça em chamas. "Quem sou eu", perguntou Moisés, "para ir até o faraó e conseguir tirar os israelitas do Egito?"

E Deus havia dito: "Eu estarei com você."

Ocorreu a Ann que Deus não havia mesmo respondido à pergunta de Moisés. Ele não tinha explicado por que o havia escolhido para essa tarefa, mesmo que ele se considerasse inadequado. Ele não puxou o "cartão de Deus" e disse: "Não faça perguntas, apenas faça o que estou lhe dizendo." Ele nem mesmo disse a Moisés por que era importante que ele cumprisse aquela tarefa difícil. A resposta dEle foi muito mais pessoal e poderosa. Ele apenas disse: "Eu estarei ao seu lado."

Quando Ann começou seu negócio, aos 21 anos, foi um desafio, mas seu pai a acompanhou nesse processo. Agora ela estava enfrentando algo terrivelmente difícil, mais difícil do que qualquer outra coisa com que ela já havia lidado: enfrentar o desconhecido sem Bruce ao seu lado.

E seu Pai celestial estava dizendo: "Eu estarei ao seu lado."

Na terça-feira, dia 18 de setembro, uma semana após a queda das torres, Ann compareceu a uma reunião do Corpo de Bombeiros na cidade. Lá, em um vasto salão de hotel no coração de Manhattan, o prefeito, o governador, o comissário do Corpo de Bombeiros e o médico legista informaram a uma plateia de cônjuges e familiares o que muitos deles já suspeitavam.

"Ninguém foi encontrado vivo nos últimos cinco dias", anunciou um oficial. "É hora de mudar o foco do resgate para a recuperação." Ele olhou para baixo. "É hora de trazer a maquinaria pesada."

Os outros bombeiros não estavam prontos para desistir. Eles continuaram procurando, cavando, esperando.

Mas Ann sabia que Bruce não voltaria para casa. A família não tinha o corpo dele. Os homens que estavam trabalhando na recuperação dos corpos provavelmente nunca o encontrariam.

Quando ela começou a planejar um serviço fúnebre para Bruce, as meninas tiveram dúvidas. "E se estivermos erradas?", elas perguntaram. "E se eles encontrarem o papai?"

"Não há mais nada nesse mundo que eu gostaria do que papai estar no próprio funeral", Ann disse gentilmente.

O serviço memorial ocorreu em 29 de setembro de 2001. Ann e sua família chegaram à igreja e encontraram uma enorme bandeira dos Estados Unidos suspensa entre dois caminhões de escada do Corpo de Bombeiros de Nova York. Houve muitos cânticos e muitas orações, memórias e lágrimas. De alguma forma, eles conseguiram. Quando, enfim, chegou a hora de ir embora, Ann e as meninas passaram por um corredor de bombeiros do lado de fora.

Não havia som de gaita de foles; Ann decidiu que simplesmente não conseguiria suportar isso. Teria sido demais. Em vez disso, tudo o que ela consegue lembrar é o silêncio absoluto enquanto os bombeiros olhavam para a frente. O único som que se ouvia era o clique dos sapatos dela na calçada.

A MÃE DE ANN CRESCEU NA Inglaterra durante a Segunda Guerra Mundial, enquanto as bombas caíam, e sempre dizia: "Os norte-americanos não sabem o que é ter sua pátria atacada."

Agora eles sabiam.

Depois do 11 de setembro, famílias como a de Ann se viram sofrendo perdas muito pessoais em uma arena pública bastante carregada. Os ataques chocaram a nação e o mundo — e todos queriam apoiar e honrar as famílias dos mortos.

Ann e as filhas foram convidadas para centenas de eventos especiais. Elas conheceram celebridades e receberam inúmeros presentes, incluindo o primeiro carro novo que Ann já teve.

Ann voltou a dar aulas no estúdio de dança. Lá, ela ainda era "professora Ann", mas, em todos os outros lugares, agora ela era "Sra. Van Hine, viúva do Corpo de Bombeiros de Nova York". Após o 11 de setembro, ela deu algumas entrevistas à mídia e, em diversas ocasiões, foi convidada a "dizer algumas palavras" em um evento ou outro.

Em 2005, a família foi convidada para uma cerimônia na Casa Branca, onde Ann foi presenteada com uma Medalha de Valor do Congresso em nome de Bruce. Em 2016, ela foi convidada a falar no Parlamento Europeu.

Ela se lembra de ter conversado com Deus sobre isso: "Senhor, o que eles estão pensando? Quem sou eu para falar com o Parlamento Europeu?"

Ao ouvir as próprias palavras, ela se lembrou da pergunta de Moisés a Deus. Mais importante ainda, ela se lembrou do que Deus havia dito a Moisés — e o que ele havia dito a ela em cada etapa dessa jornada: "Eu estarei ao seu lado."

Em março de 2006, Ann estava conduzindo passeios a pé pelo canteiro de obras onde antes ficava o World Trade Center. Ela se autodenomina "uma guardiã de histórias" e diz que Deus usou o voluntariado no 9/11 Tribute Museum para falar com ela de diversas maneiras. Até o momento, ela liderou mais de quinhentas dessas excursões e, nesse período, viu a conclusão do 9/11 Memorial Plaza, do 9/11 Memorial Museum e, por fim, do Liberty Park, bem como a ascensão da Freedom Tower.

Ela escreveu um livro de memórias sobre sua jornada intitulado *Pieces Falling: Navigating 9/11 with Faith, Family, and the FDNY*. Ela continua a trabalhar como voluntária no 9/11 Tribute Museum.

"Às vezes, os sonhos se transformam e mudam", ela disse. "Meu sonho de dançar na Broadway se transformou em uma adorável carreira de professora de balé para meninas. O sonho abandonado de Bruce de ser um bombeiro de Nova York foi redescoberto e revivido. Meu sonho — envelhecer com o homem que eu amava — morreu em 11 de setembro de 2001 e tive que abraçar novos sonhos. Mas o que quer que a vida traga, sei que posso confiar em Deus. Mesmo quando não gosto ou não entendo o que está acontecendo, sei que não estou sozinha. Sei que Ele está caminhando ao meu lado nessa jornada."

UMA ORAÇÃO EM EL SANTUARIO DE CHIMAYÓ

As peregrinações nos lembram da importância de buscar um Deus que responde de volta.

> Vocês me procurarão e me acharão quando me procurarem de todo o coração.
>
> — Jeremias 29:13

Austin Canon, de 7 anos, passou a mão pelo assento desgastado do Oldsmobile de seu pai. O ar estava úmido devido ao forte calor seco do verão texano. Mas seu pai estava dirigindo e eles estavam juntos. Ia ser um bom dia.

O pai de Austin não era lá muito conversador. Mas ele também não era tímido, ele irradiava uma força silenciosa. Mais tarde, seu filho descobriria que ele havia adquirido esse estoicismo por ter suportado os horrores de Iwo Jima. Ele nunca falou sobre o que passou lá.

Aquele parecia um dia como outro qualquer, mas Austin e seu pai estavam prestes a realizar milagres para um estranho.

Olhando para a estrada tranquila à frente deles, Austin engasgou quando viu uma caminhonete capotar violentamente para fora da rodovia. Ele gritou, apontando para a frente. Seu pai já estava começando a entrar em ação, encostando o carro no acostamento.

Austin se lembra de como seu pai estava calmo, caminhando decididamente em direção ao carro capotado. Fumaça e vapor saíam do compartimento do motor. O ex-fuzileiro naval permaneceu calmo, agarrou o motorista, tirou-o rapidamente da cabine e o levou para longe dos destroços.

Seu pai deu uma primeira examinada no homem. A expressão no rosto dele dizia tudo: ele precisava de ajuda o mais rápido possível.

Em seguida, ele olhou para a caminhonete capotada, avaliando qualquer outro perigo iminente.

"Fique longe desse carro, pode pegar fogo", ele disse ao filho, que se aproximava fascinado para ver o veículo destruído.

O estranho estava ensanguentado e era incapaz de se mover. O pai de Austin disse ao filho: "Fique aqui, converse com ele e, aconteça o que acontecer, não saia do lado dele."

Austin sentiu uma onda de pânico ao ver o pai se afastar para buscar ajuda. O que ele deveria dizer ou fazer? Ao ver o carro do pai desaparecer na estrada, ele sentiu um misto de orgulho e medo. Se o pai dele acreditava que ele era capaz de lidar com isso, Austin pensou, então ele sabia que conseguiria.

Austin se ajoelhou ao lado do homem e falou sobre a primeira coisa que lhe veio à mente e que envolvia a vida de um fazendeiro — melancias, como elas aumentavam muito de tamanho e como ele gostava de comê-las. O homem assentiu e murmurou algumas palavras como resposta. Anos depois, um Austin de cabelos brancos refletiria sobre esse e outros incidentes de sua vida: "Quando você é jovem, não entende muito bem o significado das coisas que estão acontecendo ao seu redor. Grandes coisas podem acontecer e serem apenas 'coisas da vida'. Em retrospectiva, você pensa: 'Uau, isso foi mesmo muito incrível.'"

Agora, Austin percebe o imenso significado de sua intervenção para o motorista ferido. Isso provavelmente salvou a vida dele. "Para aquele homem", ele disse, "estarmos ali foi um milagre. Pensando bem, esse foi o dia em que comecei a me tornar homem."

Mesmo que, para Austin, ele e o pai estivessem apenas seguindo uma estrada normal e conhecida, a verdade é que eles estavam em uma missão espiritual. Lembrar que, paralelo a nós, há sempre um mundo espiritual invisível, repleto de riscos e oportunidades, é fundamental para viver a vida cristã. Essa estrada que percorremos geralmente é escura e sinuosa. Confiar em Deus enquanto andamos por estradas difíceis é algo que todos devemos fazer. Todos temos batalhas que devemos lutar. A questão, então, é quais princípios e práticas nos ajudam a caminhar por esses vales.

"Quando eu era jovem, fui criado para ser muito independente, você sabe, ter o pensamento livre", Austin contou. O pai dele foi bastante presente em sua infância. O rei Davi escreveu em um famoso Salmo: "Mesmo quando eu andar por um vale de trevas e morte, não temerei perigo algum, pois tu estás comigo; a tua vara e o teu cajado me protegem." (Salmo 23:4, KJV)

Davi estava falando sobre como nosso Pai celestial está conosco nos vales da vida. Mas Austin sente que seu pai desempenhou um papel semelhante em sua vida. O pai de Austin, Robert Travis Canon, cabo no Corpo de Fuzileiros Navais, serviu seu país com grande distinção na Guerra do Pacífico da Segunda Guerra Mundial. Ele estava entre a 2ª onda que desembarcou em Iwo Jima e serviu no 28º Regimento de Fuzileiros Navais, a unidade que acabou levantando a bandeira naquela ilha.

"Meu pai viu muitas coisas horríveis na guerra", Austin disse. "Ele lutou por seis dias e meio em Iwo Jima antes de ser ferido e evacuado para um navio-hospital." Qualquer soldado que sobrevive ao combate recebe o dom de um milagre. De acordo com Austin, o cabo Canon viu que "a fé não o protegeria de uma bala. Mas sua fé o manteria forte, servindo, pensando no futuro e ajudando seus semelhantes. A fé tornaria sua realidade mais fácil. E foi isso que aconteceu. Ele sobreviveu à guerra".

Austin, obviamente, é um produto dessa fé. Mas, quando ele quis seguir o mesmo caminho do pai, este teve uma resposta inesperada. "Meu pai sorriu. Ele meio que riu e disse: 'Não sirva. Vá para a faculdade.' Em seguida, ele disse para meu irmão e para mim: 'Já servi tempo suficiente por vocês dois.'"

Esse espírito de serviço ainda influenciava a vida de Austin. Assim como a atitude do pai. Ele sempre lembrava a seus filhos que, em qualquer dia ruim que estivessem enfrentando, qualquer situação difícil que encontrassem poderia ser superada. Eles tinham que manter uma atitude positiva. Afinal, qualquer coisa que enfrentassem não era tão ruim quanto um dia de combate na guerra.

No dia do acidente de carro, Austin sabia que, para o pai, crer significava acreditar que o carro não explodiria no momento em que ele se aproximasse. "Ele estava fazendo a coisa certa ao ajudar aquele homem e, ao fazer a coisa certa, acreditava que seria cuidado", Austin explicou.

Deus nunca nos deixa realmente sozinhos, mas é verdade que Ele pode nos enviar em missões que parecem grandes demais para nós. Isso porque Ele sabe que não podemos amadurecer até que enfrentemos esses desafios. Não devemos ver a vida como um jogo. O sofrimento pode ser avassalador e, no momento, parecer sem sentido. Mas Paulo nos lembra que "a tribulação produz perseverança; a perseverança, um caráter aprovado; e o caráter aprovado, esperança. E a esperança não nos decepciona, porque Deus derramou seu amor em nossos corações, por meio do Espírito Santo que ele nos concedeu." (Romanos 5:3–5)

Austin enfrentou desafios ao longo de sua vida, mas acredita que a força instigada nele por seu pai fez com que ele resistisse. Embora tenha sido criado como cristão e nunca tenha perdido essa fé, ele sente que, durante anos, a crença que tinha em Deus foi deixada em segundo plano.

Com o tempo, Austin se distanciou um pouco de sua fé. Ele não foi o único. À medida que nossa sociedade se torna menos religiosa, também se torna menos propensa a acreditar que Deus tem o poder de intervir quando a vida está difícil. Enquanto 81% dos norte-americanos acreditam em Deus, de acordo com uma pesquisa Gallup de junho de 2022, metade dessas pessoas acredita apenas em um Deus distante e impotente que não responde às preces.

Isso é notável e nos lembra que, na verdade, não basta apenas acreditar em um Deus sem qualidades. Se você acredita em Deus, mas não acredita que Ele age, você não está apenas se afastando da incrível generosidade divina, como também está optando por fingir que nada que você faça jamais conseguirá uma reação Dele. É como fingir que você tem um pai que não se importa.

Austin recebeu um poderoso alerta na manhã de 16 de dezembro de 2018. Normalmente, ele se levantaria no sábado de manhã, faria um passeio de bicicleta, depois uma longa caminhada nas montanhas e esquiaria. Mas, por alguma razão, naquela manhã ele decidiu ficar um pouco por ali e conversar com um amigo.

Atualmente, Austin vê isso como a primeira parte do milagre que mudou sua vida. Por muito tempo, ele tinha se acostumado a pensar que existia um Deus em atividade. Mas o que aconteceu naquela manhã o tirou de seu estado adormecido. Enquanto estava sentado com sua parceira Laura Post, ele experimentou os primeiros sintomas de um derrame. Laura era enfermeira há tempos e soube exatamente o que fazer. Por meio de uma ação rápida de Laura, Austin foi levado às pressas para a sala de emergência e foi atendido pela equipe médica imediatamente. O tempo era essencial e, em cada etapa do processo, ele foi atendido por profissionais bastante atenciosos. Mais tarde, Austin não pôde deixar de se maravilhar com o fato de que, se tivesse feito aquele passeio de bicicleta pelas estradas pouco movimentadas além dos arredores da cidade, o resultado poderia ter sido muito diferente.

Ele acredita que sua atitude o ajudou significativamente a superar a experiência. Ele se lembrou de estar ao lado do leito de morte de seu pai e contar piadas para ele, além de memórias dos bons tempos. Agora, Austin estava fazendo por si mesmo o que havia feito pelo pai. "Você pode ser uma pessoa muito séria. Mas também pode ser alegre. Você ainda pode enfrentar circunstâncias difíceis com coragem."

Quando a enfermeira entrou, ela ficou um pouco confusa, porque encontrou Austin sorrindo. Isso porque ele decidiu que seria um bom dia.

A hemorragia não piorou. Ela diminuiu ao longo dos três dias em que ele esteve sob cuidados intensivos. Igualmente importante, a hemorragia ocorreu perto do tronco cerebral de Austin, afetando sua função motora, mas não a função cognitiva. Ele não perdeu nenhuma memória ou outras funções cerebrais críticas. Ele perdeu a capacidade de falar, ficou paralisado do lado direito, teve que fazer terapia de reabilitação por meses para restaurar essas funções. Agora, ele tem uma leve pronúncia na fala e alguma destreza reduzida, mas sua voz com sotaque texano é clara e ele voltou a andar de bicicleta e esquiar.

Austin foi a uma consulta médica, e a médica simplesmente balançou a cabeça e disse: “Nunca vi uma recuperação como a sua. Seu resultado é uma grande exceção à regra do que acontece quando as pessoas têm hemorragias cerebrais.”

Austin passou pela provação com um senso revigorado da fidelidade e da presença de Deus. Ele atribui sua cura à fé e ao pensamento positivo, mas também, conforme ele disse: “Acredito em milagres de verdade.”

Ele tinha ouvido falar de um lugar onde os crentes vão quando precisam de um estímulo ou uma reconexão com o Senhor.

Está começando a receber muito mais publicidade atualmente, à medida que mais pessoas se reúnem lá. Talvez seja um reconhecimento das circunstâncias atuais. Aparentemente, há uma necessidade de estender a mão e tocar a fé. Milhares de norte-americanos fazem uma peregrinação a uma pequena capela no Novo México todos os anos. O docente responsável pela preservação da Capela e sua história compartilhou comigo que El Santuario de Chimayó é um lugar onde as pessoas podem seguir os passos de Jesus. É literalmente uma caminhada de fé! A curiosidade leva as pessoas a fazer uma caminhada por um lugar muito quente e com muita poeira debaixo do sol quente do Novo México.

Depois que Austin se recuperou o suficiente do derrame, ele decidiu, em gratidão, fazer uma peregrinação a um pequeno lugar sagrado no deserto, onde se lembraria do sacrifício de um homem diferente, não um estranho, mas nosso melhor amigo.

Ele descreve desta forma: a caminhada parece o ponto culminante de muitos acontecimentos em sua vida. Um caminho, uma missão espiritual, uma memória, uma paternidade, um desejo profundo de ajudar os outros.

Antes do derrame, essa caminhada de treze quilômetros teria apresentado poucos desafios para Austin. Ao longo dos anos, ele se tornou um homem bastante ativo ao ar livre e aventureiro, que adorava esquiar e praticar montanhismo. Mas, apesar de sua recuperação notável, a caminhada seria pesada para ele.

"Já estive em El Santuario de Chimayó algumas vezes, mas nunca fiz a caminhada", Austin lembrou. Ele se juntou a um grupo de Santa Fé, a Igreja da Santa Fé do Novo México. O grupo iria de carro até Nambé Pueblo, lar de uma tribo de nativos norte-americanos reconhecida pelo governo federal. Dali, eles iniciariam uma caminhada de treze quilômetros que os levaria a El Santuario de Chimayó.

Ao fazer isso, eles estariam participando de uma peregrinação da Semana Santa que se origina na Via Dolorosa, em Jerusalém. Isso não é uma mera "caminhada". Na realidade, é uma jornada em comemoração ao que Jesus suportou na Sexta-feira Santa, levando à crucificação e à sua morte. Em todo o mundo, nas igrejas, nas ruas de cidades grandes e pequenas, esse serviço da Sexta-Feira Santa é conhecido como as Estações da Cruz. As quatorze estações — cada uma representando um evento na jornada de Jesus — começam com Jesus sendo condenado à morte e terminam com Seu corpo sendo colocado em uma tumba. Em cada estação, os participantes param e rezam, refletindo sobre a Paixão de Cristo e Seu sofrimento antes de sua ressurreição triunfante.

As Estações da Cruz em El Santuario de Chimayó são uma encenação física da jornada que Cristo suportou. Alguns peregrinos carregam uma cruz de madeira; outros se aproximam de joelhos. Podemos ler os relatos desses momentos na Bíblia. Podemos ver filmes que o descrevem, mas, às vezes, desejamos e precisamos passar por isso para compreender e apreciar de modo pleno o sacrifício de nosso Senhor e Salvador. Deus entende nossa fraqueza humana. Seja como o discípulo de Jesus, Tomé, dizendo: "Se eu não vir as marcas dos pregos nas suas mãos, não colocar o meu dedo onde estavam os pregos e não puser a minha mão no seu lado, não crerei." (João 20:25) ou a infinidade de outras maneiras pelas quais questionamos e duvidamos, muitas vezes deixamos de estar entre aqueles "que não viram e creram". (João 20:29)

Um insight valioso que as Estações da Cruz enfatizam é que somos criaturas corporificadas que precisam de reforço físico do que sabemos mentalmente. Em Sua infinita sabedoria e graça, Deus nos instruiu a realizar rituais físicos além dos exercícios intelectuais de ler as Escrituras e orar.

Patricia Trujillo-Oviedo é guia turística e historiadora em El Santuario de Chimayó. Milhares de pessoas fazem essa peregrinação a cada ano. Ela calcula que 30 mil delas venham durante a caminhada da Semana Santa. Muitas são atraídas para a pequena igreja de adobe em busca de cura mental, física e espiritual atribuída à "sujeira sagrada" que sobrou quando, muito antes de os espanhóis chegarem à área, existia uma fonte termal que depois secou. El Santuario De Chimayó é frequentemente comparado a Lourdes, na França, outro local de curas milagrosas.

Há duas capelas no local. Uma delas, a Capela do Menino Jesus de Atocha, foi erguida por Severiano Medina em agradecimento por ter se curado de uma doença. Abriga uma estátua de madeira do Santo Niño. (Niño é espanhol para "criança".) Faz parte da tradição os peregrinos deixarem os sapatos das crianças lá. Eles são dados ao menino Jesus, para que Ele tenha sapatos novos enquanto viaja pelo mundo em sua missão de trazer esperança e conforto a todos nós. A segunda capela abriga uma cruz milagrosa e, em uma sala adjacente, está a terra sagrada. Há uma sala de oração repleta de bengalas e muletas descartadas ali mesmo por aqueles que foram curados.

Atualmente, o local parece muito diferente de como era em 1929, quando a Arquidiocese tomou posse dele. Ficava em um terreno relativamente alto, mas o rio corria abaixo dele e, ao longo do tempo, as forças da erosão corroeram o solo. O padre Casimiro Roca, que o viu em seu estado dilapidado, supostamente respondeu evocando as palavras de Jesus "Eu lhes asseguro que se vocês tiverem fé do tamanho de um grão de mostarda, poderão dizer a este monte: 'Vá daqui para lá', e ele irá. Nada lhes será impossível." (Mateus 17:20)

Sem se deixar abater pelo tamanho da tarefa, padre Roca procurou empresários locais na vizinha espanhola. Restaurar a missão significaria, literalmente, tirar terra de uma montanha próxima para escorar a estrutura. Ele perguntou se eles tinham fé. Eles disseram que sim. Ele lhes disse, então, que queria que fossem fiéis à sua palavra. Semanas depois, os empresários organizaram equipes de construção para mover mais de 150 toneladas de terra atrás do santuário para preservá-lo. Quando o padre Roca perguntou aos homens quanto custaria o trabalho, eles responderam que algumas garrafas de vinho do altar serviriam! Nos quarenta anos seguintes, o padre Roca permaneceu no santuário, cumprimentando os peregrinos que ouviram falar de seus poderes curativos.

Patricia acrescentou: "Muitas vezes, nos Evangelhos, Jesus diz que foi a fé de uma pessoa e não Ele quem curou suas aflições. Ele não diz: 'Eu o curei.' Da mesma forma, era o que o padre Roca estava dizendo. Não era a sujeira em si. Não era ele. É a fé deles. E isso levanta a questão: O que é fé? A fé é um dom que recebemos. Você precisa estar aberto... Você pode não ser curado, mas pode receber paz. E tudo o que você recebe é a presença de Deus."

Independentemente de sermos cristãos, judeus ou muçulmanos, os membros de cada fé têm locais que permitem que aqueles que acreditam tenham maior contato com a fonte de sua fé. Como Jesus disse a Tomé, bem-aventurados os que não precisam ver ou experimentar para crer. Mas, ainda assim, em misericórdia, Ele permitiu a Tomé ver e tocar para crer. É por isso que buscamos lugares onde podemos caminhar, contemplar e encontrar nosso Senhor, para descobrir pontos de entrada para uma caminhada mais profunda com Ele. Todos temos o mesmo destino em mente, mas os caminhos são muitos, e Deus escolheu colocar placas de sinalização ao longo de cada um deles. Melhor ainda, podemos oferecer nossa mão e nosso coração para ajudar aqueles necessitados que encontramos ao longo do caminho e encontrar inspiração naqueles que caminham com uma certeza que talvez não tenhamos. Nesta vida, cada um de nós se move de estação em estação.

Austin teve um momento em que deu uma volta completa enquanto caminhava sob o belo e forte sol do Novo México. O céu estava de um azul nítido. A neve branca brilhava nas montanhas. As árvores tinham começado a brotar. "Havia uma qualidade no ar", ele lembrou. "Inconfundível. Sou o tipo de pessoa de pensamento bastante lógico, mas sei quando algo é diferente. E havia algo. Havia uma presença no ar... reflexo da fé e do Senhor."

Assim como, quando menino, ele assumiu uma tarefa importante no lugar de seu pai e pôde sentir a importância e o peso dela.

Toda a experiência de Austin, desde o derrame até a peregrinação, revigorou sua gratidão a Deus e sua paixão em amar o próximo. "Algo aconteceu que foi muito mais poderoso do que apenas o que houve comigo. Por mais estranho que pareça, aquele derrame me deu um incentivo... Sou muito grato ao Senhor."

Desde o momento em que Austin recebeu uma missão terrena de seu pai até o momento em que trilhou o caminho de sofrimento de seu salvador, Jesus, ele buscou cumprir fielmente seus deveres para com Deus e o próximo. Ele pode ter feito alguns desvios, mas está de volta à estrada agora. Ao longo de sua vida, ele aprendeu a se contentar e a descansar no poder e na presença de Deus.

"Sabe, não viverei para sempre e esse não é o ponto", ele disse, resumindo suas experiências. "Mas ficarei contente se me divertir e morrer com a mente bastante satisfeita por ter vivido a vida muito bem."

O pensamento positivo não é tudo. Mas, sabendo o que conhecemos sobre a misericórdia, o poder e o cuidado de Deus, se decidirmos que um dia será bom, podemos descobrir que o espírito de contentamento que Austin encontrou no deserto pode existir onde quer que estejamos.

Muitas vezes, encontramos a centelha que acende a luz para nos iluminar mesmo em momentos de escuridão individual, quando não estamos especificamente procurando por ela. Em momentos inesperados e de formas surpreendentes, enxergamos o poder da fé e da oração. Não podemos partir com determinação em uma peregrinação. Às vezes, os passos que damos a serviço de um dever nos levam a momentos de verdadeira iluminação, momentos que elevam a mente e o espírito. Às vezes, a imagem e a semelhança do que pensamos que precisamos não vem na forma que pensamos que deveria.

Em 2018, viajei a Jerusalém para cobrir a inauguração da embaixada dos Estados Unidos naquela antiga cidade. Certa tarde, tive algumas horas para fazer minha caminhada espiritual e me vi passeando pelo mármore brilhante do pátio da Cidade de David. Meus passos me levaram ao Muro das Lamentações, um pequeno segmento de um antigo muro de contenção de calcário construído para sustentar a expansão de um templo judaico. Esse é considerado o lugar mais sagrado no qual os judeus podem rezar. Também é um local sagrado para os muçulmanos, um lugar onde o profeta Muhammad amarrou seu cavalo alado antes de ascender ao paraíso.

Observei os judeus parados de frente para a parede, orando silenciosamente e baixando a cabeça. Alguns, como dita a tradição, colocaram notas nas rachaduras e fendas da parede, para pedir pela intercessão de Deus. Fiquei profundamente comovida, e o espírito de Deus emanava por todo o espaço. Não era somente a parede que emanava tranquilidade em mim. Eu havia perdido minha mãe recentemente e, embora soubesse que ela havia ido para um lugar melhor, sentia sua falta. Ela era minha rocha, minha fortaleza, a base sobre a qual construí minha vida, a mulher que, junto com meu pai, viveu uma vida em que demonstrou o poder da oração. Sua perda foi o maior sofrimento de minha vida. No entanto, por meio dela e da comunhão de oração entre aquele grupo de pessoas desconhecidas para mim, mas conhecidas por nosso desejo de conforto e de um sinal, senti minha fé e meu amor pelo Senhor crescer.

Pessoas.

Lugares.

Oração.

Paz.

Podemos aprender muito com o sofrimento. Nossa sociedade opta por escondê-lo, fingir que ele não existe. As pessoas nessas histórias sabem que ele existe. Elas sabem que Deus tem o poder de vencer o sofrimento. Mas elas também sabem, como Paulo escreveu, que "a tribulação produz perseverança; a perseverança, um caráter aprovado; e o caráter aprovado, esperança." (Romanos 5:3–4)

Cura

QUANDO DANI CONHECEU DOUG

Os milagres acontecem no tempo de Deus, não no nosso.

> Pois vocês são salvos pela graça, por meio da fé, e
> isto não vem de vocês, é dom de Deus;
> não por obras, para que ninguém se glorie.
>
> — Efésios 2:8–9

"Isso é real. Isso é real. Isso é real."

Enquanto Dani Laurion caminhava pelo corredor da Catedral de St. Mary, em Lansing, Michigan, suas palavras eram hesitantes, mas seus passos eram seguros. As luzes da rua brilhavam através dos vitrais do clerestório, perfurando as sombras sobre o culto da noite. Atrás de Dani, seu marido, Doug, estava com os braços estendidos para segurá-la caso ela caísse. Sua mãe, Linda, acompanhava o casal, empurrando a cadeira de rodas vazia que Dani usava há treze anos.

"Isso é real", Dani repetiu diversas vezes — as palavras foram ficando mais fortes a cada um dos primeiros passos que ela deu sem a ajuda de ninguém durante todo esse tempo. As palavras dela não tinham mais aquele tom de questionamento; elas se transformaram em uma declaração.

Se estivéssemos assistindo a um filme de Hollywood, seria nesse momento que o som da música instrumental aumentaria gradativamente. Em vez disso, o som de "Too Good to Not Believe", música de Brandon Lake, acompanhou sua caminhada.

As mãos de Doug alternavam entre apontar para a esposa e para o alto, enquanto as lágrimas escorriam em seu rosto. Um enorme sorriso iluminou o rosto de Dani. Em vez de carregarem um respirador portátil ligado a um tubo de traqueostomia, suas mãos agora estavam erguidas em louvor a Deus. Ela se sentia leve. Ela se sentia livre. "Eu costumava me sentir como se tivesse sido formada de peças descartadas. Tive esse sentimento por toda a vida." O fardo desse pensamento havia sido removido. Ela continuou caminhando em direção ao altar da igreja.

No dia 15 de março de 2022, Dani havia levantado as mãos para o céu. "Eu simplesmente levantei as mãos para o céu e pedi a Deus para me segurar."

Deus havia atendido à sua prece. Horas após o culto de cura liderado pela Dra. Mary Healy, Dani não estava só caminhando, como também subiu os degraus da casa do filho de Doug para compartilhar as boas novas. Na manhã seguinte, a mulher sempre enérgica estava pulando em cima na cama do casal. A Dra. Healy ouvira palavras de conhecimento naquela tarde de inverno. As promessas de primavera chegaram mais cedo para os Laurions. Em um mês, o casal estava saindo de seu apartamento no centro de Lansing para ir à missa de Páscoa, para celebrar o Senhor ressuscitado.

Treze anos antes, em 23 de abril de 2009, em um quarto de hospital no norte de Michigan, a equipe de enfermagem ajudou Dani a se sentar. Em seguida, eles a ajudaram a se levantar. Ela ficou instável por um momento antes de revirar os olhos e cair desmaiada.

Dani, de 32 anos, não se sentia bem há alguns dias e acabou sendo hospitalizada com um quadro de pneumonia. Ela costumava ser bastante saudável. Era uma ávida mergulhadora e tinha viajado muito para praticar mergulho. Ela adorava sua carreira e tinha uma vida social ativa. Ela estava em um relacionamento com um homem muito carinhoso, ansiosa por um futuro brilhante, sem pensar em nada de ruim que pudesse acontecer em sua vida.

Sua condição piorou, a respiração ficou difícil e ela teve que ser colocada em um respirador. Como Dani lembra, "eu estava em uma cama e acordei. A equipe entrou e desligou o respirador. Eles me fizeram ficar em pé, e eu desmaiei logo em seguida. Então eles tentaram outra vez. E a mesma coisa aconteceu."

Uma série de testes revelou que Dani sofria da síndrome postural ortostática taquicardizante (SPOT). Como Doug, um enfermeiro veterano, explicou: "A SPOT é uma doença autoimune que faz com que a pressão sanguínea caia e a frequência cardíaca suba quando ela tenta se levantar."

Dani foi informada de que ela teria que permanecer, principalmente, em uma cadeira de rodas pelo resto da vida. Ela não seria mais capaz de cuidar de si mesma de maneira completamente independente. Ela recebeu alta para ser cuidada em uma casa de repouso. Ela tinha 32 anos e passaria um longo período tendo que contar com enfermeiras e auxiliares de saúde.

"No começo, fiquei apavorada", Dani disse. "Mas também costumo tirar o melhor proveito das coisas muito rapidamente. Eu era bastante extrovertida e logo comecei a fazer amigos na casa de repouso. Naquela primeira semana de adaptação, comecei até a ensinar as pessoas a costurar e a fazer outras coisas. Também tínhamos atividades programadas. Algumas noites, ficávamos no pátio ouvindo música. Ainda assim, foi absurdamente difícil."

Dani era décadas mais jovem do que a maioria dos residentes da casa de repouso. Às vezes, ela se perguntava o que seus amigos e as pessoas de sua idade estariam fazendo nas noites em que ela estava presa a uma cadeira de rodas entre os outros residentes, em sua maioria idosos. Muitas vezes, ela se sentiu extremamente frustrada com sua condição. "Eu ligava para meus pais e dizia: 'Vou pegar um ônibus. Quero sair daqui.' Era uma maneira terrivelmente difícil de viver. Eu tinha 30 e poucos anos, e meus amigos estavam morrendo. Eu me aproximava das pessoas e, então, elas morriam. Isso aconteceu diversas vezes."

No início, ela e o namorado conseguiram manter o relacionamento. Ele a visitava todos os dias, e Dani ia à casa dele algumas vezes, quando estava bem o suficiente para realizar visitas externas. A saúde dela continuou a se deteriorar. Ela teve repetidas crises de pneumonia e infecções pulmonares. Sua vida social foi afetada pelo tempo que ela passava entrando e saindo de hospitais, ou permanecendo longos períodos em casas de repouso. As visitas dos amigos se tornaram mais esporádicas e, depois, pararam quase por completo. "Uma casa de repouso não é um lugar onde muitas pessoas querem visitar um amigo. Faz parte. Eu acabei sozinha, exceto pelos amigos que tinha dentro das instalações."

O relacionamento amoroso de Dani chegou ao fim. Ela fez e perdeu mais amigos entre os residentes. Os anos se passaram e, externamente, Dani aproveitou ao máximo essa situação ruim. Por dentro, ela estava desesperada. Afinal, o que mais ela poderia esperar da vida? Quando era criança, ela teve uma visão que afetou profundamente como ela se enxergava. "Nunca compartilhei com ninguém, mas carrego isso comigo desde criança", ela disse. "Consegui visualizar o momento de minha criação. Vi a figura de Deus. Ele estava de costas para mim, por isso eu não conseguia ver seu rosto. Ele estava curvado sobre diversos baús com peças quebradas que haviam sido descartadas. Ele juntou essas peças e me criou."

Ela fora criada com as sobras dessas peças. Dani acreditava que havia sido montada com peças descartadas — partes que não eram boas o suficiente para mais ninguém. Então, quando sua saúde continuou piorando, ela considerou que sua condição era inevitável.

Dani também sofreu outro contratempo com relação à sua saúde. Seu SPOT e seus pulmões continuaram a piorar a ponto de ela precisar fazer uma traqueostomia. Isso deixou um buraco em sua garganta; nele, foi inserida uma válvula de plástico, permitindo o acesso externo ao respirador de que ela precisava para ter oxigênio suficiente circulando pelo corpo.

No outono de 2017, Dani se mudou para um quarto na Medilodge of Capital Area. Localizada em South Lansing, era mais conveniente para ela do que a casa em que ela morava com a família — seus pais e seus dois irmãos. A mudança pode ter sido benéfica nesse aspecto, mas, em outros, foi mais do mesmo. A Medilodge pode ser chamada de uma instalação de vida assistida, uma comunidade de velhinhos aposentados ou qualquer outra coisa. Então, Dani era, mais uma vez, um caso atípico. Ainda assim, apesar da diferença de idade entre ela e os outros residentes, ela fez tudo o que estava a seu alcance para se encaixar e aproveitar ao máximo. A Medilodge é um lugar maravilhoso que oferece muitas comodidades e diferentes serviços, mas, além dos membros da equipe, Dani estava, novamente, morando com pessoas muito mais velhas do que ela.

Um desses membros da equipe era Doug Laurion, um enfermeiro que trabalhava na unidade de cuidados de longo prazo.

“Dani entrou em minha unidade”, Doug me disse. “Eu meio que a via de vez em quando em sua cadeira de rodas. Ela participava com frequência das atividades e tinha que passar por meu corredor para chegar à sala de atividades. Um dia, ela estava com o oxigênio ligado, que, por causa do traqueostato, produzia muito ruído branco. Eu nem precisei me virar, já sabia que era ela. Então eu disse: ‘Bom dia, senhorita Vader’. Ela simplesmente caiu na gargalhada.”

Dani disse “olá” e seguiu pelo corredor até a sala de atividades.

Nenhum dos dois percebeu isso na época, mas eles olharam para trás, como naquele “momento fofo” tirado dos filmes de comédia romântica. Nós sabemos como é: O garoto conhece a garota. O garoto perde a garota. Será que o garoto vai conquistar a garota de volta? Esse é o drama.

No momento, porém, aquela troca inspirada em *Guerra nas Estrelas* foi a centelha que deu início a uma amizade. Foi o momento “Quando Dani conheceu Doug”.

Hoje, Doug conta isso rindo de maneira sarcástica: "Foi muito romântico. Isso deu início a um relacionamento de amizade apenas, que depois se tornou bastante platônico. Nesse ponto do tratamento, nós meio que focamos muito a qualidade de vida do paciente. O lugar estava passando por algumas mudanças e não tínhamos um diretor de atividades."

Dani assumiu um papel ativo, a fim de preencher esse vazio, pois queria garantir que os residentes tivessem uma opinião sobre como a qualidade de vida no Medilodge poderia ser otimizada.

"Sempre ouvi dizer que Doug era um enfermeiro excepcional e que, às vezes, auxiliava o coordenador de atividades e, em outras, participava delas. Ele foi o único que entrou nessa de verdade. Eu queria ter uma conversa séria com alguém sobre como as coisas deveriam funcionar por lá."

Na primavera de 2018, os dois concordaram em se encontrar para discutir os cuidados no Medilodge em um dos dias de folga de Doug. Anos depois, fica evidente o senso de humor travesso de Dani e o amor pelo homem que se tornaria seu marido. "Fiquei muito feliz quando ele marcou essa conversa. Naquele dia, ele apareceu muito bem-vestido. Ele trouxe sua maleta e tratou a conversa com bastante seriedade. Isso me deixou muito feliz."

Ela foi rápida em esclarecer: "Doug se tornou um grande amigo, um amigo de trabalho, de certa forma. Para mim, a ideia de me apaixonar por alguém estava muito distante. Não é que eu pensasse mal de mim mesma, mas eu era realista. Eu tinha um buraco na garganta e todos esses outros problemas; ninguém vai, você sabe, se apaixonar por uma pessoa assim! Então decidi que estava tudo bem com isso. Qualquer coisa a ver com amor estava muito fora do meu radar."

Na versão de Doug, um pouco mais casual, da história, conseguimos enxergar o brilho de seu senso de humor. Ele e Dani se tornaram amigos e, por meio dela, ele conheceu a mãe dela e os outros membros da família. Por serem torcedores do time de futebol americano Wolverine, da Universidade de Michigan, eles se identificaram logo de cara. A sobrinha de Dani, de 8 anos, Sydney, era uma das maiores fãs e sempre cumprimentava Doug do jeito mais fofo. A certa altura, todos planejaram assistir a um dos jogos rivais mais longos e ferozes de todo o futebol universitário: o confronto anual de novembro entre os Wolverines e os Ohio State Buckeyes.

Rindo, Doug contou: "East Lansing é a casa dos Michigan State Spartans, então não há muitos fãs dos Wolverine por perto. Fiquei muito animado ao encontrar alguém cuja família organizaria uma verdadeira festa em Michigan e tinha excelentes ingressos para o maior jogo da temporada."

De certa forma, a conexão espontânea de Dani e Doug durou anos. É preciso ser um tipo especial de pessoa para trabalhar na área de cuidados de saúde. Isso é especialmente verdadeiro para aqueles que trabalham em cuidados geriátricos. Em 2018, Doug já havia completado quase todos os seus mais de trinta anos de enfermagem trabalhando nessa área.

"Cresci com um pai católico e uma mãe episcopal", ele contou. "Eu estudei em uma escola pública, mas frequentei as aulas da Confraria da Doutrina Cristã e recebi os sacramentos. Eu era muito ativo em grupos de jovens e grupos de jovens adultos. Muitos pastores laicos foram meus mentores."

Doug era o caçula da família e, quando nasceu, seus pais tinham quase 40 anos e seus avós já estavam na casa dos 70. Isso, mais o fato de seu pai trabalhar como agente de seguros e enfrentar dificuldades no papel de vendedor, porque seu foco estava mais no que os clientes precisavam do que em suas comissões, fez com que Doug ficasse de fora do elenco central para uma vida dedicada ao bem-estar dos outros, em particular dos idosos. Em sua carreira como enfermeiro, ele chefiou clínicas que atendiam a pessoas feridas, mas passou a maior parte do tempo na área de geriatria. Os profissionais de saúde, conforme a pandemia de Covid-19 demonstrou, estão particularmente sujeitos a estresse e trauma. É preciso ser um tipo especial de pessoa para trabalhar com idosos, seja em geriatria geral, cuidados paliativos ou hospício. Os estágios finais da vida das pessoas são quando elas mais precisam dos outros, mas as pessoas costumam se distanciar dos idosos e dos moribundos.

"Fiquei firme, mas vi muita gente ficar esgotada. Era difícil se aproximar das pessoas e, depois, ficar triste e afetado por sua perda", Doug disse. "Quando alguém está morrendo, você pode simplesmente passar um tempo com a pessoa. Segurar a mão dela. Fazer com que ela se sinta confortável. O mais importante, para mim, é que lembrei a essas pessoas de que havia um lugar além daqui para onde elas iriam. Isso não estava na descrição de meu trabalho, mas eu estava atendendo às necessidades espirituais deles, e não apenas às físicas. Por isso sempre encarei a enfermagem como uma vocação, em vez de somente uma ocupação."

Doug explicou essa conexão espiritual de uma maneira diferente: "Estive com pessoas cuja vida física estava chegando ao fim. Tive a oportunidade de ver o belo processo quando a alma se liberta do corpo. Quando a alma está pronta para ir, uma imensa paz toma conta do ambiente. A porta do Reino se abre. Duas das experiências mais bonitas que tive não foram no trabalho. A primeira foi estar com meu pai quando ele faleceu após sofrer um derrame. Ele acabou tendo outro grande derrame e entrou em estado de semicoma. Estar com ele, fazer vigília com ele sem a responsabilidade de ser enfermeiro, foi um momento tão tranquilo para mim e meus irmãos. A segunda aconteceu muito recentemente com minha mãe. Dani e eu estávamos ao lado dela quando ela foi chamada. Ambas as experiências serviram como um lembrete de nossa união. Isso me lembrou que somos todos fios de uma linda tapeçaria. Consegui experimentar a vida e a morte deles enquanto eles passavam para o próximo estágio da vida."

O pai de Dani havia ido para o Seminário Maior do Sagrado Coração, em Detroit, para se tornar padre. Ele passou oito anos lá, mas nunca foi ordenado. Ele havia saído do seminário e se casado com a mãe de Dani. Ele trocou um tipo de serviço por outro. A família morava em Waterford, Michigan, uma cidade a 48 quilômetros ao norte de Detroit e a 150 quilômetros a sudeste de Lansing, e ele servia como oficial no Departamento de Polícia de Bloomfield Township.

"Íamos à igreja todas as semanas, e acho que nunca deixamos de ir mais de duas vezes", Dani contou. "Quando perdemos a missa, fizemos uma reunião familiar para apontar como Deus entenderia. Estávamos o tempo todo na igreja, mas não tinha uma diferença muito considerável entre o domingo e o restante da semana. Minha ideia de ser católica quando criança era me sentar lá e ficar quieta, certificando-me de estar com a coluna ereta e me lembrando de orar antes e depois de cada refeição. Lembro-me das aulas de catecismo, que pareciam mais sobre ficar em linha reta e menos sobre a experiência que tínhamos com Deus. Acredito que, em grande parte, era porque Deus não era mencionado nas escolas públicas e na sociedade em geral."

Agora, Dani percebe que o catolicismo não representa exatamente isso, mas essa era sua percepção quando criança. Você verá que, como adulta, sua perspectiva e suas experiências mais maduras foram muito diferentes. Essa transição começou quando ela se mudou para Cheboygan, Michigan, e morou em uma casa de repouso, por volta de 2012. Ela frequentava uma igreja administrada por padres franciscanos, uma ordem fundada por São Francisco de Assis, o santo medieval comumente conhecido por ser o santo patrono dos animais. De certa forma, essa conexão com a natureza e os animais foi o que reconectou Dani às melhores experiências religiosas que ela teve quando criança.

"Meu dia favorito do ano era a Sexta-Feira Santa. Como família, nós nos reuníamos, pegávamos a Bíblia, íamos ao parque e nos revezávamos na leitura de trechos dela. Sentávamos perto da água, e era tudo muito sereno e bonito. Guardei essas imagens em minha mente por anos. Mais tarde, quando estava morando em Cheboygan, eu visitaria o Santuário Nacional da Cruz no Bosque."

Lá, há diversas esculturas religiosas, incluindo uma de São Francisco, que ficam em um belo santuário natural. O que mais comoveu Dani na época, e ainda a comove, é a escultura *O Homem da Cruz*. É uma escultura de 8,5 metros de altura de Jesus na cruz, exatamente no momento em que, em Lucas 23:46, "Jesus bradou em voz alta: 'Pai, nas tuas mãos entrego o meu espírito.' Tendo dito isso, expirou." O artista disse que queria "dar ao rosto uma expressão de grande paz e força e encorajar a todos que viram a cruz".

É compreensível que o último suspiro de Cristo seja algo que ressoa forte em alguém que lutou para respirar durante tanto tempo. Dani ainda fica maravilhada com a beleza do lugar e se lembra com carinho daquelas idas até lá na Sexta-Feira Santa quando criança. Agora, ela consegue ver que "aquela foi a única vez de verdade em que senti que minha religião se transformou em minha fé".

Essa mesma transformação aconteceu no santuário e na paróquia de Indian River. "Enquanto estava lá, foi quando ouvi de verdade as palavras que o padre estava pregando. Comecei a ler mais a Bíblia e mais livros com temática religiosa. Comecei a sentir um forte apego a Deus. Não posso dizer que, de fato, me senti como me sinto hoje, mas comecei a me aproximar muito de onde acabei vindo parar."

O Santuário Nacional da Cruz no Bosque era a paróquia de Dani, e lá ela atuou como líder de um grupo de jovens. Ela também fez parte do Conselho Pastoral. "O padre Mike Haney foi muito acolhedor e um ótimo professor. Minha experiência ali foi o verdadeiro início de uma fé mais profunda e íntima."

A cura milagrosa de Dani ainda estava a anos de distância, mas seu caminho teve início muito antes de 2022. Vez após vez, podemos ver esse arco da história. Às vezes, ouvimos a frase "cura espontânea", mas, na verdade, milagres como o que Dani recebeu têm raízes muito profundas que, frequentemente, são invisíveis até mesmo para aqueles a quem o dom foi concedido.

Além de sentirem um apego mais forte a Deus, Dani e Doug ficaram cada vez mais atraídos um pelo outro. Devido a uma piora na saúde dela, os dois não puderam comparecer ao jogo de futebol americano entre Michigan e Ohio State em novembro de 2018. Dani foi hospitalizada e Doug desistiu do assento principal que lhe foi oferecido no estádio em Ann Arbor para ocupar outro assento — no quarto de hospital de Dani. Ela havia saído de uma unidade de terapia intensiva e ele a visitou no hospital. Os dois se referem àquela noite como a noite da "cabeceira da cama". Doug apareceu trazendo salsichas e queijos — o que geralmente se come em um evento ao ar livre — e se sentou ao lado de Dani na cama enquanto eles comiam e assistiam ao jogo.

Então algo aconteceu. Dani disse: "Em algum momento, Doug colocou a mão em meu joelho. De repente, meu coração mudou completamente de ideia. Aquele pensamento de nunca ter um amor em minha vida. Eu disse a mim mesma: 'Ai, meu Deus, o que está acontecendo aqui? Será que isso é possível? Ai meu Deus, acho que sim.' E, por fim, pensei: 'Não tenho certeza, mas sei que nunca mais vou mexer minha perna.'"

O fato de Dani ter encontrado esperança naquele momento específico foi significativo de uma maneira especial. Ela tinha acabado de saber que, após ter lidado com o fato de precisar ligar e desligar respiradores desde 2009, agora ela teria que usar um durante a noite, todas as noites. Por mais difícil que tenha sido passar nove anos entrando e saindo de casas de repouso, em situações de vida assistida e vivendo entre pessoas que, em sua maioria, eram quarenta anos mais velhas do que ela, agora ela estava, de acordo com Doug, "aprendendo quão pequeno seria o mundo dela. A vida e sua condição estavam se fechando sobre ela. Ela simplesmente parou de sentir esperança."

A sensação de Doug sobre o desespero dela foi sinalizada por algo que Dani revelou a ele na mesma noite da "cabeceira da cama". Ela lhe contou sobre a visão que teve na infância — a imagem de si mesma sendo montada como um experimento horroroso, com sobras de peças descartadas. Doug ouviu. Mas, então, ele perguntou a ela: "Você já viu o rosto dele?"

Dani refletiu por um momento. "Imediatamente, aquela imagem apareceu outra vez em minha mente. Ele estava de costas para mim o tempo todo. Quando Doug me perguntou isso, eu soube a resposta na hora. E eu sabia que Doug também sabia a resposta. Ela nunca tinha visto o rosto da figura que aparecia em seu sonho e que a criou de maneira tão descuidada, com partes de lixo descartado.

Doug disse a ela que a imagem do homem não era Deus. Era o Satanás.

"Meu conhecimento sobre Deus, minha crença em Deus agradava a todos, menos a mim", Dani lembrou. "Eu sempre acreditei que era diferente de todas as outras pessoas. Excluída. Foi assim que imaginei minha criação, porque fui formada com partes que Deus não usaria em mais ninguém. Também senti que merecia esta vida, os problemas de saúde. Eu estava recebendo exatamente o que deveria estar recebendo. Na verdade, pensei que estava recebendo menos do que isso. Eu era um experimento e não deveria ter vivido tanto tempo. Esperava que minha vida tivesse acabado anos antes."

Doug também visualizou algo em sua mente: "Comecei a lançar uma nova visão para Dani. Achei necessário testar essa nova perspectiva da vida dela. Após aquela noite da cabeceira, e sabendo que Dani tinha que ficar conectada ao respirador em tempo integral todas as noites, começamos a conversar com terapeutas respiratórios. Falamos sobre quão pequenas as máquinas podem ser. Ouvimos histórias sobre como as pessoas viveram uma vida normal usando o respirador. Isso poderia funcionar. Ela poderia ter uma vida plena. Quando ouvimos isso, comecei a me enxergar no lugar dela. Como Dani compreendeu que ela poderia fazer mais, eu também entendi. Poderíamos fazer isso juntos."

As coisas não seriam fáceis, mas os dois lidaram bem com isso. Desta vez, juntos, eles disseram em uníssono: "Isso é real."

Em janeiro de 2019, Doug levou Dani para a casa que ele estava alugando, e ela foi morar com ele. No último dia de maio daquele ano, eles ficaram noivos. Em novembro de 2019, eles se casaram em uma cerimônia presidida por seu melhor amigo, Peter. Como Doug era divorciado, eles não podiam se casar na Igreja Católica até que algumas questões processuais fossem resolvidas. Por fim, o casal resolveu essas questões e, em dezembro de 2021, eles trocaram os votos de casamento outra vez na frente de trinta amigos, como parte de uma missa regular.

A essa altura, eles haviam se mudado para um apartamento no centro de Lansing. Tinha elevador e fácil acesso à biblioteca, a restaurantes, lojas e, especialmente, à Catedral de St. Mary. Dani e Doug começaram a frequentar a missa regularmente.

Doug relembrou: "Foi um grande passo para nós voltar à igreja e receber a bênção de nosso casamento. Estávamos na missa com todos os nossos amigos e familiares. A missa foi linda. O reverendo Karl Pung, que a celebrou e presidiu nossos votos, foi muito querido por nós durante o tempo que estivemos em St. Mary. Ele teve um impacto muito positivo em nossas vidas de muitas maneiras. Ir à missa não era mais uma obrigação, mas um evento esperado. O padre falava sobre alegria e amor. Amar a Deus era a mensagem principal. Ele é um professor incrível e um verdadeiro pastor de Deus. Certo domingo, vi no boletim da igreja um aviso para um grupo de boas-vindas para adultos. Uma mulher chamada Theresa nos convidou para participar. As pessoas foram muito acolhedoras e também ficamos sabendo que eles formavam um grupo de oração." Eles oraram por Dani e, após a segunda vez que Dani e Doug compareceram à reunião do grupo, Doug começou a sentir que Deus queria curá-la.

Dani estava enfrentando outra crise de saúde. No final de 2021, ela foi informada de que sua traqueia estava nos estágios iniciais de um colapso. A cartilagem que mantém a traqueia aberta estava falhando. Isso provavelmente foi resultado de ela ter vivido por tanto tempo com uma traqueostomia. Um diagnóstico de colapso dinâmico excessivo das vias aéreas foi seguido de uma traqueomalácia e uma traqueobroncomalácia ainda mais assustadoras. Ela conseguia inspirar independentemente de um respirador, mas não conseguia expirar sem um. Ter que usar um respirador o dia todo era um problema. Ficar presa a uma cama é uma coisa; tentar viver uma vida mais ativa enquanto estava presa a um respirador era outra. Em diversos momentos, a mangueira escapava do conector, então o pânico se instalava e só diminuía um pouco quando Doug a recolocava no lugar.

"Foi uma época muito difícil, muito assustadora", Dani disse.

Diante dessas dificuldades, frequentar o grupo de oração era outro desafio, não só fisicamente, mas por estar lidando com uma experiência nova. "Foi a primeira vez em que fui exposta a essa situação de orar em voz alta para um pequeno grupo como aquele", Dani contou. "Eu recitei orações durante a missa, mas sempre seguindo um roteiro. Eu rezava uma Ave-Maria, um Pai-Nosso ou o terço. Isso era muito diferente. As pessoas rezavam expressando as próprias palavras, os próprios sentimentos, com palavras do coração. Era bonito. O Padre Karl tinha feito a mesma coisa conosco algumas vezes. Confiei muito em seus ensinamentos e aprendi muito com ele. Isso meio que me surpreendeu de certa maneira, porque sempre pensei que seria maravilhoso orar assim. Eu conversei com Deus, mas não alimentei essa parte de minha experiência porque, em minha mente, isso não era orar. E, também, pelo fato de eu ainda estar um pouco presa ao pensamento de que Deus estava cuidando de nós a distância. Não tínhamos um relacionamento pessoal com Ele. Ele era o Todo-poderoso, mas era meio distante. Aos poucos, eu estava começando a perceber que isso não era verdade. Eu adorava rezar com outros católicos, e foi uma experiência nova, bonita; então, em uma dessas sessões, alguém me disse que teve a sensação de que Deus queria que eu pedisse perdão a alguém. Isso foi muito estranho para mim. Ninguém nunca havia me dito que teve a sensação de que Deus estava se comunicando dessa forma."

Nessas sessões de grupo, ou em qualquer outro momento, Dani não pedia a Deus para curá-la. Ela pedia perdão, principalmente. Ela e o irmão tinham um relacionamento distante. Dentre todos os membros da família, ele era aquele com quem ela tinha o pior relacionamento. Ela sentia que ele a desprezava. Ela acreditava que não poderia viver de acordo com os padrões dele. Eles mal reconheciam a existência um do outro e não conseguiam encontrar nada em comum para conversar. Como irmãos, eles se amavam, mas nunca se conectaram pessoalmente.

Dani orou pelo irmão e pediu perdão a Deus. Se ela não tivesse sido solicitada por aquele membro do grupo de oração, ela provavelmente nunca teria feito isso.

Duas semanas antes da caminhada milagrosa de Dani sem ajuda até o altar da igreja, Dani e Doug ouviram que a Dra. Mary Healy faria uma apresentação de três noites sobre o tema cura. Eles decidiram comparecer. A Dra. Healy, professora das Sagradas Escrituras no Seminário Maior Sagrado Coração, em Detroit, palestrou nas duas primeiras noites. Uma especialista altamente conceituada nas Escrituras, no evangelismo, na cura e na vida espiritual, ela conduziu as palestras. Na última noite, realizou um culto de cura.

Dani relembrou: "Ela falou sobre oração, sobre a importância do perdão e de se sentir digno de receber o perdão. Também falou muito sobre a cura conforme acontece nas Escrituras. Fiquei feliz por ela enfatizar que não se considerava uma 'curandeira'. Ela disse que Deus faz a cura; ela apenas nos ensina sobre isso."

Se não fosse pela explicação da Dra. Healy de que ela não era curandeira, Dani disse que não teria comparecido ao culto de cura. "Minha ideia sobre curandeiros foi formada com base naquilo a que assisti na televisão. Você sabe, as pessoas indo até a frente do altar, levando um tapa na testa e caindo para trás, esse tipo de coisa. Eu simplesmente não tinha ideia de como seria esse culto. Compreendi o significado de todos os conceitos que a Dra. Healy havia falado nas duas primeiras noites. Tudo fazia sentido. Mas esse culto de cura era uma verdadeira incógnita."

Dani foi especialmente atraída pela ideia do perdão, de abrir mão das coisas e sentir que estava além do perdão de Deus. No domingo anterior ao culto, ela havia orado sobre a situação com o irmão. Ela o perdoou em seu coração pelo que ele havia feito e que a fez se sentir injustiçada. Naquele mesmo domingo, apesar de qualquer dúvida ou ansiedade que ela tinha sobre o culto de cura, ela se juntou a Julie Becka, a coordenadora do Ministério de Jovens da igreja. Julie também é membro do grupo de oração. Ela planejou levar os membros do Ministério da Juventude para as ruas de Lansing, cuja missão era convidar o público para assistir ao culto. Então Dani decidiu se juntar a eles.

"Tive uma manhã maravilhosa vendo aquelas crianças viverem sua fé. Foi muito bonito vê-las conversando com tantas pessoas diferentes. A certa altura, um homem bonito apareceu e as crianças o convidaram para o culto de cura. Ele parou e disse que seu pai havia sido ministro e que ele havia testemunhado algumas curas na própria casa. Então ele disse que se juntaria a nós naquela noite."

Dani convidou seus pais, e sua mãe concordou em se juntar a eles. O pai, um paciente com doença de Parkinson, não pôde comparecer. Doug estava trabalhando naquele dia e chegaria algum tempo após o início do culto, às sete horas. Dani e a mãe se acomodaram na décima terceira fila. Dani relembrou: "Entrei no culto com certa esperança em meu coração. Eu não sabia o que esperar. Era um culto de cura e pensei que tudo poderia acontecer. Eu estava mais nervosa do que qualquer outra coisa. Isso tudo era muito novo para mim.

Então a música começou; logo à sua direita, estava o homem bonito que disse que apareceria. "Eu estava sentada lá e pude ver que, assim como eu, ele estava apreciando a música. Ele estava cantando junto. Ficou claro para mim que o homem era uma pessoa alegre. Ele estava inundado pelo espírito, então qualquer pensamento que tive sobre, talvez, o culto de cura ser algo relacionado a mim se esvaiu pela janela. Eu estava tão feliz por ver aquele homem e por ver como ele estava feliz. Subconscientemente, para mim foi mais fácil pensar que a cura era para ele, e não para mim. Todos pareciam tão confortáveis lá, mas eu ainda não tinha ideia do que aconteceria."

Doug chegou e se sentou com Dani e sua mãe. A Dra. Healy falou sobre cura, fé e oração. A certa altura, Dani notou que algumas das pessoas presentes levantaram espontaneamente as mãos para o céu. A Dra. Healy comentou sobre isso e disse que, quando você sentir necessidade de levantar as mãos para o céu, deve pensar em fazer o que fazia quando criança: erguer os braços e pedir que seu pai o pegue no colo.

"Fiz o que a Dra. Healy disse, levantei minhas mãos para o alto. E, como se Deus fosse meu pai e eu fosse uma garotinha, pedi a ele que, por favor, me segurasse, me guardasse e cuidasse de mim." Instantaneamente, tudo ao redor dela desapareceu. Deus estava à sua frente, estendendo a mão para ajudá-la. Ela sentiu que Ele cuidaria dela. "Foi assim que vi Deus. Ele se parecia com qualquer um dos outros homens na igreja. Ele poderia ser um vizinho ou um amigo. Ele parecia tão acessível, tão semelhante a qualquer um de nós. Então senti como se água estivesse sendo derramada em meus ouvidos."

Dani se virou para Doug: "Você acha que devo tirar o respirador?"

Doug não tinha certeza.

A Dra. Healy disse aos presentes: "Tenho uma palavra de conhecimento de que os pulmões de alguém estão sendo reinflados."

Doug olhou para Dani e disse: "Vá em frente."

Dani desconectou do respirador. "Eu respirei sozinha pela primeira vez. Inspirei. Expirei. E novamente. Na quarta vez, percebi que estava bem. Em minha mente, tudo estava acontecendo ao mesmo tempo. Era como se eu estivesse sonhando, exceto que, no sonho, sempre há algo que não se encaixa na cena. Essas coisas lembram você de que é apenas um sonho. Nada daquilo aconteceu. Tudo o que vi, ouvi e senti foi real."

Dani estava chorando. Sua mãe estendeu a mão para ela, para consolá-la. Ela pensou que as lágrimas de Dani eram lágrimas de decepção, e não de espanto e gratidão. Os três ficaram ali sentados, atordoados e estupefatos. Enquanto Dani continuava a inspirar e a expirar normalmente, sua mãe notou que a filha estava bem e não estava mais conectada ao respirador.

Os três estavam focados uns nos outros. Em seguida, eles ouviram: "Se alguém foi curado, gostaríamos que subisse ao altar e compartilhasse sua história."

Doug se levantou para permitir que Dani passasse. Sua mãe passou por trás dela e abriu a cadeira de rodas, para que a filha pudesse se sentar e se dirigir ao altar para compartilhar sua incrível história de ter seu pulmão restaurado. Linda seguiu Dani em silêncio, empurrando a cadeira de rodas enquanto a filha caminhava pelo corredor. A princípio, Linda pensou que Dani estava experimentando os efeitos de uma onda de adrenalina.

Foi quando a procissão "Isso é real" de Dani começou.

Doug caminhou atrás dela, percebendo gradualmente a verdade nas palavras da esposa.

Isso é real.

Linda percebeu que Dani não desmoronaria.

Isso é real.

A cura de Dani não é apenas real e milagrosa, ela é duradoura. Dani continua a andar de maneira independente e com facilidade. Suas habilidades de subir escadas e pular na cama não diminuíram nem um pouco, nem seu espírito e sua gratidão. Imediatamente após o culto de cura, Dani e Doug conversaram em particular com a Dra. Healy e o Padre Karl. Este lhes garantiu que Deus havia dado a Dani aquele presente sem compromisso. Eles não deviam nada a Deus. Em virtude do passado individual e coletivo dos dois e de sua abordagem da vida, Dani e Doug querem continuar a servir. Para eles, ainda é cedo; eles não sabem exatamente o que isso significará. Eles querem compartilhar sua história — e, de fato, a compartilharam de diversas maneiras. E querem que continue a ser uma fonte de inspiração e esperança. Eles querem que sirva como uma luz no fim do túnel após um período muito sombrio por que todos passamos.

Quando questionada sobre por que Deus escolheu curá-la naquela noite, Dani disse: "Em parte, recebemos essa cura porque eu estava aberta a ela, porque pedi. Porque, pela primeira vez, pedi a Deus que tirasse tudo de mim, não rezei por uma coisinha e ajudei com uma coisinha. Eu rezei. Eu orei muito. Um mentor incrível que tive, Bill Lewis, me ensinou a importância de fazer isso... Doug e eu acreditamos que é importante compartilhar que cada um de nós tem muitas coisas em nosso passado das quais não nos orgulhamos. Adoraríamos poder voltar no tempo e mudar algumas coisas, mas não podemos e não vamos. E não o faríamos, porque quem somos hoje é como Deus quer que sejamos e é quem Ele criou. Então, o bom, o mau, o feio, tudo isso junto nos torna quem somos hoje. E tudo de que sou feita me permitiu receber a cura de Deus. A cura está aí para qualquer pessoa, está disponível para todos. Não sei como Deus decidirá quem a receberá. Mas, se não estivéssemos dispostos e prontos, não acredito que a receberíamos."

Doug acrescentou: "Sabe, mais do que nunca, principalmente morando no centro da cidade, em uma área repleta de pessoas sem-teto, você vê as pessoas que precisam da cura de Deus. Se pensássemos que tudo está bem no mundo, por que as coisas melhoraram tanto em nossa vida, qual é o sentido do milagre? Estamos verdadeiramente movidos pela compaixão de descobrir como podemos levar Deus para a vida das pessoas, para que elas possam conhecê-lO, assim como nós O conhecemos, e vivenciá-lO como nós O vivenciamos."

Dani complementou o argumento de Doug: "Outro dia, alguém me perguntou se meu mundo está diferente. Eu disse: 'O mundo é o mesmo. Nossa perspectiva e nosso papel neste mundo é que mudaram drasticamente. Este é o Reino de Deus. Muitas pessoas querem negar a existência dEle. Mas Ele é tudo. O mundo é o mesmo, e ainda vemos moradores de rua pela cidade. Agora enxergamos que, na verdade, aquela pessoa também é filha de Deus. Assim como você!'"

E quanto a Dani se sentir despedaçada e um amontoado de peças descartadas? "Nunca me senti despedaçada. Meus pensamentos? Minhas ideias? Elas estavam um pouco fora de lugar. Mas nunca fiquei fisicamente despedaçada. E para as pessoas no mundo que se sentem assim, quero ser útil e lhes mostrar que esse mesmo Deus está ao lado delas. Sabe aquela visão que tive antes, de um homem de costas para mim? Aquele não era Deus. A figura cujo rosto eu vi e que era tão caloroso e acolhedor? Aquele era Deus."

Deus existe.

O que Doug e Dani vivenciaram não foi um roteiro dc filmc. Foi o caso de um Deus real, ativo, compassivo e atencioso respondendo às preces em Seu tempo. Dani ergueu as mãos para Deus como uma criança faria ao pedir ao pai que cuidasse dela.

Esse tipo de relacionamento com Deus é uma graça incrível.

Dani descreveu da melhor forma: "Como os cristãos que estão por toda parte, a paz e o poder de Deus estão dentro de nós... Deus não dá a cura como um trabalho paralelo. Deus é um curador!"

COMO A COVID-19 SALVOU UMA VIDA

Agarrando-se à fé durante uma pandemia de doença e medo.

> Peça-a, porém, com fé, sem duvidar, pois aquele que duvida é semelhante à onda do mar, levada e agitada pelo vento.
>
> — Tiago 1:6

Lisa, com 9 anos de idade, endireitou os ombros e ajeitou o vestido na igreja. Sem medo e cheia de propósito, ela começou a longa caminhada pelo santuário da Primeira Igreja Batista, em Douglas, Geórgia, sentindo os olhos da congregação sobre ela.

Foi uma ocasião especial. Lisa estava sendo batizada.

Ela foi obrigada a fazer uma profissão de fé perante a igreja. Sozinha, sem a pressão dos amigos, a pequena Lisa decidiu que aquele era o momento.

"Não tive medo nem nada. Eu só sabia que deveria fazer isso", ela lembra agora. Mesmo aos 9 anos, ela tinha ciência de seus pensamentos e sabia o que Deus estava dizendo a ela.

E ela sempre se sentiu confortável colocando sua vida nas mãos dEle. Desde que nasceu e começou a frequentar a Primeira Igreja Batista, Lisa encontrou lá um segundo lar. "Todas as vezes em que as portas da igreja se abriram, nós estávamos lá."

Naquele dia, ao entrar na água morna, Lisa teve uma sensação impressionante de como ela era especial.

Quarenta anos se passaram. Casada. Com filhos. Uma carreira de professora que ela amava. Por meio de tudo isso, Lisa sentiu a fidelidade de Deus repetidas vezes. No entanto, de repente, ela se viu em um cenário que não havia previsto — um em que não tinha certeza de onde deveria estar.

E, sem aviso, ela estava pensando em uma oração adulta de partir o coração. "Muitas vezes, rezei a Deus para que eu morresse."

UMA CRISTÃ DEVOTA, LISA MARTIN, aos 49 anos, sabia que nunca tiraria a própria vida. Em vez disso, ela pediu a Deus que o fizesse. Lisa e seu marido, Jeff, criaram quatro jovens adultos exemplares. Lisa teve uma gratificante carreira como professora. Jeff fez a transição com sucesso de uma vida como pastor para a de um empresário e operador bem-sucedido. A família, aparentemente, tinha tudo o que poderia querer ou precisar, incluindo uma família grande e amorosa e um círculo de amigos.

Ainda assim, Lisa se sentia misteriosamente abandonada. "Senti que poderia morrer. Ninguém se importaria se eu não estivesse por perto", ela disse. Ela se perguntou o que teria acontecido. Por que tantas coisas mudaram em sua vida? Por que as outras pessoas não precisavam mais dela como antes? Aquela inocência e certeza que Lisa tinha na infância se foram.

Essa certeza voltaria. Deus provaria a Lisa que ela era amada e valorizada. Ele mostraria a ela quanto ela havia subestimado o próprio valor. Mas seria necessário passar por uma crise que a deixaria mais à beira do desastre do que nunca.

Os filhos que saem de casa por último geralmente são motivo de tristeza e alegria para os pais. Eles podem ficar felizes em abandonar o papel de motorista, sempre tendo que levar as crianças para cima e para baixo para as mais diversas atividades, e podem se orgulhar das realizações dos filhos e de seu desenvolvimento, tornando-se adultos maduros, mas ainda sentem falta de ter alguém que precise deles. É por isso que um ninho vazio costuma ser desconfortável.

Em 2020, Lisa Martin começou a se sentir inútil quando as filhas e o filho saíram de casa; parecia que sua vida tinha perdido o rumo. As três meninas, Madison, Harper Lee e Natalie, haviam se mudado, e Jackson estava cursando a faculdade. Nessa época, Jeff estava bastante envolvido na gestão de cinco empresas diferentes. Lisa começou a se sentir incompreendida. Ela acreditava que os amigos e os familiares haviam se afastado dela. Ela era professora de artes da linguagem e amava seu trabalho: "Adoro lecionar. Quero dizer, não há mais nada que eu preferiria ter feito. De verdade." No entanto, apesar de amar o que fazia, ela não estava mais dando aulas, pois conseguiu um emprego em um setor associado à educação. Mas não era tão gratificante quanto seu trabalho anterior.

Durante anos, ela se perguntou o que faria quando não pudesse mais lecionar, quando os filhos não precisassem mais dela como antes, quando o marido parecia mais interessado no trabalho do que na vida conjugal. O que ela faria? O futuro se estendia à sua frente, um vasto território desconhecido, misterioso e assustador.

Essas são perguntas que todos nos fazemos em alguns momentos da vida. Colocamos muito de nosso valor em sermos bem-sucedidos, desejados e necessários. Se toda a sua identidade é ser um doador, não ter mais nada para oferecer pode parecer como um motivo para deixar de viver.

Essas perguntas a assombraram em setembro de 2020.

Jeff sabia que a esposa estava infeliz, mas, na época, ele não estava totalmente ciente da profundidade dos sentimentos dela. Ela confidenciou seus pensamentos e sentimentos mais íntimos sobre o desejo de morte apenas a Deus e ao irmão mais novo, Parker. Ela queria ter certeza de que, se Deus respondesse à sua prece, fazendo com que ela morresse por acidente ou de uma doença, nenhuma intervenção médica interferiria no plano de Deus. "Tratei de atualizar meu testamento. Fiz um testamento em vida. Disse que não queria ser ressuscitada. Na época, eu não sabia o que era um respirador. Imaginei que, se eu contraísse alguma doença, levaria cerca de dez anos antes que precisasse sequer pensar nesse tipo de coisa."

Lisa estava errada sobre como as pessoas se sentiam a seu respeito. Ela estava errada sobre o vazio que achava que sua vida havia se tornado. Mas não estava errada sobre ficar doente. As escolhas que ela fez ao preparar um testamento em vida estavam prestes a entrar em jogo. Em poucos meses, devastada pela Covid-19, Lisa estava em uma cama de hospital em coma. Sua família estava por perto — tanto quanto os regulamentos de quarentena permitiam. O tempo estava passando. Sabe aquele respirador sobre o qual ela não sabia muito? A família decidiu mantê-la por mais onze dias nele. O respirador a mantinha viva; seu corpo havia parado. Eles disseram à família que era apenas uma questão de tempo.

O assunto foi deixado nas mãos de Deus.

COMO UMA PESSOA AUTODENOMINADA MUITO DECIDIDA, Lisa nunca duvidou de seus sentimentos ou questionou sua decisão de assumir o compromisso de ser batizada tão jovem. "Nunca questionei. Tenho sido fiel desde então."

Ela também ouviu fielmente quando Deus a guiou. Ela conheceu seu futuro marido quando tinha 6 anos e ele 8. Ela se lembra de quando tinha 15 anos, estava descendo as escadas e ouviu um sussurro, dizendo que ela se casaria com Jeff.

"Agora sei que foi um sussurro de Deus. Essa foi minha primeira lembrança de Deus falando comigo de verdade. Houve outras vezes. Já ouvi mulheres falando que, quando estão esperando um filho, sentem um frio na barriga, muitas borboletas no estômago. Isso é o que sinto em minha mente quando Deus está falando comigo. Vem do nada."

Lisa e Jeff estão acostumados a buscar a orientação de Deus. Antes de se casarem, Jeff disse a Lisa que acreditava que deveria entrar para o ministério. Lisa concordou com isso. Ela era diretora de jovens em sua igreja. Ela cantou no coral, se apresentou com um grupo Gospel feminino. Sua fé era forte e inabalável. Ela aceitou o chamado de Jeff com sua palavra. Ele queria uma certeza maior. Eles estavam casados há quase três anos. Ela lecionava, enquanto Jeff trabalhava para o pai dele. Ele se formou em radiodifusão. Era uma área bastante competitiva, as vagas de trabalho eram poucas, e Jeff usou esse fato como um meio de testar sua crença na correção de seu senso de que o ministério era o caminho certo a seguir. Ele não queria se comprometer com isso, a menos que recebesse um sinal de Deus de que esse era mesmo Seu chamado.

No início do ano, Jeff elaborou um plano. Se ele recebesse um telefonema de algum produtor de televisão oferecendo-lhe um emprego, ele recusaria a oferta, sabendo que Deus havia enviado um sinal de que o ministério era seu verdadeiro caminho. Para impedir que alguém manipulasse o plano, Jeff contou apenas à esposa e ao pastor. Em uma noite de julho, o jovem casal sentou-se no terraço de sua casa nova para ouvir o barulho dos grilos e das asas de mariposa batendo contra a luz da varanda. Então o telefone tocou. Lisa levantou-se para atender. O homem na linha se apresentou. Ele era de uma afiliada local e queria falar com Jeff sobre um emprego. Ao relembrar aquela noite e aqueles momentos, Lisa engasgou: "Foi estranho que o homem tenha me explicado tudo sem nem mesmo pedir para falar diretamente com Jeff. Quando soube que Deus havia entregue a mensagem por meu intermédio, larguei o telefone! Eu apenas gritei para Jeff: 'Você recebeu seu chamado!' Ele olhou para mim, confuso. 'Tá bem, quem é?' Eu sabia que ele estava confuso e disse: 'Não, não, Jeff, eu disse que você recebeu seu chamado!'

Jeff pegou o telefone e se apresentou. O homem explicou novamente por que havia telefonado. Jeff o ouviu e agradeceu. Então, ele explicou o que havia acontecido e que Deus havia acabado de usar o homem como um canal para entregar a mensagem a Jeff. Lisa também acredita que Deus fez com que o homem explicasse tudo a ela primeiro, para que ela acreditasse que a mensagem de confirmação de Deus sobre a correção do desejo de Jeff era real.

Foi tão inegável que nos afastamos de tudo. Largamos nossos empregos e nos mudamos para Birmingham, Alabama, para Jeff frequentar o seminário. Era tão inegável que Deus estava nos alcançando que ficamos imensamente felizes."

Mas o sinal de Deus também indicou uma mudança significativa na vida deles. "Achei que nossa vida estava planejada. Ficaríamos em Douglas, na Geórgia, com nossa família pelo resto de nossas vidas. Jeff assumiria os negócios da família. Acabamos deixando toda a nossa família e nossos amigos para trás. Não tínhamos muito dinheiro guardado, mas conseguimos comprar uma casa em Birmingham. Tínhamos dinheiro suficiente para sobreviver enquanto Jeff estava no seminário. As cores do interior da casa combinavam com tudo o que havíamos comprado anteriormente. Não precisamos comprar muita coisa. Deus provê o que precisamos, quando precisamos e da maneira que precisamos." Suas economias duraram apenas o tempo suficiente para ele se formar no seminário. Naquela época, eles eram pais orgulhosos de três filhas.

De uma maneira muito estranha, quando Jeff estava prestes a se formar, o dinheiro e o futuro dele estavam entrelaçados de outra forma. Como muitos graduados, Jeff se preocupava em arrumar um emprego. Ele não precisava ter se preocupado. Sete igrejas diferentes estavam interessadas em tê-lo como ministro. Todas pareciam ser boas oportunidades, mesmo aquelas que ficavam mais distante da família na Geórgia. Um dia, Jeff veio até ela e disse: "Tive um sonho no qual vi algo sobre uma moeda dos Estados Unidos de um quarto de dólar de 1972. Estou convencido de que, de alguma forma, nossa decisão sobre qual igreja escolher envolverá essa moeda de um quarto de dólar."

Lisa achou isso um pouco maluco, mas entrou na onda. Eles continuaram a visitar diferentes igrejas, conheceram o comitê de seleção e Jeff pregou. Todas pareciam ser uma ótima opção, e tudo o que Jeff pediu em troca da oferta foram duas semanas para considerá-la. "Continuamos esperando acontecer algo que envolvesse uma moeda de um quarto de dólar de 1972. Não sabíamos se veríamos uma em um outdoor na cidade ou como ela apareceria. Mas estávamos procurando um sinal. A família estava nos pressionando para ficar perto de Douglas. Mas queríamos ser obedientes. Queríamos ir aonde Deus queria que fôssemos."

Se pudessem, teriam aceitado a oferta de uma igreja nas proximidades de Waycross, na Geórgia. Durante as duas semanas em que Jeff estava pensando na ideia de aceitar o convite em Waycross e esperando um sinal de Deus na forma daquele quarto de dólar de 1972, Lisa levou as três meninas para fazer compras em uma Winn-Dixie em Birmingham. Quando ela foi pagar, a balconista lhe deu o troco. Ela colocou na palma das mãos de Lisa algumas notas e moedas. Entre elas, havia um quarto de dólar de 1972.

"Fui eu quem ligou para Jeff e disse: 'Você recebeu seu sinal. Deus respondeu, assim como você disse que Ele faria. Aquela senhora colocou uma moeda de um quarto de dólar 1972 em minhas mãos.' Até hoje guardo aquela moeda."

Dado esse contexto, fica mais fácil entender por que, quando entrou em desespero, Lisa se voltou para Deus novamente, pedindo que Ele acabasse com sua vida. Em vez disso, Deus lhe enviou um sinal para que ela soubesse que era verdadeiramente amada.

No início de setembro de 2020, mais de 190 mil pessoas nos Estados Unidos haviam morrido de Covid-19. No início de 2021, esse número passaria para mais de 375 mil. Lisa estava muito preocupada e atenta em seguir os protocolos adequados para evitar a propagação do perigoso vírus. Jeff estava preocupado em sustentar os filhos e se dedicando ao trabalho; ele discordava de Lisa sobre a gravidade do vírus. Lisa tinha outras questões relacionadas à saúde em mente. Ela teve uma crise de ansiedade relacionada a uma suspeita de câncer que aumentou ainda mais o estresse que todos estávamos sentindo quando a pandemia cobrou seu preço. Depois teve outra. Uma mamografia revelou um caroço de tamanho considerável. Ela foi orientada a agendar uma biópsia o mais rápido possível. Em meio à escuridão que coloria seus dias, surgiu outra visão: sua morte e libertação da dor psíquica que parecia incessante.

"Se eu tiver câncer", ela disse a Jeff, "não procurarei tratamento. Apenas me deixe ir. Por que passar por quimioterapia e tudo o mais só para prolongar minha vida por alguns meses ou anos? Sei para onde vou e a quem pertenço".[52]

Jeff estava preocupado com a saúde mental e emocional da esposa. Ele tinha visto como ela definhou com o tempo. Ele lhe disse que a amava e que todos se importavam com ela. Mas ela não parecia acreditar.

Ainda assim, havia outros assuntos a tratar. Nessa época, com a ajuda de Harper Lee, eles administravam dois negócios que os mantinham muito ocupados. Apesar de Jeff não estar mais no ministério, o trabalho ainda o deixava bastante ocupado. Mesmo com a insistência de Lisa, Jeff não seguiu rigorosamente as precauções da Covid-19 nos escritórios, sentindo que grande parte do medo causado com relação à pandemia estava algo atrelado mais a uma postura política em um ano eleitoral. Ele olhava para os números e não via uma necessidade real em se preocupar. Ele presumiu que um resfriado de três dias não era motivo para pânico.

Em meados de setembro, a contadora que Jeff contratou adoeceu e foi consultar um médico. Ela testou positivo para Covid-19. O marido dela, que trabalhava para Jeff como vendedor em meio período, também. Jeff estava chateado. Ele teria que fechar os escritórios. Ele e Harper Lee teriam que ser testados, e os escritórios precisariam ser desinfetados. Ele e a filha foram à clínica. O teste dele deu positivo; o de Harper Lee não.

Quando ele contou a notícia a Lisa, ela ficou furiosa. Fazer o teste não era o problema; precisar ser testado era! Ela achava que tudo isso poderia ter sido evitado se Jeff tivesse sido menos teimoso e se preocupado mais com o bem-estar físico do que com a estabilidade financeira. Suas opiniões divergentes sobre o valor do trabalho e sobre o risco de Covid-19 atingiram um ponto crítico. A tensão entre eles se tornou palpável durante o curso da pandemia. Agora, ironicamente, dado o que ela havia pedido a Deus, seu maior medo estava se concretizando. Ela não achava que a Covid-19 a mataria, mas o que ela e o marido teriam que vivenciar seria um incômodo doloroso e desnecessário.

Naquela mesma noite, Lisa teve uma febre leve. O casal se isolou. Harper Lee se tornou sua cuidadora, permanecendo no andar de baixo da casa e entregando os mantimentos de que o casal precisava. Eles planejaram enfrentar o terror dessa doença tomando antibióticos, bebendo o máximo de líquidos possível e tomando banho com frequência para manter as vias respiratórias abertas. Lisa piorou mais rapidamente. Sua febre aumentou, e até mesmo um mergulho em uma piscina fria ao ar livre fez pouco para conter a febre. Jeff era rigoroso quanto ao monitoramento de seus sinais vitais. Eles estavam fazendo tudo o que podiam em casa para controlar o agravamento de sua condição.

Antes disso, Lisa pensava que seria ela quem cuidaria do marido doente; em vez disso, apesar de sua condição debilitada, ele é quem teria que cuidar dela. Em 26 de setembro, Lisa conseguiu gritar do quarto onde estava isolada para o quarto onde Jeff estava isolado. Ela não conseguia respirar. Seus pulmões doíam. Jeff conseguiu sair da cama para ver como ela estava. Ele lhe disse que tudo o que ela precisava fazer era passar a noite. Pela manhã, ele daria um jeito de conseguir garrafas de oxigênio suplementar para os dois. Ele se retirou para seu quarto. Exausto pela caminhada e pela febre, caiu em sono profundo.

Durante a noite, a condição de Lisa piorou. Ela conseguiu entrar no chuveiro, mas não aguentou e caiu no chão com a água derramando sobre ela. Ela bateu na parede, esperando chamar a atenção de Jeff. Mas ele estava com os ventiladores ligados, para ajudar a baixar a febre, e não ouviu os gritos dela. Lisa permaneceu no chuveiro, furiosa e, ao mesmo tempo, soluçando de tanto chorar. Por fim, ela conseguiu reunir força suficiente para engatinhar do banheiro até o quarto; encontrou seu telefone e mandou uma mensagem de texto para Jeff: "Preciso ir ao hospital!" Ela apertou "enviar" e esperou. Ela esperou até as dez horas da manhã seguinte, quando Jeff finalmente acordou.

O que ele viu o deixou assustado. Lisa estava lutando para respirar. A febre tingiu sua pele de um vermelho profundo. Jeff verificou seus sinais vitais. A temperatura dela estava muito alta, e a saturação de oxigênio extremamente baixa; seu pulso estava acelerado. Um rápido telefonema para um amigo médico colocou Jeff em ação. O médico recomendou que Lisa fosse levada ao hospital imediatamente. Jeff pensou no pequeno centro médico regional em Waycross, mas queria ter certeza de que obteriam o melhor atendimento, e isso ficava a noventa minutos de distância, em Jacksonville, Flórida, ou em Savannah. Seu amigo lhe disse que eles não podiam esperar.

Lisa implorou ao marido que chamasse uma ambulância. Ele discordou, dizendo que conseguiria chegar ao hospital antes. O amigo de Jeff recomendou que ligassem para o pronto-socorro e informassem a condição de Lisa e seus sinais vitais. Eles não podiam correr o risco de serem desviados para outro hospital. O surto viral estava aumentando na área. Cada minuto era precioso.

Lisa se lembra pouco da viagem até o hospital e dos muitos dias após isso. "Lembro-me de pensar comigo mesma que, se eu morresse, queria ter certeza de que viveria ao lado Jesus; então proclamei: 'Senhor, se eu morrer hoje, quero viver ao Seu lado. Você é meu Senhor e Salvador. Quero ir para o céu.'"[53] Ela não sabia que estava sendo mantida na sala de emergência em vez da unidade de terapia intensiva. O hospital estava sobrecarregado com pacientes com Covid-19. Ela teria que esperar para ser movida para a UTI. Jeff fazia uma vaga ideia do estado da esposa. Ele ainda estava lutando contra a doença sozinho. Um médico lhe disse que a melhor coisa que ele poderia fazer era cuidar de si mesmo. Ele não conseguiria ser muito útil para Lisa em sua condição atual. De qualquer maneira, nenhum visitante era permitido. Jeff melhorou lentamente, mas ficou difícil focar o plano de tratamento e o estado de saúde de Lisa. As meninas contribuíram como puderam.

Nos estágios iniciais de sua batalha, Lisa também defendia a si mesma. "Enquanto eu estava sendo levada para a sala improvisada e conectada a fluidos intravenosos, exigi que fosse conectada a um respirador. Devo ter dito isso pelo menos cinco vezes. Até entrar no pronto-socorro, eu nunca tinha ouvido falar do respirador, mas lá estava eu, pedindo e exigindo ser colocada nele. Esse pedido sussurrado por Deus resultou em dar à minha família o tempo de que precisavam para se reunir, discutir e determinar um plano para o futuro."

Lisa não percebeu que, para a grande maioria dos pacientes com Covid-19, ser colocado em um respirador era quase como receber uma sentença de morte. Muitos foram colocados, mas poucos se recuperaram. O estado de Lisa era crítico, mas os médicos estavam esperançosos. Ela tinha apenas 49 anos e, apesar das duas suspeitas de câncer, gozava de boa saúde. O mais importante, ela nunca fumou, então seus pulmões, apesar da infecção, estavam bons. Ainda assim, sua condição piorou. Ela teve dificuldade com a máscara que precisou usar, uma parte da máquina não invasiva BiPAP que estava sendo usada para ajudá-la a respirar. Ela sentia náuseas e vomitava com frequência.

Uma das enfermeiras de Lisa, Hannah, era amiga de infância de Harper Lee. Ela manteve a família informada sobre a condição de Lisa e pediu que fizessem tudo o que pudessem para convencê-la a não solicitar o respirador. Jeff mandou uma mensagem de texto para Lisa, implorando para que ela abandonasse a ideia que parecia tê-la dominado em seu estado febril. Ela não lhe respondeu. Ele não tinha certeza se ela entendia o possível dano que estar em um respirador poderia causar à saúde dela. O muco pode se acumular nos pulmões, enfraquecendo-os e dificultando os mecanismos de cura do corpo.

Jeff começou a postar notícias sobre Lisa no Facebook, esperando que o maior número possível de pessoas orasse por ela e mantendo seus amigos e familiares informados. Em 1º de outubro, o que Jeff temia e Lisa havia pedido tornou-se realidade. Os médicos determinaram que o melhor tratamento era colocar Lisa em um respirador. Ela estava muito debilitada, mas eles acreditavam que ela ainda era forte o suficiente para combater o vírus. Se eles esperassem demais e seu sistema imunológico ficasse ainda mais sobrecarregado, essa não seria mais uma opção. Embora eles não tenham dito isso, Jeff fez sua devida diligência. Se eles esperassem demais para intubar Lisa e a colocarem no respirador, ela provavelmente estaria entre um dos 75% dos pacientes com Covid-19 que foram colocados no respirador e não sobreviveram.

Antes do procedimento, Lisa conseguiu conversar pelo FaceTime com Jeff e três dos quatro filhos. Madison estava dando aula e não pôde participar da reunião. Por ter sido ela também uma professora dedicada, Lisa compreendeu. Apesar de estar muito fraca, ela até que parecia bastante otimista. A família também estava, encorajando-a a continuar lutando e se mantendo forte. Todos a amavam e desejavam que as circunstâncias fossem diferentes, para que ela pudesse estar ao lado deles.

No caminho para casa, começou a chover. Jeff chorou e orou, imaginando o que faria se perdesse sua amada esposa. Ele se perguntou o que poderia fazer no momento para ajudá-la. Um tempo depois, teve sua resposta: usaria aquele momento para trazer glória a Deus, não importando qual fosse o resultado. E também decidiu descrever as dificuldades pelas quais a família estava passando no Facebook com mais regularidade, registrando os altos e os baixos. Ao fazer isso, ele esperava que outras pessoas que duvidavam da gravidade dos efeitos devastadores do vírus começassem a levar a pandemia mais a sério. Ele também decidiu se recuperar totalmente, pois ainda não havia testado negativo para o vírus, o que significava que não tinha permissão para visitar Lisa. Ele não a via pessoalmente desde o dia 27 de setembro e sentia muita falta dela.

Finalmente, sentindo-se muito melhor, em 5 de outubro Jeff recebeu a boa notícia que esperava: ele não estava mais com o vírus. Assim que obteve o resultado, dirigiu até o hospital. Embora não tivesse permissão para entrar no quarto, ele a viu através da divisória de vidro na unidade de terapia intensiva. Ele estava eufórico. Lisa parecia estar em paz. A equipe do hospital foi bastante acolhedora. Eles compartilharam todas as informações que puderam sobre a condição dela, os medicamentos administrados e o que a leitura do respirador indicava. Jeff visitava Lisa três vezes ao dia: às 8h, às 13h e às 18h. Ele voltou a trabalhar um pouco. Harper Lee assumiu grande parte do fardo de manter os escritórios funcionando. Ciente do sentimento de Lisa de tê-la deixado de lado por focar tanto o trabalho, ele tentou encontrar um equilíbrio entre as duas coisas. O tempo diria como a doença e o tratamento de Lisa progrediriam. Ele leu bastante sobre o vírus e a doença que ele causava e montou uma equipe de suporte com quem poderia compartilhar ideias e insights sobre a Covid-19. Em seu papel de pastor, ele havia participado de inúmeras excursões de médicos missionários. Ele se sentia confortável em interagir com os médicos, respeitando o limite deles de interação.

A paciência de Jeff valeu a pena. Onze dias depois de ser colocada no respirador, Lisa testou negativo pela segunda vez dentro da janela prescrita de 24 horas.

Jeff e os filhos foram autorizados a ficar na sala com Lisa. Pela primeira vez em mais de duas semanas, ele poderia segurar a mão dela e beijá-la. Natalie veio ao hospital e fez as unhas da mãe. Madison apareceu com uma lista de reprodução de músicas e loção calmante para a pele de Lisa. Lisa permanecia fortemente sedada, mas Jeff sabia por seus cursos de cuidado pastoral que, mesmo naquele estado, ela ainda conseguia ouvir. Ele montou a própria lista de músicas em seu telefone e o colocou na cabeceira da cama dela; depois deixou a lista de reprodução rodar diversas vezes. Ele queria "cercá-la do louvor de Deus 24 horas por dia".[54] Juntos, a família a cobria de amor e incentivo.

Por causa da idade, os pais de Lisa tiveram que permanecer em quarentena. Entre as muitas tarefas de Jeff, uma era mantê-los informados sobre a condição da filha, enviando mensagens de texto diversas vezes ao dia e telefonando para eles. Jeff estava ciente de que precisava e queria cuidar daqueles que zelavam por sua esposa. Ele começou a trazer café e donuts para o pessoal do hospital. Era nítido como eles estavam angustiados por ter que lidar com a morte e os traumas associados em uma escala que nenhum deles poderia imaginar quando escolheram essa profissão. Ele sugeriu à administração do hospital que encontrassem um capelão para ministrar uma oração pelas necessidades espirituais e emocionais de sua equipe. Todos aqueles atos de bondade e consideração em meio a tanta dor, tanto sofrimento e estresse foram um bálsamo. "Você recebe aquilo que dá" estava em pleno vigor nos corredores e nas salas do Memorial Satilla Health, em Waycross, Geórgia.

Muitas pessoas que vivem nas principais áreas metropolitanas, ou perto delas, nos Estados Unidos consideram garantido o acesso a cuidados médicos de ponta e de última geração. Não pensamos nas pessoas que vivem em áreas rurais, sem acesso imediato a esses serviços ou sem recursos para pagar por tratamentos de ponta. Talvez elas nem sequer têm acesso às informações e ao luxo do tempo que Jeff dedicou para pesquisar a doença e as melhores práticas em evolução para tratar casos críticos como o de Lisa. Ele tomou conhecimento de um novo tratamento que poderia aumentar as chances de Lisa sair do respirador e sobreviver. O problema era que o hospital em Waycross não estava equipado ou não tinha pessoal autorizado para realizar esse tratamento. Mais preocupante ainda, o tratamento de oxigenação por membrana extracorpórea (ECMO) — em que, como o próprio nome indica, o sangue é retirado do corpo, carregado com oxigênio em uma máquina e imediatamente bombeado de volta para o corpo — é mais bem-sucedido oito dias após o paciente sendo colocado em um respirador. Jeff soube disso por meio do intensivista de Lisa, o médico que supervisionava seus cuidados na UTI. Antes disso, outros médicos haviam sugerido a transferência de Lisa para um hospital mais bem equipado, que atendesse às necessidades de uma paciente em uma condição tão grave quanto a dela. Jeff tentou transferi-la, mas não havia leitos disponíveis em outros hospitais.

Com as notícias sobre o ECMO e a janela de tempo se fechando rapidamente, era a hora de agir. Jeff aproveitou todos os recursos à disposição. Atrasos administrativos no hospital resultaram na negação de um pedido para que ela fosse levada ao Emory University Hospital, em Atlanta. Irritado, porém destemido, Jeff procurou ajuda novamente por meio do Facebook. Então, um amigo da família entrou em contato com Jeff, informando-o de que ele tinha um contato em Gainesville, na Flórida, onde havia um leito disponível. Infelizmente, Jeff estava fazendo tudo o que era possível para que a transferência de Lisa acontecesse em um sábado. Incapaz de obter a cooperação necessária da administradora do seguro de saúde, outra oportunidade foi perdida. Entre louvores a Deus por lhe apresentar oportunidades e soluços processuais e sistêmicos, desolado, Jeff seguiu em frente em sua busca. Ele ficou surpreso com o número de pessoas que o procuraram para oferecer outras possibilidades. Por inúmeros motivos, nenhuma deu certo, até que a administração de um hospital em Macon, na Geórgia, deu — temporariamente. Toda a papelada foi resolvida, mas, enquanto a equipe ambulatorial se preparava para transferi-la de helicóptero, o oxigênio no sangue de Lisa caiu a níveis preocupantes. Ela nunca conseguiu sair da sala da UTI em Waycross. Jeff sentiu que "Deus estava trabalhando, e [eu] tinha que confiar no tempo dEle".

Jeff e Lisa receberam muito apoio ao longo de sua provação. Ele deu crédito aos guerreiros de oração entre os profissionais médicos e outros que os acompanharam até esse ponto. Uma ex-colega de turma do colégio se tornou uma especialista respeitada naquele hospital em Macon. Ela falou com Jeff e deixou uma mensagem sóbria e necessária: a condição de Lisa era tão grave que ele precisaria começar a se preparar para o pior resultado possível. Então, novamente, ele orou fervorosamente pela intervenção de Deus.

A condição de Lisa piorou. O fluido começou a se acumular em seu corpo. Eles tiveram que administrar um remédio para lidar com isso. Qualquer complicação, qualquer medicamento adicional que ela tivesse que tomar poderia deixá-la tão fraca a ponto de ela morrer. Seu corpo estava fazendo um delicado ato de equilíbrio. Ela tinha reservas limitadas de energia para a cura. Então, ela começou a melhorar. Um médico expressou alguma esperança de que ela pudesse sobreviver a um procedimento que permitiria que ela fosse retirada do respirador. Isso aliviaria um dos problemas causados pelos respiradores: o acúmulo de dióxido de carbono no organismo, que pode levar à insuficiência renal e à morte. A condição de Lisa melhorou a ponto de o procedimento ser agendado. No entanto, mais uma vez, seu nível de oxigênio despencou. Os médicos não poderiam fazer o procedimento com ela naquelas condições. Os altos e baixos foram contínuos e, no meio da última descida, Jeff se lembrou de como a viagem era precária e de como era inacreditável que Lisa ainda estivesse viva. Ele falou com um dos cirurgiões que esperava realizar o procedimento em Lisa. Ele disse a Jeff que nunca tinha visto um paciente voltar de uma queda no nível de oxigênio ao ponto em que Lisa chegou. Durante a reunião de acompanhamento com Jeff, os médicos expuseram sua opinião sincera: as chances de Lisa sobreviver eram extremamente baixas. Jeff optou por não compartilhar essa informação com a família. Ele precisava deles para permanecer otimista, para ajudar a elevar seu ânimo. Isso foi extremamente importante durante essa provação. Foi especialmente importante quando o procedimento que poderia salvar Lisa precisou ser cancelado. Ainda assim, Jeff foi lembrado de que pelo menos Lisa ainda estava lutando. Mais quatro pacientes com Covid-19 foram internados no pequeno hospital. Duas vezes durante o fim de semana depois que os números de Lisa caíram consideravelmente, Jeff testemunhou duas famílias diferentes amontoadas no corredor, lamentando a perda de um ente querido.

Ele sentiu muita pena deles, mas ficou grato porque, devido às abundantes provisões de Deus, Lisa estava estável e, agora, estava melhorando. Tendo recuperado um pouco de força, ela foi capaz de dar à família um estímulo muito necessário. Os médicos poderiam recuar na dosagem dos sedativos que estavam administrando a ela.

Ela conseguiu interagir com a família, movendo os olhos, e conseguia responder a eles, balançando a cabeça em concordância ou negação. Quando questionada se ela estava confortável, ela balançou a cabeça com força. Esse foi outro momento feliz e triste ao mesmo tempo. Jeff ficou feliz por ela poder se comunicar, mas odiou saber que ela estava sentindo tanta dor. O estado de alerta veio acompanhado de uma expressão maior de seu desconforto.

Jeff estava sempre dizendo "Seja feita a Sua vontade" como parte de suas orações diárias. Uma parte essencial de render nossa vontade à vontade de Deus é a realidade de que podemos sofrer dor como resultado de aceitar o que Deus tem reservado para nós.

Em 20 de outubro, Jeff suportou o peso dessa realidade. Lisa sofria de síndrome do desconforto respiratório agudo (SDRA). Os tecidos em seus pulmões endureceram e incharam. Portanto, eles não conseguiam mais fazer o trabalho de inflar e desinflar da maneira correta. O cérebro de Lisa implorava por mais oxigênio, mas, mesmo com o respirador bombeando 100% de oxigênio para seus pulmões danificados, a parte sólida deles não estava respondendo adequadamente. Ela enfrentou a possibilidade real de ter sua frequência cardíaca aumentada a ponto de sofrer um ataque cardíaco. Os médicos só conseguiam forçar o ar para dentro de seus pulmões a uma pressão que não os fizesse estourar. Se o nível de oxigênio no sangue dela permanecesse muito baixo, ela poderia sofrer danos cerebrais permanentes. Naquele dia, parecia que tudo o que os médicos tentavam não estava funcionando.

Jeff foi levado às pressas para a sala enquanto a equipe trabalhava incansavelmente em sua esposa. Ele ficou chocado ao ver a expressão fixa no rosto dela. Seus olhos estavam com uma expressão de morte. Jeff caiu de joelhos ao lado de sua cama. Ele pediu a Deus que poupasse a esposa. Ele segurou os pés dela e disse: "Por favor, querida, não vá! Por favor, fique comigo."

Ele estava chorando e, ao olhar para aquelas pessoas na sala, trabalhando para salvar a vida de sua esposa, viu lágrimas escorrendo dos olhos delas também. Jeff estava dividido. Por mais que desejasse que a esposa continuasse viva, ele se lembrou das palavras que ela havia dito no passado: "Deixe-me ir. Eu sei para onde estou indo e a quem pertenço." Ainda assim, ele não suportava a ideia de perder a esposa. Ele perguntou ao médico se era hora de chamar os membros da família para se juntar a ele no que ele esperava que fossem os últimos momentos de Lisa na Terra.

A concordância do médico foi como um soco no estômago de Jeff, tirando todo o oxigênio de seus pulmões. Ele ligou para os pais de Lisa, dando a notícia que todo pai teme: um filho não sobreviverá. Ele mandou uma mensagem para cada um de seus filhos, informando-os da condição da mãe deles. Lisa poderia ser estabilizada a ponto de ser reconectada ao respirador. A família estava reunida. Um por vez, eles entraram no quarto para oferecer conforto e se despedir dela. Perguntas, arrependimentos — mamãe poderá não estar lá para o casamento de Harper Lee — e descrença preencheram a sala de espera. O que eles estavam esperando? A morte de Lisa ou sua recuperação?

Para grande alívio deles, era a recuperação dela. Eles não tinham ideia de quanto tempo duraria, mas, de alguma forma, ela superou aquela última crise. O pai de Lisa, Howard, assumiu a liderança e encorajou a filha a continuar respirando. Ele perguntou a Jeff que número, no mínimo, precisava aparecer no visor do nível de oxigênio. A princípio, Jeff disse 75. Howard assentiu. Ele conhecia sua filhinha e sempre teve um relacionamento especial com ela. Ele a ajudaria a atingir esse número. Minutos depois, ele saiu para informar que o nível de oxigênio de Lisa estava em 75. Qual era o seguinte? 85. Alcançado.

Não alcançado.

Esse episódio enfraqueceu tanto Lisa que seu controle sobre a vida era, na melhor das hipóteses, tênue. Era hora de todos terem uma conversa franca sobre os próximos passos a serem dados. Jeff não podia mais proteger todos da verdade. Então ele lhes informou de que Lisa estava correndo sério risco de morte. Ela já tinha passado por isso inúmeras vezes na vida e sempre tinha se recuperado.

Mas esse processo demorou mais e deixou menos reservas para ela enfrentar a próxima crise. Ele acrescentou que os médicos atingiram o limite das opções de tratamento disponíveis no Waycross. Eles poderiam transferi-la e esperar que ela sobrevivesse à viagem. Ou poderiam honrar o desejo dela de deixá-la ir.

Com todos atualizados, eles conversaram abertamente, avaliando as opções. Jeff sugeriu que eles se reunissem novamente em seis horas. Eles tinham um grande peso sobre os ombros, então era melhor pensar um pouco e recuperar o discernimento. Enquanto pensavam nas opções, Jeff mais uma vez recebeu conforto da presença de amigos que apareceram para apoiá-lo. Na hora marcada, todos tiveram a oportunidade de falar. Eles aceitaram o que Lisa havia expressado claramente em seu testamento em vida: ela havia pedido para ser colocada em um respirador.

Foi nesse ponto que Jeff pensou na opção de três dias. No final desse período, faria um mês completo desde que Lisa havia sido colocada no respirador. Jeff acreditava que, se naqueles três dias ela ganhasse força suficiente para ser transferida para outro hospital, esse seria o sinal de que eles deveriam continuar a buscar opções de tratamento. Não era como pedir a Deus uma oferta de emprego, um sinal em forma de uma moeda de um quarto de dólar de 1972 ou qualquer outro sinal e sussurro que o casal havia pedido ou vivenciado ao longo dos anos. As consequências eram muito maiores do que qualquer coisa que eles enfrentaram antes. Mas, como fizeram outras vezes no passado, Jeff acreditava que Deus havia colocado a opção de três dias em seu coração e estava comprometido em honrá-la.

Parecia que Deus havia reconhecido o que eles, e tantos outros, esperavam e oravam. Lisa continuou a melhorar. Um leito foi aberto em um hospital em Savannah. Lisa parecia forte o suficiente para ser temporariamente desconectada do respirador. Uma enfermeira voaria com ela no helicóptero, usando uma bomba manual para manter o oxigênio fluindo para os pulmões de Lisa. Jeff deu seu consentimento para a transferência dela. Ao sair do hospital, ele viu o helicóptero Life Flight parado no chão. Então ele gritou para as pessoas que transportariam sua esposa, informando-as de que ele estaria orando por todos tanto quanto estava orando por ela. Depois ele seguiu para o carro de Lisa, acelerando para chegar a tempo de recebê-la em Savannah.

Um policial estadual parou Jeff na estrada por excesso de velocidade. No entanto, ele foi bastante compreensivo e concordou em escoltá-lo até o destino. Lisa esteve sob excelentes cuidados em Waycross, mãos profundamente carinhosas e compassivas. Agora, ela estava sendo tratada em um hospital-escola, que tinha um centro de trauma de nível 1. Os médicos lhe disseram que sua esposa havia sobrevivido ao voo sem nenhum incidente. A má notícia era que seus pulmões estavam tão ruins que ela precisaria de um transplante duplo de pulmão. Jeff se perguntou se haveria algum doador de pulmões disponível em meio a uma pandemia. Ele também sabia que os receptores de transplante de pulmão duplo sobreviviam por apenas dois a três anos. Por fim, o testamento em vida de Lisa vetou a adoção de medidas extraordinárias para salvar sua vida. A opção de transplante estava fora de questão.

Como Jeff escreveu mais tarde: "Deus respondeu ao clamor de meu coração trazendo-a até aqui, agora eu conseguia ver quão profunda era a necessidade dela. Comecei a orar em meio às lágrimas. 'Senhor, Você tem sido tão bom; agora, por favor, proteja-a, restaure-a, deixe-a viver uma vida de força e um testemunho de Sua fidelidade!'"

Os médicos estavam tentando prever o que viria em seguida. Mas os pulmões dela estavam "assados", como eles disseram. E ela sofreu um derrame ao longo do caminho. Eles tiveram que colocá-la em coma induzido, e ninguém ainda era capaz de dizer que nível de deficiência ela teria quando acordasse. Jeff entendeu que o sofrimento dela era claro. Ela tinha expressado seu desejo para o fim de sua vida. Será que ela ficaria ressentida com ele se ela se recuperasse apenas para viver os últimos dias da vida com a saúde severamente debilitada e enfrentando um desafio após o outro? Como seria a qualidade de vida dela se ela sobrevivesse?

Jeff se envolveu em oração incessantemente. Ele falou com o irmão de Lisa, Parker, informando-o de que restavam poucas opções. A espera continuou. Em um exame neurológico, Lisa não mostrou sinais de resposta. Ela estava sendo examinada por uma variedade de especialistas. Um deles abordou a questão que já havia sido abordada diversas vezes antes: era hora de deixá-la ir? Não era, Jeff decidiu.

Mais tarde, Jeff escreveu: "Certa noite, um amigo me enviou a gravação de um sermão. Eu ouvi o pregador dizer: 'Pare de falar *Se for da vontade do Senhor* quando você está com o coração sobrecarregado! Seja honesto o suficiente com Ele e comece a pedir o que está em seu coração... peça com ousadia! Fale e diga com fé!' Eu costumava repudiar esse tipo de doutrina, mas, nesse momento de necessidade, tomei coragem e comecei a mudar minhas orações, sendo mais específico, o que mudou meu apelo a Deus em termos muito particulares. Falei com Ele como uma criança fala com um pai. Eu não estava negociando com Ele. Não fiz promessas sob nenhuma condição. Simplesmente comecei a orar por Lisa de uma maneira que, antes, eu hesitava muito em fazer, por medo de me decepcionar. Sempre soube que Deus tem a palavra final sobre a vida de Lisa, mas comecei a dizer que acreditava que Ele a curaria, apesar do que os médicos haviam dito. Comecei a orar com visão e unção que estavam além das palavras. Em minha mente, eu conseguia visualizar Lisa acordada e prosperando. Chorei de alegria."

Na manhã seguinte, Jeff dirigiu de volta ao hospital. Ele cantou uma música da lista de reprodução de cura de Lisa, "Great Are You Lord", interpretada por All Sons & Daughters. Quando chegou ao estacionamento, estava uma bagunça, uma mistura de alegria e tristeza. Ele foi até o quarto de Lisa. Uma enfermeira estava no quarto quando Jeff largou o paletó na cadeira. Ela ficou chocada ao ver os olhos de Lisa acompanhando os movimentos de Jeff. Então ela contou a Jeff o que acabara de testemunhar, e ele ficou igualmente chocado. Ele foi para o outro lado da cama. E Lisa seguiu os movimentos dele com os olhos!

Ele perguntou se Lisa conseguia ouvi-lo.

Ela assentiu.

Ele perguntou se Lisa estava com dor.

Ela balançou a cabeça.

Ele perguntou se ela o compreendia.

Ela expressou certa irritação em seu rosto; depois assentiu.

Era isso que Jeff precisava ver. Aquele leve atrevimento fez com que ele soubesse que esse era o momento decisivo. A enfermeira saiu para informar o médico sobre o estado de Lisa. Jeff permaneceu com ela no quarto, dizendo quanto a amava. A conquista de Lisa veio bem a tempo. Faltavam apenas 24 horas dos onze dias que a família havia concordado antes de retirá-la do suporte de vida.

Uma pequena lembrança da realidade perturbadora tomou lugar naquele ponto. Jeff perguntou: "Você está feliz por estar viva?"

Lisa balançou a cabeça. Não.

De acordo com o que Lisa explicou mais tarde: "Quando eu estava em coma, recebi muitos medicamentos diferentes, incluindo fentanil. Eu estava em algum tipo de estado em que estava ciente do que acontecia ao meu redor. Eu me senti presa. Achei que estava no inferno. Eu estava tendo muitos pesadelos dos quais não conseguia acordar. E não conseguia diferenciar a realidade daquele estado alterado. Eu estava em um lugar horrível. Sonhei duas vezes que meu filho havia morrido. Outras coisas terríveis aconteceram. E, quando acordei, pensei que aquelas coisas eram reais. Acordei em um mundo sem meu filho, para uma realidade muito dolorosa que não era verdadeira. Mas, na época, eu não sabia disso."

Meses depois, Lisa agradece que os médicos tenham conseguido tratar sua saúde física e mental. Ela sabe que Jackson não morreu e que os outros eventos horríveis que a aterrorizaram durante seu estado de coma também não aconteceram. Ela enfrentou um longo caminho até sua recuperação. A partir daí, no final de outubro, ela passou meses em hospitais e centros de reabilitação.

Quando questionada novamente se estava feliz por estar viva, a resposta de Lisa foi um retumbante "Sim!"

Mesmo durante aquelas primeiras semanas ainda muito difíceis após ela reconhecer Jeff, ela se sentia assim. "Depois que percebi 'Ah, acabei de ter Covid-19, estou no hospital e não estou mais tendo aqueles sonhos horríveis', fiquei muito feliz por estar viva. Eu não ligava para o fato de não conseguir falar e não conseguir ir ao banheiro sozinha. Não ligava para o fato de não conseguir andar e falar. Eu estava livre daqueles pesadelos horríveis, estava feliz por estar viva! E lhe digo que isso é uma grande coisa. Desde o momento em que acordei, todos naquele hospital — as enfermeiras, os médicos, Jeff — sabiam que sou alguém com quem é melhor ser sincero. É melhor me contar o que está acontecendo. Por isso, eles me contaram sobre a perda de minhas habilidades. Mas também continuaram dizendo: 'Você vai recuperá-las. Você vai recuperá-las. Isso é temporário; você vai recuperá-las.' E mesmo que meu cabelo seja minha glória, eu tenho cabelos grossos, pretos, escuros e lindos, sou reconhecida por meu cabelo. Se meu cabelo está bonito, não me importo com a maquiagem nem nada. Mas mesmo assim, eles continuaram dizendo que meu cabelo cresceria novamente."

A recuperação de Lisa conquistou corações e imaginações. Ela passou 59 dias em um respirador. Ela aguentou 40 dias em coma induzido. E sobreviveu a um derrame no lobo frontal.

O importante é que ela sobreviveu. Ela teve mais o que fazer desde então, é claro, mas, com a ajuda de Deus e de milhares de pessoas que mostraram seu apoio enviando cartões, flores, mensagens e, o mais importante de tudo, orações, ela está deixando de sobreviver e começando a prosperar.

Outro milagre pelo qual ela é grata é a cura de seu relacionamento com o marido. "Uma das melhores coisas que aconteceu é que meu marido e eu estamos mais próximos do que nunca. Nós realmente temos uma história de amor que superou o tempo." O equilíbrio entre a vida profissional e pessoal de Jeff melhorou muito, e o amor deles só ficou mais forte após a provação da Covid-19.

Deus interveio em tantos pontos ao longo do caminho para manter Lisa Martin viva, a mulher que pensava que não queria viver. Embora Lisa tivesse pedido a Deus para levá-la, Ele não o fez. O Deus Todo-poderoso, onisciente e misericordioso respondeu às preces de muitas pessoas, mas não às da esposa e mãe que lutou contra episódios depressivos em diversos momentos da vida. Ele ouviu as palavras de Lisa, mas entendeu o verdadeiro significado de seus apelos a Ele.

Lisa queria o que todos queremos. Ela queria saber que era amada. As perguntas que ela fazia não eram tanto sobre o que ela faria da vida daquele momento em diante. Eram mais sobre se ela era ou não amada. Além disso, ela deve ter se perguntado o que poderia fazer com a abundância de amor que havia em seu coração. Ela estava tão acostumada ao amor mais "próximo" que o amor a distância parecia estranho para ela. Mas, como a Covid-19 nos mostrou, o amor a distância não é o que queremos: às vezes, é tudo o que podemos oferecer. Pelo menos, o amor a distância não é a mesma coisa que amor distante.

A manifestação de afeto e preocupação que Lisa recebeu é uma enorme evidência disso. A compaixão e a dedicação dos profissionais de saúde, de seu marido e seus filhos, das pessoas amigas e, também, de estranhos, todos estendendo a mão para apoiá-la, mostraram a ela que, às vezes, Deus sussurra em particular para nós. Em outras, Ele grita alto o suficiente para penetrar na doença, na depressão, no coma ou sob quaisquer dificuldades que todos enfrentamos na vida. Não importa quão ruim as coisas possam ficar, não podemos negar que Deus ama a todos. Podemos ver sinais de Seu amor abundante todos os dias.

MINHA ESTRELA DO NORTE

Sempre olhando para o céu para pegar um brilho de sabedoria e amor de meu pai guerreiro.

> Embora possam ter dez mil tutores em Cristo vocês não têm muitos pais, pois em Cristo Jesus eu mesmo os gerei por meio do evangelho. Portanto, suplico-lhes que sejam meus imitadores.
>
> — 1 Coríntios 4:15–16

Quando meu pai faleceu, no dia do Natal de 2020, perdemos a Estrela do Norte de Natal de nossa família. O tenente-coronel aposentado Bobby R. Harris, o homem cuja graça e força guiaram a mim e a tantas outras pessoas, estava seguindo as ordens de Deus e, obedientemente, sendo transferido para o céu. Lá, ele assumiu seu lugar ao lado de minha amada mãe, Shirley. De seu novo posto de comando, os dois deram continuidade à sua missão de ajudar Deus a cuidar de mim. Meu pai serviu duas vezes como piloto em missões de combate no Vietnã. Ele passou a servir com distinção em seguida, chegando ao posto de tenente-coronel. Ele trabalhou no Pentágono sob o comando do general Colin Powell. Dizer que eu amava meu pai e que queria ser como ele não representa nosso relacionamento ao todo. Quando eu era jovem, convenci meus pais a me deixarem usar o sobrenome dele como nome de batismo. Meu pai me deu muito mais do que isso.

Por um lado, ele me ensinou o valor da oração. Lembro-me dele dizendo: “As pessoas dizem que farão muitas coisas por você. Há uma coisa que elas sempre dizem que farão: orar. Mas não oram. Elas não oram, de fato, por você. Elas nem sequer oram por si mesmas. Mas você sabe que eu sempre estarei aqui orando por você.”

A fé dele estava profundamente relacionada, assim como tudo, ao serviço militar. Minha mãe também serviu nas forças armadas; não oficialmente, mas serviu. As famílias de militares são assim. Minha mãe era como a maioria das esposas de militares; quando você tem um familiar no exército, todos assumem o compromisso e se dedicam a isso.

Meu pai sabia e apreciou a contribuição dela ao longo dos anos. Sem o amor e o apoio dela, meu pai não estaria na base de Fort Monmouth, em Nova Jersey, liderando um batalhão. Meu pai não estaria na base do Command and General Staff College, em Fort Leavenworth, sem minha mãe. Ela era, como ele a chamava, a maior guerreira civil que ele já conheceu.

Como piloto, meu pai teve que aprender muito sobre navegação. Ele já voava antes de existir a sofisticada tecnologia do Sistema de Posicionamento Global (GPS), que guia os pilotos até seus alvos. Tão importante quanto atingir esses alvos era voltar para casa, para o aeródromo. Se os instrumentos básicos do avião falhassem, meu pai contava com um plano B: os próprios sentidos e conseguir chegar lá com base na estimativa. Isso significava que ele tinha que estar atento ao seu redor, especialmente ao terreno abaixo dele, além dos efeitos do vento e de outros elementos em sua trajetória de voo. Meu pai não era apenas corajoso, ele era inteligente.

O panorama geral: para meu pai, era importante voltar para casa, nos Estados Unidos. Mas ele entendeu que isso não era um benefício, era um presente. Para qualquer soldado, marinheiro, piloto, fuzileiro naval ou qualquer outro militar servindo em combate, voltar vivo era um presente milagroso.

Resgate

Meu pai era um guerreiro, e para qualquer guerreiro na linha de frente ou nos céus, acordar todos os dias é um milagre. Os guerreiros estão em um ambiente peculiar, no qual alguém sempre está tentando matá-los. Para sobreviver, eles precisam ter fé. Da mesma forma que Earnestine Reese louvou o Senhor após a tempestade e que Heather Brown, resgatada do oceano, proclamou "Deus existe", meu pai enxergava Deus como seu protetor e salvador.

A fé era fundamental para meu pai. Ele sentiu que era importante reconhecer isso e ser transparente sobre o que o tornou bem-sucedido. Ele achava que todas as experiências da vida não deveriam ser subestimadas ou desperdiçadas. E, assim, desde muito cedo, foi arraigado em mim que quanto mais difícil era a batalha, maior seria a revelação de quão sólida é a fé. Meu pai nunca teve medo de ser desafiado ou testado. Mas ele também sabia que era incrivelmente abençoado e que ele seria testado. Ele passou por alguns testes por escolha; outros foram somente o resultado de estar em guerra.

Não sei se foi uma batalha específica que ele lutou que o fez desenvolver essa mentalidade, mas, em cada confronto em que ele entrou com o inimigo, ele tinha o guerreiro supremo, não apenas ao seu lado, mas também o guiando. A guerra foi difícil para ele. Ele dizia que o Senhor não quer que matemos. No entanto, entendeu que, às vezes, isso era necessário. Portanto, era muito importante que ele acreditasse verdadeira e profundamente no que estava combatendo. Ele amava nosso país. Então, ao ir para a guerra, ele sentiu que estava desempenhando um papel importante para o futuro do país. Ele se apaixonou pelo potencial da América do Norte. Ele sempre dizia como os Estados Unidos são grande por causa do potencial que possuem, baseados na liberdade e na inovação. Ele costumava dizer que vestimos, amamos, ajudamos e lutamos por mais pessoas do que qualquer outro país do planeta. E isso é verdade ainda hoje.

Propósito

Nos últimos anos, ouvi homens e mulheres negros dizerem: “Eu amo meu país, mas meu país nem sempre me amou de volta.” Meu pai nunca expressou isso dessa maneira. Na década de 1960, ele servia em uma época em que não havia tanta liberdade como temos agora sendo pessoas de cor. Ainda assim, ele decidiu se juntar à batalha, e entrou confiante na retidão da causa. Isaías 54:17 nos diz: “‘Nenhuma arma forjada contra você prevalecerá, e você refutará toda língua que a acusar. Esta é a herança dos servos do Senhor, e esta é a defesa que faço do nome deles’, declara o Senhor.” Isso quer dizer que Deus protegerá a igreja. Ele protegerá os crentes dos adversários no campo de batalha, onde a violência e a força estão em ação.

Meu pai me disse que você tem fé que essa proteção é verdadeira ou não. Não existe área cinzenta. Ele lutou uma guerra, teve fé e voltou para casa. E Deus parecia protegê-lo das más línguas também. Na década de 1970, muitos manifestantes contra a Guerra do Vietnã exerceram seu direito à liberdade de expressão e lançaram insultos aos veteranos que retornaram. Meu pai ouviu todo tipo de acusação, mas conseguiu se manter firme, focado e seguro.

Ao longo da escrita deste livro, cobri histórias de pessoas que encontraram seu propósito — aquele dado por Deus ou o que eu elaborei, sua designação divina. Isso permite que elas vejam além dos desafios que estão passando no momento para o que poderia ser. Sarah Olson não permitiria que uma empresa da área médica definisse para ela como um CEO deveria ser. Ela não deixou o mundo limitar o bem que ela poderia fazer ao mundo. Len e Cherylann Gengel não se intimidaram diante da dificuldade de fazer a mudança acontecer no Haiti. Meu pai era esse tipo de pessoa. Ele olhou para um mundo desafiador, e Deus lhe deu a visão e a coragem para ver além dele.

Perseverança

Essa noção de crença me lembra de uma de minhas lembranças favoritas de meu pai. Nós dois amamos os filmes de *Guerra nas Estrelas*. Ele era piloto, então acho que veio daí. Quando o primeiro filme foi lançado, em 1977, mal podíamos esperar para vê-lo. Minha mãe recusou o convite. Soldados da tempestade? Tipo, você deve estar brincando comigo. Ela brincou que aquele filme em particular era um daqueles que ela não fazia questão nenhuma de ver.

De qualquer forma, meu pai e eu fomos, e adorei todos os personagens. Mestre Yoda é conhecido por falas ao longo da série *Guerra nas Estrelas* que, hoje, são bastante conhecidas e citadas. Uma de minhas falas favoritas dele é: “Não! Não tente. Faça... ou não faça. Não há tentativa.”

Em poucas palavras, esse era meu pai. Ele tinha fé de saber que Deus lhe dera uma designação. Ele fazia o que lhe era designado pelos motivos certos. Mais tarde, como tenente-coronel, ele obteve sucesso. Para liderar pessoas, ele precisava saber que havia um Líder Supremo que o guiava em sua vida. Ele liderou pelo exemplo. Na vida, você não vencerá todas as batalhas. Nem todas as missões serão bem-sucedidas. Mas você continua se levantando quantas vezes tiver fôlego para fazê-lo. Meu pai nunca disse: “Vou tentar fazer isso.” Ele sempre dizia: “Vou fazer isso.” Às vezes, ele voltava sem ter conseguido, mas sempre entrava nas missões dizendo: “Estou fazendo isso.”

É o mesmo com a fé: você precisa se comprometer. Você precisa tomar as decisões para que sua fé o compele. Você não tenta acreditar; VOCÊ ACREDITA.

Como Rees Howells e seus guerreiros de oração, meu pai acreditava que a oração requer disciplina. É algo que devemos a outras pessoas. É nossa arma para lutar contra a escuridão. Essa é a mesma fé que motivou Gary Miracle, Ann Van Hine e Austin Canon a seguir em frente.

Restauração

Ajuda muito ter alguém que enxerga um potencial infinito em você. Meu pai tinha uma mulher forte e amorosa ao seu lado, defendendo sua causa e outras causas maiores. Minha mãe era muito forte em sua fé, inabalável. Ela precisou se comprometer totalmente com um conhecimento espiritual de que um homem negro que sairia em batalha voltaria para casa e seria verdadeiramente livre para conseguir um emprego em seu país. Essa era a realidade da América do Norte naquela época, quando a cor da pele de um homem determinava as oportunidades que ele teria. Minha mãe nunca duvidou que meu pai conseguiria aproveitar ao máximo as oportunidades disponíveis e aquelas que ele imaginou para si mesmo. Assim como Nancy Owen, que viveu para ver sua mãe se voltar para Deus, ou o pastor Andrew Brunson, cuja fé foi restaurada naquela prisão na Turquia, minha mãe orou e acreditou que a restauração era possível.

Ela sempre fazia questão de convidar civis para as bases onde moramos, tanto nos Estados Unidos quanto na Alemanha. Ela queria que eles vissem como era a vida de um militar, mas também queria que conhecessem um denominador comum entre as raças que eram tão divergentes na década de 1960, quando eu nasci. Ela costumava orar: "Deixe-me ser luz." Em seu funeral em 2016, dois dias antes do Dia de Ação de Graças, como parte de minha homenagem a ela, cantei "This Little Light of Mine" como um tributo a ela. Essa não sou eu. Eu normalmente não faço esse tipo de coisa. Não sou o tipo de pessoa que se sente confortável em ficar na frente de um público, no centro do púlpito de uma igreja, para cantar uma canção. Mas era uma música para minha mãe, para mostrar a ela que sua lição para mim e minha irmã, Annissa, foi bem compreendida. "Assim brilhe a luz de vocês diante dos homens, para que vejam as suas boas obras e glorifiquem ao Pai de vocês, que está nos céus." (Mateus 5:16) Foi isso que meus pais fizeram por mim, pelo mundo e por nosso Pai.

Marcos 10:45 nos diz: "Pois nem mesmo o Filho do homem veio para ser servido, mas para servir e dar a sua vida em resgate por muitos." Não que alguém que serve nas forças armadas possa ser totalmente comparável a Jesus Cristo, mas essa instrução está muito de acordo com o desejo de servir e de saber seu lugar na ordem das coisas. Todos nós podemos ser luz. Há uma luz incrível dentro de nós que nos conecta com o Senhor. Isso nos ajuda a fazer coisas importantes juntos. A luz da fé pode mover montanhas.

A jornada de meu pai até os escalões superiores do Departamento de Defesa exigiu muita inteligência, coragem e fé — em si mesmo, em minha mãe e em Deus. Junte tudo isso e você terá uma combinação poderosa de forças que podem mover — e moveram — montanhas. No entanto, se eu não estivesse prestando atenção e, às vezes, incentivando-o a falar comigo sobre suas experiências, talvez não soubesse como ele conseguiu mover suas montanhas. Como muitos homens e mulheres que serviram nas forças armadas dos EUA, meu pai o fez discretamente. No caso dele, não era porque sentia culpa ou vergonha pelo que fez. Ele era humilde e via a ostentação como um sinal de fraqueza e insegurança. Isso não significa que ele rejeitou os elogios. Bastava colocar mais medalhas no peito, ele dizia; isso significava que você estava subindo na hierarquia. Deixe as medalhas e as fitas de serviço falarem por si. Não consigo imaginar meu pai indo até um bar para beber uma cerveja e se gabar de sua posição. Meu pai nunca foi assim. E eu fui criada da mesma forma.

Cura

A humildade é um conceito básico de fé. Após a morte de meu pai, minha irmã e eu guardamos conosco seus pertences favoritos e as lembranças pessoais. Entre os itens que guardei, estava sua Bíblia. Ao abri-la, começaram a cair pedacinhos de papel dobrado. Meu pai havia marcado determinadas passagens e inserido notas manuscritas entre algumas das páginas. Na época, eu não conseguia olhar com esse cuidado. Era uma lembrança muito dolorosa da perda. Mas o tempo passa e as necessidades surgem. Então me deparei com esta passagem do livro de Jeremias que meu pai marcou:

> Assim diz o Senhor: "Não se glorie o sábio em sua sabedoria nem o forte em sua força nem o rico em sua riqueza, mas quem se gloriar, glorie-se nisto: em compreender-me e conhecer-me, pois eu sou o Senhor, e ajo com lealdade, com justiça e com retidão sobre a terra, pois é dessas coisas que me agrado", declara o Senhor.
>
> (Jeremias 9:23–24)

A Bíblia está repleta de versículos sobre humildade. Provérbios 22:4 nos diz: "A recompensa da humildade e do temor do Senhor são a riqueza, a honra e a vida." Meu pai nunca esteve nisso para obter riqueza. Ele estava lá para ser útil. As honras vieram, e é importante observar com que frequência a Bíblia coloca a humildade antes da honra. "Humilhem-se diante do Senhor, e ele os exaltará." (Tiago 4:10) E novamente em Provérbios, desta vez em 18:12: "Antes da sua queda o coração do homem se envaidece, mas a humildade antecede a honra." O Salmo 149:4 diz: "O Senhor agrada-se do seu povo; ele coroa de vitória os oprimidos."

Também me lembro, em determinado momento de minha vida, de meu pai me falando sobre como lidar com o sucesso. Quando você ganha, ele disse, quando você tem conquistas, às vezes, é difícil lembrar a si mesmo que não é você quem está fazendo isso. Como humanos, nosso sucesso sempre se baseia no esforço de outros. Nossas conquistas só acontecem por intermédio de Deus. É por isso que você precisa ser humilde.

Pode ser muito fácil enxergar, nos primeiros dias de vida de meu pai, uma razão simples de porque ele acreditava que era importante ser quieto e respeitoso. O meio em que ele nasceu era modesto, um ambiente pobre no leste do Texas. Ele era pobre em recursos, mas rico em dons intelectuais e vontade. Papai aprendeu sozinho a ler antes de entrar na escola primária. Ele foi um aluno excepcional ao longo de sua vida educacional; não que, quando jovem, ele quisesse se gabar de si mesmo e de suas realizações — ele não seria capaz de fazer isso, mesmo que se sentisse compelido a fazê-lo. As cordas vocais dele eram subdesenvolvidas. Por isso, até os 13 anos de idade, ele não falava. Ele não emitia quase nenhum som. Você pode imaginar como deve ter sido não ser capaz de se expressar plenamente até essa idade? O fato de ele ser um excelente aluno na escola, apesar de não ser capaz de falar, é notável, e acredito que isso o ajudou a moldar sua visão sobre a importância de ouvir. Mencionei isso na introdução deste livro, mas é importante nos lembrarmos da necessidade dessa habilidade e do papel que ela desempenha em nossa fé e em nossas orações: “A tua palavra é lâmpada que ilumina os meus passos e luz que clareia o meu caminho.” (Salmo 119:105)

Meu pai me contou o seguinte sobre sua abordagem com relação à oração: “Eu tento não falar muito, de verdade. Apenas ouço. Pare de dizer a Deus o que fazer e apenas ouça. Lembro-me de uma época em que eu não conseguia falar, e isso funcionou bem para mim; então tente fazer isso.”

E eu fiz. E continuo a ouvir o que o Senhor quer que eu ouça... e faço o que tiver que fazer em seguida.

Verdadeiros Guerreiros

Também vi uma dicotomia incrível em meu pai que, de alguma forma, ele reconciliou. Ele era uma das pessoas mais gentis que já conheci — mas também tinha um instinto assassino que era melhor não ativar. Era incrível de se observar como ele conseguia ser essas duas coisas. Já ouvi membros das forças especiais falarem sobre isso. Eles são verdadeiros guerreiros; em um momento, podem estar matando um bandido e, no momento seguinte, ajudando alguém a atravessar a rua. Esse é o tipo de mentalidade e de conduta pessoal que eles devem desenvolver em si mesmos. E é essa capacidade de estar no controle e entender o que precisa ser feito para servir de todas as maneiras que diferencia esses verdadeiros guerreiros do restante das pessoas.

Minha mãe e meu pai foram guerreiros em defesa de seu país e de sua fé. Existem diversas histórias bíblicas sobre a guerra e os guerreiros. O guerreiro mais reconhecido na Bíblia é o rei Davi. Ele passou de um simples pastor a um homem que triunfaria sobre o gigante filisteu Golias. Deus escolheu Davi porque ele era um "homem que seguia seu coração". Deus o escolheu para suceder a Saul, o primeiro homem escolhido para ser o rei de Israel.

Ao povo de Israel, Saul parecia ser o homem perfeito para se tornar o rei-guerreiro de que eles precisavam. Mas Saul era um rei perfeito apenas na aparência. Embora fosse descrito como alto e bonito (1 Samuel 9:2), quando foi chamado para ser rei, ele se escondeu entre os suprimentos (1 Samuel 10:22). As pessoas tiveram que procurá-lo. Ele era paranoico e orgulhoso e ficou relutante em ouvir a Deus, o que o tornou ineficaz. Saul tinha mais fé em si mesmo do que no Senhor. Sua arrogância e recusa em confiar em Deus e sua desobediência o levaram à sua queda.

Davi era diferente. Ele não se parecia em nada com o que as pessoas esperavam de um rei — era um jovem pastor de rosto corado. Mas Deus conhecia o coração de Davi. Muitas vezes, usamos a palavra "coração" no lugar da palavra "coragem". As pessoas que dizemos ter um grande "coração" são resilientes. São pessoas firmes, que não desistem facilmente. Mas também usamos a mesma expressão "tem um grande coração" para descrever alguém que é compassivo, bondoso e generoso. Essa expressão preenche a lacuna entre os dois lados da natureza guerreira. Foi preciso muita coragem para Davi enfrentar Golias. Ele não só era menor do que o gigante, como também tinha uma armadura inferior. Quantos de nós estariam dispostos a enfrentar um inimigo armado com uma funda e algumas pedras? Quantos de nós daríamos crédito a Deus por uma conquista como a que Davi experimentou? Ele carregou sua coragem, sua fé e sua humildade desde aquela primeira grande conquista para se estabelecer como um guerreiro-governante.

Davi também permaneceu compassivo e perspicaz. Saul constantemente ameaçava a vida de Davi. E Davi teve a chance de matar

Saul, mas decidiu poupá-lo. Ele entendeu e aceitou seu lugar na ordem das coisas. E permaneceu respeitoso com Saul e seu papel como o homem que Deus havia escolhido para ser o rei. Ele também respeitava profundamente as palavras e as ações de Deus. Não cabia a ele tirar a vida de Saul. Não cabia a ele usurpar o rei. Davi sabia que Deus o havia escolhido para ser o próximo rei, mas ele confiou em Deus e permaneceu obediente a Ele. Ele esperaria. Ele seria paciente. Ele esperaria que Deus resolvesse esse assunto.

Davi estava sempre escrevendo poemas e orações para Deus. Ao lutar contra Golias, ele deu um exemplo de coragem e perseverança, mas sua humildade é impressionante. Ele se compara a uma criança vulnerável. Imagine o arrogante Saul escrevendo essas palavras — é impossível!

> Senhor, o meu coração não é orgulhoso e os meus olhos não são arrogantes. Não me envolvo com coisas grandiosas nem maravilhosas demais para mim.
>
> De fato, acalmei e tranquilizei a minha alma. Sou como uma criança recém-amamentada por sua mãe; a minha alma é como essa criança.
>
> — Salmo 131:1–2

Davi, de fato, dá um exemplo do que significa ser uma pessoa de fé. Seu profundo amor a Deus, sua humildade, sua confiança e sua capacidade de perdoar e pedir perdão são qualidades que fazem de Davi um modelo de como devemos conduzir nossa vida. Vejo nele muitas das características de meu pai e de minha mãe, as quais eles demonstraram para mim ao longo da vida.

Ao escrever este livro, abri ainda mais meus olhos sobre quanto a oração nos lembra de nossa fraqueza e falibilidade. Toda vez que oro, estou admitindo a Deus que preciso dele.

Jesus é o guerreiro supremo da oração. Desde o início, Ele sabia qual seria a missão designada a Ele. Sabia que teria que sofrer o sacrifício final. Como parte de Sua natureza dupla como ser humano e ser divino, Ele sentiria a dor da perseguição e da crucificação. Mas Ele ainda clamou a Deus em oração, em Seu momento mais fraco. Mateus capta uma das histórias mais comoventes do Novo Testamento, quando Jesus vai ao Jardim do Getsêmani para orar:

> Então Jesus foi com seus discípulos para um lugar chamado Getsêmani e disse-lhes: "Sentem-se aqui enquanto vou ali orar." Levando consigo Pedro e os dois filhos de Zebedeu, começou a entristecer-se e a angustiar-se. Disse-lhes então: "A minha alma está profundamente triste, numa tristeza mortal. Fiquem aqui e vigiem comigo."
>
> Indo um pouco mais adiante, prostrou-se com o rosto em terra e orou: "Meu Pai, se for possível, afasta de mim este cálice; contudo, não seja como eu quero, mas sim como tu queres."
>
> — Mateus 26:36–39

Jesus orou, e Deus ouviu as orações de seu filho:

> Apareceu-lhe então um anjo do céu que o fortalecia. Estando angustiado, ele orou ainda mais intensamente; e o seu suor era como gotas de sangue que caíam no chão.
>
> — Lucas 22:43–44

Depois de um tempo, Jesus se recompôs. Sua força, Sua coragem e Sua fé O levaram adiante:

> Então, voltou aos seus discípulos e os encontrou dormindo. "Vocês não puderam vigiar comigo nem por uma hora?", perguntou ele a Pedro. "Vigiem e orem para que não caiam em tentação. O espírito está pronto, mas a carne é fraca."
>
> — Mateus 26:40–41

A humanidade de seus discípulos estava sendo exibida por inteiro. Diante dessas circunstâncias, eles poderiam ter feito melhor? Eles suportaram um dia longo e cansativo. E não sabiam o que estava em jogo. Não compreendiam totalmente todos os aspectos da missão que Jesus tinha em mente para eles. Não sabiam a tentação que teriam que suportar. E não estavam totalmente cientes da batalha que teriam que travar contra Satanás.

Mais duas vezes Jesus voltou a orar sozinho, pedindo que esse cálice fosse tirado dele. Ele fez sua oração final: "Seja feita a sua vontade."

Momentos depois, ele foi preso. Horas depois, ele foi julgado, crucificado e enterrado.

"Seja feita a sua vontade."

Até Jesus precisava orar. Era parte do exemplo que Ele estava dando para nós. Em nossos momentos mais fracos, devemos nos voltar para o Pai.

Acredito que meu pai teve esse conceito em mente muitas vezes ao longo de sua vida. Em muitos sentidos, isso se encaixa no tipo de oração que ele me incentivou a fazer: não fale demais; ouça. A Bíblia não nos diz o que Deus disse em resposta ao pedido de Jesus. Ele permaneceu em silêncio. E, às vezes, em nossa vida, Deus também ficará em silêncio. Ele não fala muito, mas temos nossa resposta em seu silêncio. Muitas vezes, Ele nos disse qual é nossa missão. Ele deu mandamentos para guiar nossas ações. Se ouvirmos, se permanecermos abertos e permanecermos vigilantes, cumpriremos a missão que Ele nos confiou. Em um nível mais pessoal, Deus designou a cada um de nós um papel a desempenhar nesta vida. Amo minha Tarefa Divina, que é ajudar outras pessoas a contar suas histórias e disseminar essas experiências vividas para ensinar aos outros a melhor forma de sobreviver, prosperar e colher realizações.

Essa foi a missão que planejei e assumi ao escrever este livro. É a missão que espero cumprir todos os dias em minha função como jornalista. Tenho fé e oro para que isso agrade a Deus.

Minha esperança é que isso também seja real e ativo na vida de todos vocês; que vocês encontrem alegria e satisfação na vida e no trabalho, que sejam capazes de glorificar a Deus em todas as coisas, que o milagre de nossa criação continue a agradar ao Senhor. Que a vontade de Deus seja feita por intermédio de vocês — e que suas orações o aproximem Dele. Amém.

AGRADECIMENTOS

Acredito que os melhores livros têm o poder de transformar vidas. Portanto, considero-me abençoada dezenove vezes pelo fato de as pessoas cujas histórias tive o privilégio de compartilhar terem causado esse efeito em mim. Tenho rezado durante toda a minha vida. Mas, como resultado do que aprendi ao escrever este livro, agora acredito com mais firmeza do que nunca no poder da oração, especialmente quando oro por outras pessoas. É um verdadeiro sinal de que minha caminhada de fé está se desenvolvendo.

Sou grata a todas as pessoas que contribuíram com suas experiências, suas alegrias, suas tristezas, seus momentos de dúvida, seus momentos de fé inabalável e seu testemunho. Deus é realmente incrível! Eu O vi se mover por intermédio da experiência de vida dessas pessoas. E sou eternamente grata a Ele e a essas pessoas pela exposição aos poderes milagrosos de sua graça, oração e fé individuais e coletivas.

Humildemente, agradeço a cada uma delas e a você, leitor, por compartilhar esta experiência comigo. Também quero agradecer às diversas pessoas que conheço e que oraram por mim ao longo de minha vida. Nunca antes senti a presença ativa dessas palavras e desses pensamentos em um grau tão elevado, e prometo ser ainda mais ativa em compartilhar o poder da oração como uma intercessora para aqueles ao meu redor e distantes de mim.

Àquelas que talvez eu nunca mais veja ou que talvez eu encontre com as pessoas mais próximas de mim, saiba que esta jornada ao longo de minha caminhada de fé tem sido incrível!

Minha equipe de apoio mais feroz e amorosa sempre será minha família. Eles me permitem mergulhar em minhas atribuições divinas e meus sonhos profissionais. Na Fox News, junto com nossa CEO Suzanne Scott, cujo incentivo foi fundamental, Jason Klarman, presidente da Fox Nation e vice-presidente-executivo de marketing da Fox News, foram fundamentais para formar a parceria de sucesso com a HarperCollins Publishers. Também na Fox, Michael Tammero, vice-presidente sênior de marketing e estratégia de marca, contribuiu de diversas maneiras para lidar com muitos aspectos do dia a dia de ver um livro desde a concepção até a publicação. Da mesma forma, na HarperCollins, o apoio de Hannah Long, minha editora, foi inestimável. As únicas qualidades que ofuscam a aguçada visão editorial de Hannah são sua graça e generosidade. Também quero agradecer a James Neidhardt, que interveio no último minuto para ajudar no empurrão final na linha de chegada. E meu agradecimento especial à publicitária da HarperCollins, Theresa Dooley, e à designer Joanne O'Neill, que desenhou a capa certa para meu livro sobre mover montanhas por meio da oração.

A palavra escrita só é um dom se puder ser lida. Obrigada a todos vocês por tornarem isso possível.

NOTAS

1. Christopher Brito, "Teens Stranded at Sea Cried Out to God for Help. Then a Boat Named 'Amen' Rescued Them", CBS News, 3 de maio de 2019, https://www.cbsnews.com/news/boat-named-amen-florida-swimming-tyler-smith-heather-brown/.

2. Ibid.

3. "Teens Stranded in Ocean Cry Out to God for Help, Get Rescued by Boat Named 'Amen'", FaithPot, 3 de março de 2022, https://www.faithpot.com/amen-boat-rescues-teens-stranded-in-ocean/.

4. "Frequently Asked Questions About ECT", Johns Hopkins Medicine, https://www.hopkinsmedicine.org/psychiatry/specialty_areas/brain_stimulation/ect/faq_ect.html.

5. Greg Garrison, "The Secret of Earnestine's Prayer Closet", AL.com, 28 de fevereiro de 2020, https://www.al.com/life/2019/03/the-secret-of-earnestines-prayer-closet-prayer-works-in-other-rooms-too.html.

6. Katie Kamin, "'Tell God Thank You': Lee Co. Tornado Survivor Still Praising God a Year Later", WTVM, 8 de março de 2020, https://www.wtvm.com/2020/03/09/tell-god-thank-you-lee-co-tornado-survivor-still-praising-god-year-later/.

7. Garrison, "The Secret of Earnestine's Prayer Closet".

8. Ibid.

9. "Religious Landscape Study: State", Pew Research Center, https://www.pewresearch.org/religion/religious-landscape-study/state/.

10. Garrison, "The Secret of Earnestine's Prayer Closet".

11. Kamin, "'Tell God Thank You'".

12. 11Alive, "She Lost Her Home in the Alabama Tornadoes. Her Photos Showed Up All over Georgia", YouTube, 21 de março de 2019, https://www.youtube.com/watch?v=6Bvws5w2uh4&list=PLxSDPGC2EVp--Yi8yZPj9keae59HqJ551E&index=54.

13. Elizabeth White, "Earnestine Reese, Who Became Famous for her Prayer Closet Is Welcomed Home", Facebook, https://www.facebook.com/watch/live/?ref=watch_permalink&v=505410050092052.

14. Garrison, "The Secret of Earnestine's Prayer Closet".

15. Elizabeth White, "Earnestine Reese, Who Became Famous for her Prayer Closet Is Welcomed Home", Facebook, https://www.facebook.com/watch/live/?ref=watch_permalink&v=505410050092052.

16. Ibid.

17. Grande parte desta história é baseada no relato de Mons. James H. O'Neill, "The True Story of the Patton Prayer", *Review of the News*, 6 de outubro de 1971, p. 35–39, http://pattonhq.com/prayer.html, que apareceu pela primeira vez como um documento do governo em 1950.

18. Associated Press, "AP Was There: Battle of the Bulge", Associated Press, 22 de dezembro de 2020, https://apnews.com/article/entertainment-europe-world-war-ii-b7a34f2ee194e179bd0203ef8bcafa9f.

19. Stephanie Hertzenberg, "3 Times Prayer Changed History", Beliefnet, https://www.beliefnet.com/inspiration/3-times-prayer-changed-history.aspx.

20. "Battle of the Bulge", History.com.

21. John S. D. Eisenhower, *The Bitter Woods: The Battle of the Bulge* (Nova York: Putnam, 1969), p. 457.

22. Entrevista da autora com Benjamin Patton, 13 de junho de 2022.

23. O'Neill, "The True Story of the Patton Prayer".

24. Caitlin Hu, "Ten years after a devastating earthquake, some Haitians say they're losing hope", CNN, 13 de janeiro de 2020, https://www.cnn.com/2020/01/12/world/haiti-earthquake-ten-years-anniversary-intl/index.html.

25. A anedota de abertura é uma dramatização baseada em citações da entrevista de George Washington Carver com "W.W. Wheeler" (Wheeler McMillen), "'Great Creator,' *I Said*, 'Why Did You Make the Peanut?'" *Farm and Fireside*, 8 de novembro de 1928. Originário dos arquivos da Biblioteca Pública de Nova York em 14 de julho de 2022.

26. Christina Vella, *George Washington Carver: A Life* (Baton Rouge: Louisiana State University Press, 2015), p. 15–16.

27. Ibid., p. 90.

28. Gary R. Kremer (ed.), *George Washington Carver in His Own Words* (Columbia, MO: University of Missouri, 1987), p. 128.

29. W.W. Wheeler (Wheeler McMillen), "'Great Creator,' *I Said*, 'Why Did You Make the Peanut?'" *Farm and Fireside*, 8 de novembro de 1928.

30. Ibid.

31. Perry, *George Washington Carver*, p. 155.

32. Dramatização baseada em *Hearings on General Tariff Revision Before the Committee on Ways and Means, House of Representatives* (Washington, DC: Government Printing Office, 1921), p. 2070–77, https://www.google.com/books/edition/Schedule_F/ijcMAQAAMAAJ.

33. Ibid. p. 2077.

34. Perry, p. 108.

35. George Washington Carver, *George Washington Carver: In His Own Words*, editado por Gary R. Kremer (Columbia, MO: University of Missouri Press, 1987), p. 143.

36. "Turkey's failed coup attempt: All you need to know, Al Jazeera, 15 de julho de 2017, https://www.aljazeera.com/news/2017/7/15/turkeys-failed-coup-attempt-all-you-need-to-know.

37. Entrevista com Samuel Howells, "The Intercessor: Rees Howells", JerusalemChannel, YouTube, 24 de agosto de 2018. https://youtu.be/Qv_zzh5XilU.

38. Norman Grubb, *Rees Howells, Intercessor* (Fort Washington, PA: CLC Publications, 1952), p. 24–27.

39. Entrevista com Samuel Howells, "The Intercessor: Rees Howells", JerusalemChannel, YouTube, 24 de agosto de 2018. https://youtu.be/Qv_zzh5XilU.

40. David Martyn Lloyd-Jones, *Studies in the Sermon on the Mount* (Grand Rapids: Wm. B. Eerdmans Publishing Company: 1984), p. 322.

41. Norman Grubb, *Rees Howells, Intercessor* (Fort Washington, PA: CLC Publications, 1952), edição do Kindle, p. 150.

42. Entrevista com Samuel Howells, "The Intercessor: Rees Howells", JerusalemChannel, YouTube, 24 de agosto de 2018. https://youtu.be/Qv_zzh5XilU.

43. Ibid., p. 149.

44. Nevile Henderson, *Failure of a Mission: Berlin 1937–1939* (Nova York: G. P. Putnam's Sons, 1940), p. 225, 252.

45. Grubb, *Rees Howells*, p. 172.

46. Entrevista com Ruth Williams, "The Intercessor: Rees Howells", JerusalemChannel, YouTube, 24 de agosto de 2018. https://youtu.be/Qv_zzh5XilU.

47. Winston S. Churchill, *The Second World War* (Londres: Cassell, 1959), p. 351. [Obra publicada no Brasil com o título *Memórias da Segunda Guerra Mundial*.]

48. Viktor Andreevich Kravchenko, *I Chose Freedom: The Personal and Political Life of a Soviet Official* (Nova York: Scribner, 1946), p. 377. [Obra publicada no Brasil com o título *Escolhi a Liberdade: A vida privada e política de um funcionário soviético*.]

49. Grubb, *Rees Howells*, p. 180.

50. Ibid., p. 165.

51. Ann Van Hine, *Pieces Falling* (Estados Unidos: Illumify Media, 2021), p. 209.

52. Extraído do manuscrito de "SHUG: A Story of Restoration", por Jeff Martin.

53. Ibid.

54. Ibid.

ÍNDICE

Símbolos

A

B

C

D

N

O

P

R

S

SOBRE A AUTORA

Harris Faulkner é âncora vencedora de seis prêmios Emmy e autora do best-seller nacional *9 Rules of Engagement: A Military Brat's Guide to Life and Success*. Faulkner ingressou na FOX News em 2005 e, atualmente, é âncora do *The Faulkner Focus* e atua como coâncora do *Outnumbered*. Fora seu trabalho como jornalista, Faulkner é palestrante motivacional, escritora e filantropa. Ela mora em Nova Jersey com o marido Tony Berlin e suas duas filhas.

PARA *Momentos* EM QUE VOCÊ PRECISA DE UMA *Oração*

Veneração

Deus de todos os tempos e de todos os lugares: você nos convida a adorá-lo por meio da beleza do mundo ao nosso redor e em cada experiência de alegria e amor que você nos proporciona. Agora abra nossos corações para louvá-lo por todos esses dons. Encha nossos corações até transbordarem de gratidão, para que rios de amor fluam de nós para todos que encontrarmos. Abençoe nossa veneração em espírito e verdade e ajude-nos a ouvir sua voz falando conosco hoje e todos os dias. Amém.

(Para inspiração nas escrituras,
ver Isaías 6:1–10 e Salmo 118.)

Ação de Graças

Senhor Deus, agradeço por todas as bênçãos desta vida: pela bondade que revela todos os dias no mundo ao meu redor, por sua misericórdia para com todos os necessitados e por seu amor ininterrupto que sustenta o Universo. Obrigado por atuar sobre todas as coisas para o meu bem. Acima de tudo, agradeço pelo presente de seu filho, Jesus, que você nos deu para salvar o mundo. Obrigado pela esperança de nosso chamado celestial, onde um dia viveremos com você em alegria indescritível. Amém.

(Para inspiração nas escrituras, ver 1 Timóteo 4:4–5,
Colossenses 3:15, Romanos 8:28 e Colossenses 4:2.)

Lamentação

Senhor Jesus, em sua vida terrena, você soube o que era sentir tristeza por aqueles que amava, e você sofreu por todos os que sofreram. Ajude-me, agora, a entender minha dor e saber que você está sentado aqui ao meu lado, abençoando minha dor assim como abençoou minhas alegrias. Sabendo que não há conforto que o mundo possa oferecer, eu me rendo aos seus braços amorosos. Eu confio que, um dia, minha tristeza cessará na alegria da ressurreição. E peço que me abrace até aquele dia, em sua infinita misericórdia e amor que traz vida a todas as coisas e um amanhecer para cada noite escura. Amém.

(Para inspiração nas escrituras, ver João 11:33–37.)

Paz

Senhor Deus, você disse a seus apóstolos que a paz que lhes darias não era a paz do mundo. Mas meu coração dói por este mundo, assim como sei que seu coração doeu quando você andou na Terra. Você vê a fragilidade deste mundo e lamenta por todas as vítimas da guerra, da violência e da opressão, onde quer que estejam. Abranda os corações de todos os que fazem guerra no mundo, para que a paz desta Terra seja um reflexo da paz do reino celestial. Faça de mim um instrumento dessa paz, em minha família, meu trabalho e minha igreja. Que o seu Espírito Santo envolva esta Terra com o manto da sua paz, para que todos conheçam e adorem o Príncipe da paz. Amém.

(Para inspiração nas escrituras, ver Isaías 11:6–9 e João 14:27.)

União da Família

Senhor Deus, desde o princípio você nos criou para que vivêssemos juntos, em família. Ao amar os outros, passamos a entender seu amor mais plenamente. Una nossa família em sua graça, para que possamos carregar os fardos uns dos outros, lamentar as tristezas uns dos outros e celebrar as alegrias uns dos outros. Acima de tudo, encha-nos de compaixão uns pelos outros, para que, quando falharmos, possamos nos lembrar de seu perdão e sua misericórdia para com cada um de nós. Que nossa família seja um reflexo de você para que possamos sempre ser um abrigo para os necessitados, um abrigo para os de coração partido e um refúgio de paz para todos que conhecemos. Por fim, leve nossa família para o Céu, onde podemos nos regozijar com você e com todas as famílias da Terra, unidos em sua adoração e em seu louvor, para todo o sempre. Amém.

(Para inspiração nas escrituras, ver Salmo 127.)

Cura

Senhor Deus, em suas mãos estão todos os tempos e todas as estações. Você segura nossas almas em tempos difíceis e nos conforta na doença. Se for da sua vontade, conceda força e saúde ao meu corpo, como Jesus curou os enfermos que vieram até ele. Conceda-me a integridade da alma que me aproximará de você, porque não há verdadeira saúde fora da sua presença, e seu amor traz força perfeita. Em todas as obras de sua vontade, que o Espírito Santo conceda paz à minha alma, aconteça o que acontecer. Amém.

(Para inspiração nas escrituras,
ver Isaías 38:1–6 e Marcos 10:46–52.)

Remorso

Senhor Jesus, você perdoou a mulher que chorava aos seus pés, e chamou os pecadores ao arrependimento e a uma nova vida. Como eles, falhei com seu amor por mim. Eu o amo, Senhor, e rezo pela chance de lhe mostrar meu amor. Mesmo enquanto choro diante de você, sei que já me livrou de todos os meus pecados e, como o pai do filho pródigo, você me abraça e me levanta, segurando-me perto de você. Perdoe-me, Senhor Deus. Conceda-me o poder do seu Espírito Santo para que eu não volte a pecar. Obrigado pela oportunidade de atendê-lo. Que eu nunca esqueça sua misericórdia. Que eu mostre a mesma misericórdia a todos aqueles que me prejudicaram ou me machucaram de alguma forma. Amém.

(Para inspiração nas escrituras, ver 2 Samuel 12:1–13, Salmo 51, Mateus 6:12 e Lucas 15:11–32.)

Meditação

Senhor Deus e Pai de todos, ajude-me a ouvi-lo. Ensina-me a ficar quieto e saber que você é Deus. Acalme minha mente para que eu possa ouvir você falando comigo. Acalme a pressa dos meus pensamentos e leve para casa as divagações do meu coração, para que minha alma esteja firme e focada em você. Esvazie-me, para que eu seja preenchido apenas com você. Faça em mim um lar para seu filho abençoado, Jesus. Amém.

(Para inspiração nas escrituras, ver Hebreus 1:1–2)

Adoração

Senhor Deus, você é incrível e impressionante. Os planetas no espaço mais profundo giram ao seu comando, e seu poder mantém o fogo de cada estrela. Mas você é o mesmo Deus que cuida de cada um de seus filhos aqui na Terra e que veio compartilhar conosco esta vida humana. Conceda-me a graça de amá-lo cada vez mais a cada dia que passa, em mente, coração e alma, até o último suspiro do meu corpo e além, se for de sua vontade. Que todos os seus santos anjos lhe deem louvor e veneração, e que eu possa unir minha voz à deles nesta vida e na próxima. Amém.

(Para inspiração nas escrituras, ver Hebreus 1:3.)

Dedicação para um Propósito Maior

Senhor Deus, abençoa-me e consagra-me ao iniciar neste novo caminho. Obrigado por me chamar para este santo propósito e este novo estado de vida e por me conceder a graça de ouvir sua voz. Que eu me dedique à realização de sua vontade acima de tudo e que eu tenha coragem e força para servi-lo como os profetas fizeram. Encha-me, eu oro, com seu Espírito Santo agora, para que todo medo seja banido e que eu possa ser inspirado neste chamado pela chama do seu amor. Que eu sempre ande em seus caminhos e traga glória ao seu santo nome, de hoje em diante e para sempre. Amém.

(Para inspiração nas escrituras, ver Êxodo 3:1–17, Samuel 15:20–21, 1 Samuel 3 e Jeremias 1:4–10.)

Orientação

Senhor Deus, você prometeu luz a todos aqueles que buscam seu nome e sua verdade. Envie sua luz sobre mim agora, porque não consigo ver o caminho. Seja luz para meus pés para iluminar meu caminho. Enquanto estou incerto do meu caminho, confio em você. Sei que você nunca me deixará nem me abandonará. Afaste todo o medo e a ansiedade do meu coração e conduza-me passo a passo no caminho que você quer que eu percorra. Dê-me a coragem de trilhar esse caminho e o conhecimento de que Jesus caminha ao meu lado, não importa o que me espera. Amém.

(Para inspiração nas escrituras, ver Deuteronômio 31:8,
Salmo 119:105 e João 8:12.)

Peregrinação

Deus da jornada, repetidas vezes em sua santa palavra, você chamou seu povo de fé para iniciar um caminho para uma maior compreensão e uma crença mais profunda. Você guiou os passos de Noemi e Rute enquanto elas buscavam um refúgio em sua terra santa e, depois de sua ressurreição, caminhou com os discípulos no caminho de Emaús. Revele-se para mim agora, assim como fez com eles, para que eu possa fazer uma peregrinação a lugares que reacendam minha fome por você, Senhor. E cubra-me com seu favor sobrenatural ao voltar para casa, seguro e protegido em seu amor. Amém.

(Para inspiração nas escrituras, ver Gênesis 12:1–5,
Rute 1:7–22 e Lucas 24:13–35.)

Crianças

Senhor, guarda o coração e a mente dos meus filhos, para que suas ações nunca venham do orgulho, da raiva ou da amargura. Ajude-os a chegar até você por meio da oração quando forem tentados pelo desejo de fazer coisas movidos por ambições egoístas. Com seu amor guiando minha mão, vou ensiná-los a imitá-lo, Senhor. Eu oro para que você os ajude a caminhar em um espírito de bondade e gratidão. Em nome de Jesus, Amém.

(Para inspiração nas escrituras, ver Efésios 4:31–32, Filipenses 2:3–4.)

Intercessão

Senhor Jesus, na noite anterior à sua morte, rogou ao Pai por seus discípulos, pedindo que fossem fortalecidos e consolados na sua ausência. Ouça minha oração agora por todos aqueles que amo. Oro especialmente por [nome do destinatário da oração], para que sua graciosa vontade seja feita e que seu amor e sua misericórdia sejam derramados sobre [nome do destinatário da oração] suntuosamente. E, Espírito Santo, nas vezes quando eu também precisei de um intercessor, obrigado por interceder por mim com gemidos profundos demais para palavras. No poder do seu nome, eu oro, Amém.

(Para inspiração nas escrituras, ver 1 Reis 17:17–24, João 17, Romanos 8:26 e Atos 9:36–43.)